全球功能监管实践
与中国金融综合监管探索

郑杨◎等著

上海人民出版社

编委会

序　言

2016年全国"两会"之后，根据中央的指示精神，上海在金融监管体系改革方面率先开展了一系列前沿性探索和试点。为夯实理论基础，上海市金融服务办公室牵头组织开展相关研究，思考成果集结为《全球功能监管实践与中国金融综合监管探索》，即将出版，请我做序，也属于职责所系，简而为之。

《全球功能监管实践与中国综合监管探索》汇聚了郑杨等同志在长期实践基础上的思想火花。初读之后，我由衷钦佩这些同志的研究与奉献精神。政府官员一般长于政策调研与贯彻落实，忙于千头万绪的日常事务，能在繁杂的工作之余，潜心专研，反复思辨，实属不易，字里行间都显示出深厚的理论功底和对专业问题的不懈探究，值得细细品味。

面对从金融大国向金融强国迈进的时代命题，作者立足制度经济学和政治经济学分析范式，深入辨析功能监管及相关概念，揭开认识误区和思考盲区，并进一步放眼全球，系统性梳理了自1993年以来的全球功能监管理论研究与实践活动，深入辨析了中国实境下的探索案例，解读复杂多样的监管文化与金融国情，赋予经济理论更强的生命力和能动性。本书堪称功能监管理论引入中国和指导实践的重要论述，在金融监管改革历史上，将会产生重要影响。

一、对改革方案的大胆建言，进一步丰富了中央决策的备选方案，具有较高参考价值

2008年国际金融危机爆发以来，推进金融功能监管改革成为世界各国金融监管者广泛认同的重要理念。国内学者也提出了多种改革方案。针对这一问题，本书先分析中国"金融运动式治理"悖论，再评价中国现有金融监管体系的有效性，接着是业界对金融监管体制改革方案认知及态度的抽样调查，最后提出对现有金融监管体制改革方案与路径的进一步思考。整个论证过程层层深入，严

谨有据,全面深刻。

在书中,作者大胆提出"大央行+证监会+地方金融监管局"的改革方案,量化编制"中国金融监管有效性指数",总结提炼"四梁八柱"式的探索框架,探索提出"金融服务业对外开放负面清单",以及建言构建我国金融领域安全审查制度,让人觉得观点新颖,立论严谨,带有很强的可操作性和前瞻性。尽管上述研究难免存在瑕疵和盲点,但无疑打开了读者进一步思考的空间,具有重要的参考价值和积极的借鉴意义。

二、对国内探索的睿智剖析,进一步坚定了改革探索者的决心和信心,具有重要推动意义

2008 年国际金融危机以来,中国沉着应对,经济和金融经受住了冲击和考验,通过实施全面深化改革,正在实现创新驱动和转型发展。同时,中国积极参与全球金融治理和金融监管改革,并取得了积极进展。就上海而言,2015 年实现金融业增加值 4 052.23 亿元,比上年增长 22.9%,占全市生产总值的比重超过了 16%。

但是,未来五年对上海国际金融中心建设至关重要,上海仍需在四个主要方面奋勇前行:第一,要主动适应人民币国际化进程,加快成为全球性人民币产品创新、交易、定价和清算中心;第二,要主动适应经济全球化的新趋势,进一步推进金融业改革开放创新;第三,要主动适应新一轮科技革命和产业变革的新趋势,加强金融与科技的融合,加快推进科技金融创新;第四,要主动适应供给侧结构性改革的新要求,提高金融业对实体经济的服务能力。而这些宏伟目标的达致,都需要一个更加现代化的金融监管制度、一个更加发达高效的金融市场体系。

作者深入到改革一线,汇集了五个方面的鲜活案例,展示具体而真实的改革感受,聚焦分析改革中的重点、难点、热点问题,总结提炼社会各界的实践智慧,已经超出了一般案例集的简单整理层次,上升到更高的理论创新层次,必将对于未来的金融改革形成重要启示和有益推动。

三、对全球智慧的系统梳理,进一步明晰了上海自贸试验区的建设目标和推进路径

2009 年 4 月,国务院正式发布《关于推进上海加快发展现代服务业和先进

制造业　建设国际金融中心和国际航运中心的意见》,提出总体目标是"到2020年,基本建成与我国经济实力以及人民币国际地位相适应的国际金融中心"。从实践层面看,上海自贸试验区建设承担了改革试验田的历史使命,必须主动探路,成为中国金融领域"改革开放的排头兵、创新发展的先行者",为中国区域金融发展、中国金融改革试点探索、中国其他自由贸易试验区建设,提供重要的参考模板。

为此,我们必须虚心学习借鉴人类社会创造的一切经验智慧与文明成果。本书对于不同类型国家金融监管架构变迁的分析与思考,也帮助我们开阔了视野、增长了见识。将来,必须把上海自贸试验区建设放在全球经济、金融格局深刻变革的大趋势下,放在国家全面深化改革、扩大开放的大格局中,放在国家对上海发展的战略定位和要求上,来统筹谋划自贸试验区下一步的创新发展,深入推进金融综合监管试点与探索。

我坚信并期待,中国金融监管改革必将克服困难、破浪前行,经过我们的共同努力,一定能够基本实现2020年上海国际金融中心建设的战略目标。

是为序。

中共上海市委常委、副市长

周　波

2016 年 12 月 7 日

目　录

理论回顾篇

国际实践篇

中国探索篇

上海创新篇

前　言

一、问题的提出

2016 年 4 月 14 日,针对互联网金融迅速发展过程中的各种乱象,国务院组织 14 个部委召开电视会议,在全国范围内启动有关互联网金融领域的专项整治,为期一年。与此同时,全球规模最大、规格最高的互联网金融行业盛会——LendIt 峰会在美国旧金山举办,吸引了 3 500 名全球互联网金融领域的决策者和近 500 名演讲嘉宾参会,峰会特设中国馆。两者对比如此鲜明,引发各界深入思考:中国金融监管框架是否"一放就乱,一管就死"局面之源?中国金融运动式治理困局何时破题与终结?

实际上,中国不仅面临着互联网金融发展方向出现偏差,非法集资事件频发的难题,更多金融领域的困难与挑战正在交织暴露。宏观经济面临转型压力,导致银行业出现周期性行业不良贷款危机;长期存在股市配资、楼市配资等监管空白、监管弱化情况,监管部门无力实施"穿透式"监管与处置;长期存在政策打架、市场分割等监管重叠、监管冲突情况,市场调控与发展受到监管体制制约;人民币国际化过程中,需要建立与国际接轨、更加现代化的金融监管与协调体系。这些挑战表明,加快推动金融监管与协调机制的现代化是每一个大国金融业发展到一定阶段的内在要求,市场发展正在推动中国进入金融监管与协调体制的"大改革时刻"。

中国决策者们放眼全球,寻找可以支撑金融强国的改革方略。其中,功能监管理论进入国内研究者视野,引发持续的关注与研究。金融功能论与功能监管理念发端于美国学者默顿 1993 年发表的《功能视角下的金融体系运营与监管》一文,现已成为指导全球性金融改革的最重要思想之一。但也正如法学专家朱苏力在《法治及其本土资源》中所言,立法与本土资源必须有良好结合,否则难以发挥有效作用,我们必须遵循政治经济学和制度经济学分析框架,加大对金融国情的考察研究,在此基础上提出适合我国情况的金融综合监管改革方案。

二、写作框架与研究方法

本书分四篇对国际经验与国内因素进行了比较分析,进而提出从中央、地方两个层面加快推进金融监管与协调机制改革的政策建议和操作方案。

理论回顾篇包括两章。分析了金融功能论的提出过程,系统阐述功能监管理念的基本内容,并对相关概念进行了辨析。在总结国内外研究的基础上,首次总结提出了一个完整的探索框架,并对功能监管理论进行了新的思考,进一步理清了理论发展方向。

国际实践篇共有三章。第三章通过整理功能监管探索的全球性实践,归纳功能监管探索的共性内容与国别差异。美国模式是否最佳实践案例?英国金融危机后为何放弃"金管会"模式?本章专门就这些问题进行了深入分析,指出国内耳熟能详之国外模式的另一面。第四章回顾了负面清单管理模式探索,分析了其与功能监管的关系。第五章回顾了国家安全审查实践,分析了其在金融服务业对外开放中的"保底"与"托底"作用。

中国探索篇包括四章。第六章首次界定了中国金融运动式治理悖论,分析了深层次制约因素。并构建中国金融监管有效性指数,进行了有价值的实证分析。通过全面回顾中国的功能监管探索实践,分析加快推动中国金融综合监管改革的必要性。第七章分析了新时期综合监管改革的主要思想、探索历程与新突破。第八章以调查问卷的形式,了解业界人士对我国综合监管改革方案的看法。第九章对完善改革方案提出了八个方面的建设性意见。

上海创新篇包括四章,归纳整理了近年来带有上海特色的探索。既有金融改革创新的案例总结,也有关于试点方案设计的思考。第十章分析了上海金融综合监管改革的理念与具体思路。第十一章对金融综合监管改革的五个分领域实践案例进行了深入总结。第十二章是对上海自贸试验区金融服务业负面清单探索的思考。第十三章是对上海自贸试验区金融领域国家安全审查方案的思考。

三、本书研究的主要观点

第一,功能监管理论已经成为各国金融改革中的根本性指导思想,被广泛付诸实践。从提出到现在,通过 20 多年探索,形成了一个与当前国际金融形势相适应的分析框架。本书系统回顾了国家领导人关于新时期金融综合监管改革的主要思想,并以默顿提出的六项功能为基础,从国情、"互联网＋"、探索框架、探索目标以及纵向设计等方面赋予功能监管理论新的内涵,作为中国金融监管与协调改革的指导思想。

第二,国外探索路径对于中国具有重要参考价值。金融监管与协调的改革需求在各国一直存在,是一个动态完善过程。以美国为例,金融危机爆发前美国金融监管制度存在大量疏漏,体现为,一是监管缺位和重复监管现象大量存在,如对冲基金一直缺乏有效监管,并且在格林斯潘时代放任对冲基金由市场自发管理,导致了其在数次金融危机中兴风作浪。受分业监管制度影响,重复监管现象比较严重,最终结果是监管掣肘、监管竞次与监管空白并存。二是监管弱化现象较为普遍,如对"两房"监管要求非常低,房利美、房地美危机爆发前夕的资本充足完全符合监管要求,并且资本金均大幅超过监管部门的最低监管要求。三是业务创新监管立规滞后。只对投资银行的经纪业务进行监管,但对其投行和创新业务几乎不实施监管,导致这些金融机构肆无忌惮地创新,不断制造出"毒资产"。事实证明,只要哪里存在监管漏洞,哪里就会积累和爆发较大的金融风险。

第三,以 2008 年国际金融危机爆发为分水岭,世界各主要国家先后完成以功能监管理念为指导的金融监管与协调改革。通过总结发现,功能监管改革的探索路径共识,以框架、立法、信息和平台为切入点,涵盖分工重构(Setting Responsibility)、政策协同(Coordination Policy)、监管协调(Cooperation Supervisory)、金融消保(Consumer Protection)、立法支持(Improving Legislation)、架构调整(Institutional Adjustment)、信息共享(Information Sharing)、业界共治(Industry Multi-governance)等八个探索方向。在监管架构改革上,强调以功能监管理念为指引,以监管架构改革为主,以外部协调机制创新为辅,监管框架的单一式、简约式改革成为潮流性共识。从国际经验看,一国金融监管与协调改革必须是全面深入的,监管架构改革是其中一个重要方面,但并不是唯一内容,否则依然无法达致改革目标。我国探索历程与国际发达国家存在较大落差,在核心内容、推进路径等方面均存在明显差异。

第四,世界金融大国中,除美国采取特殊的伞形监管模式外,其他主要金融大国大多采取准一体化监管模式。在金融话语体系中,存在着某种程度的"美国经验崇拜论",国内对于美国案例的研究要远远多于其他国家。本书认为,美国伞形监管模式的形成有其特殊国情因素,既不是全球最佳实践案例,也非美国人心目中最理想的状态,实际成效与预期也存在一定差距。中国存在较为特殊的金融国情,决定了应当结合中国实际,并博采众长,设计最适合国情的综合性改革方案。

第五,在诸多监管架构改革方案中,"超级央行"方案最受关注。本书以目前热议的"超级央行"改革方案为讨论蓝本,邀请上海167位专家与资深从业者开展热点改革方案的认知及态度调查。从反馈信息看,其支持率为57.1%,专家们对于提高央行地位、丰富政策工具、赋予更多重职能表示高度赞同,但也对现有热议方案内容的局限性提出了许多意见。集中体现为改革中国式金融立法机制,改革中国式金融牌照管理制度,明确地方金融监管地位与职责,创新金融事务协调机制,探索风险监测、金融监管与行业发展职能的适度分离。实际上,类似的大讨论在美国出台金融监管全面改革方案时也曾出现过,并提供了很多有价值的政策建议。

改革不是目的,解决问题才是目的。金融监管改革是个典型的政治经济学命题。

第六,通过进一步的系统梳理,可发现诸多复杂案例与事件实际上从七个方面提出了中国金融改革的目标清单,分别是改革监管框架、跨国金融协调、市场全面覆盖、信息互联共享、加强业界共治、完善协调机制、处理央地关系。金融监管与协调改革是当前金融业发展的头等大事,设计与实施效果好,将为金融业发展奠定坚实基础。当前中国需要的不是一次简单的金融监管体系的"积木重搭",而是一场从上到下、从外到内的深层次、全面性改革。唯有如此,才能摆脱长期以来的制约因素,为金融大国崛起奠定坚实基础。探索功能监管不仅要体现创新性、继承性,还要坚持问题导向、需求导向,更要聚焦解决当前金融监管面临的难题,把握"四个核心"。一是体现协同性,探索建立有利于弥补现有监管模式不足的监管协调机制。进一步加强金融管理部门之间,以及与有关各方之间的协调合作,推进政策协调和行动协同,加强对跨界产品和交叉行为的监管。二是体现全面性,探索建立对机构、产品、业务、人员的全面覆盖的分工协作体系。凡是从事金融业务或变相从事金融业务的行为,都要纳入监管范畴,有效改变类金融(新金融)活动监管不足、无序发展的情况。三是体现功能性,探索从机构管理向业务、产品、活动、行为管理转型。适应综合经营的趋势,从事同一或类似的金融活动,接受大体一致的监管,消除监管重叠,避免监管套利。四是体现前瞻性,探索建立有效防范金融风险的监测预警体系。通过创新信息互联共享框架,全面掌握金融业态发展情况,消除监管盲区和空白点,提高监测预警能力,有效预防区域性、系统性风险。

本书提出,最符合中国国情的中长期改革方案应当是"1+7"式的综合性方案。除包括以金融大部制改革为核心的监管框架调整之外,还应当重点做好以下七项内容：一是完善金融立法机制，修订现有金融法规，构建新型金融规制政策体系；二是以机构牌照制为基础，推动准入管理向业务牌照制转型，实现全面覆盖；三是拓展金融基础设施范围，推动专项立法，构建国家金融监测预警平台体系，推动监测、监督与监管体系的相对独立；四是理顺中央与地方关系，推动区域性金融改革，明确地方金融监管权责；五是调动各方力量，探索以社会化、专业化、市场化为导向的金融信息共享框架；六是推进金融监管改革，加强内外部协调，建立有执行力的协调议事机制；七是借鉴国外成熟经验，统一金融消保机构，构建更加市场化的保障网络。

第七，探索金融协调机制，不仅是中央层面的事情，也是地方层面需要深入考量的重要命题。本书从上海实际出发，设计了与上海国际金融中心建设相一致的探索方案。方案的主要特色是"以市场全覆盖为目标、以信息互联共享为基础、以监管合作为保障、以金融综合监管联席会议为平台、以业界自律共治为补充"，坚持市场化和法治化原则，坚持主动一步、跨前一步，坚持机构监管与功能监管相结合，规范金融市场秩序，防范和化解金融风险，促进上海金融服务业持续健康发展。

第八，金融综合监管改革、负面清单管理、金融领域国家安全审查是存在"一体两翼"式联系的三个探索命题。在国际贸易投资开放浪潮下，主要国家的金融服务业和金融市场开放促进了本国经济金融发展，也带来了相关冲击，并引起了金融监管的因应①——负面清单管理和金融安审都是其中重要体现。本书认为，处于不同经济和金融发展阶段的国家，应理性选择合适的负面清单管理模式和进度，以保证金融稳定和健康发展。当然，金融作为现代经济的核心，金融业是最重要的现代服务业，势必成为大国经济安全的基本要素，探索建立金融安全审查制度也是功能监管的题中应有之义。

---

① 犹顺应，谓因其所遇而应之，有随机应变之意。

理论回顾篇

　　以 2008 年国际金融危机为分水岭,世界各主要国家先后加快完成以功能监管理念为指导的金融监管与协调改革。从实践经验看,抓住"框架、立法、信息和平台"四个切入点,推动分工重构、政策协同、监管协调、金融消保、立法支持、架构调整、信息共享、业界共治等领域的深度探索,取得了重要进展,为中国金融综合监管改革指明了方向。

　　本篇包括两章。分析了金融功能论的提出过程,系统阐述功能监管理念的基本内容,并对相关概念进行了辨析。在总结国内外研究的基础上,对功能监管理论进行了新的思考,首次总结提出了一个完整的探索框架,进一步理清了理论发展方向。

第一章
功能监管是金融服务业发展的历史必然

一、功能监管理论发展沿革

（一）金融的功能观

金融理论可划分为传统金融理论和功能金融理论。传统金融理论主要从金融机构的角度来着手研究金融体系，即所谓的机构金融观点。持有该观点的人认为，现存的金融市场活动主体及金融组织是既定的，并有与之相配套的金融规章和法律来规范各种组织的运行，现有的金融机构和监管部门都力图维持原有组织机构的稳定性。有关金融体系所有问题的解决，如商业银行不良资产和资本市场的系统风险等，都应在这种既定的框架下来解决，即使要牺牲效率也是值得的。上述观点存在的明显缺陷是当经营环境的变化以及这些组织机构赖以存在的基础技术以较快的速度进行革新时，银行、保险及证券类机构也在迅速变化和发展，由于相关法律和规章制度的制定滞后于其变化，金融组织的运行与监管将会变得无效率。

针对这一缺陷，默顿（R.Merton）和博迪（Z.Bodie）于1993年提出了功能主义金融观点（Functional Perspective）理论，强调透过复杂的表象挖掘金融的功能本质，把变革金融机构体系视为金融功能演进的要求，以提高金融功能实现效率作为改革创新的根本目标。功能金融理论具有两个假定，一是金融功能比金融机构更加稳定。随着时间的推移和区域的变化，金融功能的变化要小于金融机构的变化。从金融机构的纵向来看，以银行为例，现代商业银行的组织设置和机构布局与早期的货币代管机构相比，已经发生了翻天覆地的变化；从横向来看，处于不同地域的银行其组织设置也不同，但履行的功能却大致相同。二是金融功能优于组织体系。任何金融体系的主要功能都是为了在一个不确定的环境中帮助不同地区或国家之间在不同的时间配置和使用经济资源。应通过组织体系的不断创新和竞争，促进金融实现更强的功能和更高的效率。在每个阶段，都应首先确定金融体系要具备哪些经济功能,然后据此来设置或建立能够最好地行使这些功能的机构与组织。

默顿将金融功能概括为六个方面,分别是交易和支付功能、提供融资机制、跨时间和地域的经济资源转移、管理不确定性和风险、协调不同领域分散决策的价格信息、处理不对称信息。莱文(Ross Levine)认为,金融的基本功能可以分为五大类,分别是风险改善、资源配置、公司治理、动员储蓄及促进交易。辽宁大学教授白钦先则将金融功能分为四个层级,分别是金融基础功能、金融核心功能、金融扩展功能与金融衍生功能。纵观现有的金融功能理论成果,虽然表述方式有所不同,但金融功能的基本内容是相似的。归结以上专家观点,可将金融体系分为以下四大核心功能:一是便利清算和支付的功能,二是聚集和分配资源的功能,三是风险分散的功能,四是充分挖掘决策信息和有效解决委托——代理关系中激励不足的功能。

(二) 功能监管理论

功能监管(Functional Financial Regulation)是金融功能论在监管领域的衍生性概念。在持续的金融创新中,金融机构提供的金融产品与服务的范围实际上是不断变化的,金融机构与金融市场的边界也是不断变化的,传统的机构监管者就会不断面临严重的监管重叠与监管真空共存的尴尬局面。因此,默顿提出机构监管转向功能监管将是不可避免的趋势,主张对发挥同一金融功能的不同金融机构所开展的类似业务与金融活动进行大体相同的监管。自此,功能监管的概念开始得到学术界和业界的关注。

在功能监管理念下,一般按照经营业务的性质来划分监管对象的金融监管模式,如将金融业务划分为银行业务、证券业务和保险业务,监管机构针对业务进行监管,而不管从事这些业务的经营机构性质如何。其优势在于:监管的协调性高,监管中发现的问题能够得到及时处理和解决;金融机构资产组合总体风险容易判断;可以避免重复和交叉监管现象的出现,为金融机构创造公平竞争的市场环境。

努力维持一个稳定的金融体系并提高其运行效率是个世界性的课题。功能监管理念自诞生以来,就成为各国解决金融发展瓶颈、完善监管架构的最重要理论指导。判断一个国家或地区金融监管体系是否现代化、是否具有先进性,在很大程度上就是考察其是否依据功能监管理念设计搭建金融监管框架,能否有效实现金融业务、金融机构的全面监管,能否实现金融创新与金融监管的平衡发展,最终充分动员社会储蓄并将聚集起来的资金进行高效配置,提高资本的边际生产率和全要素生产率,并有效进行风险分散和管理,促进社会福利的增长。

二、功能监管相关概念辨析

一是行为监管概念。行为监管与功能监管非常相似但又有所区别,其由英国学者泰勒(Michael Taylor)在 1995 年的"双峰监管"理论中提出。泰勒认为,金融监管存在两个并行的目标:一是审慎监管目标,旨在维护金融机构的稳健经营(微观审慎)和金融体系的稳定(宏观审慎),防止发生系统性金融危机或金融市场崩溃;二是致力于提高金融效率的行为监管目标,包括金融消费者保护、促进公平有效竞争、提高金融市场透明度、诚信建设和减少金融犯罪五个方面。泰勒提出的行为监管与默顿提出的功能监管虽然名称不同,角度不同,重点不同,但两者都强调监管与效率的关系,并致力于提高金融体系对实体经济的服务能力。

默顿和泰勒的理论区别更多反映了英美两国不同的金融环境,虽然理论研究追求的是能够适用全时空的普遍真理,但仍会受到现实的局限。默顿的功能监管理论针对的是美国分业经营、分业监管的金融环境,强调在不断的金融创新下,限定金融机构业务范围的机构监管理念与方式是低效和无效的,主张放松金融管制,提高金融活力。默顿的理论也成为 1999 年美国出台《金融服务现代化法案》的重要推动因素之一。反观英国和欧洲大陆的金融实践,无论英国还是欧洲大陆,一直都是混业经营模式,商业银行同时也是全能银行,也就不存在限定经营范围的机构监管理念。所以,泰勒理论的着眼点在于如何提高监管效能,主张将在监管目标、监管手段、专业技能等方面均有较大区别的审慎监管与行为监管分开,由不同的监管机构或部门承担,一方面可以提高监管专业化程度,另一方面也有利于避免利益冲突(金融稳定与金融效率有时不能兼得)。

二是机构监管概念。按照不同机构来划分监管对象的金融监管模式,如银行机构、证券机构、保险机构、信托机构等。其优势在于:当金融机构从事多项业务时易于评价金融机构产品系列的风险,尤其在越来越多的风险因素如市场风险、利率风险、法律风险等被发现时,机构监管也可避免不必要的重复监管,一定程度上提高了监管功效,降低了监管成本。

三是双峰监管概念。如前所述,英国经济学家泰勒(Michael Taylor)在 1995 年以行为监管为基础提出了双峰监管(Twin Peaks),认为金融监管的目标应当是"双峰"的:一是实施审慎监管,旨在维护金融机构的稳健经营和金融体系的稳定、防范系统性风险;二是实施行为监管,旨在纠正金融机构的机会主义行为、防止欺诈和不公正交易、保护消费者和投资者利益。双峰监管模式应当由承担上述两大监管目标的两类监管机构组成,即一类监管机构通过审慎监管维护金融体系安全稳健,而另一类监管机构通过行为监管保护消费者利益,因此又被称为目标型监管模式。可以说,从体制安排上划分审慎监管和行为监管的职能,有利于保持"双峰"监管目标的清晰。虽然"双峰"监管的差异很大,但彼此相互补充,不可偏废一端。

四是微观审慎监管概念。微观审慎监管是指监管部门以防范和化解金融业风险为目的,通过制定一系列金融机构必须遵守的周密而谨慎的经营规则,客观评价金融机构的风险状况,并及时进行风险监测、预警和控制的监管模式。

五是宏观审慎管理概念。微观审慎监管关注个体金融机构的安全与稳定,宏观审慎管理则更关注整个金融系统的稳定。宏观审慎管理的核心,是从宏观的、逆周期的视角采取措施,防范由金融体系顺周期波动和跨部门传染导致的系统性风险,维护货币和金融体系的稳定。作为危机后国际金融管理改革的核心内容,国际社会强化宏观审慎政策的努力已取得积极进展,初步形成了可操作的政策框架。

表1　功能监管相关概念比较

概　念	定　义	对　象	目　标	工　具
功能监管	按金融活动的功能分类明确监管职责	各类机构具备金融功能的活动	按照实质重于形式原则对活动进行划分与管理	生前遗嘱、宏观审慎评估、压力测试、差别存款保险费率
行为监管	按金融行为明确监管职责	各种金融行为	把金融行为作为监管分工的核心考量	行为规范及行政措施
机构监管	以机构类型为基础明确监管职责	持牌金融机构	以机构准入为基础全面管理机构的各项活动	资本、风险管理指标及行政措施
双峰监管	从体制安排上划分审慎监管和行为监管的职能	既管对象也管行为	实现一种最优平衡	兼用各类工具
微观审慎监管	以制定周密审慎的经营法规为基础,加强风险监测、预警和控制的监管模式	持牌金融机构	限制个别金融机构危机的发生,提高损失吸收能力	巴塞尔风险模型、资本管理工具
宏观审慎管理	防范系统性风险,维护整个金融体系稳定	系统重要性金融机构、做市机构	实施宏观、逆周期管理,兼顾就业、国际收支、经济增长、系统性风险管理等目标	逆周期资本调节工具、中央交易对手监管

第二章
功能监管的探索框架

以 2008 年金融危机爆发为分水岭,金融系统陷入"深渊"让全世界感受到了监管放纵之痛。无论是保证经济快速增长的需要还是前车之鉴的教训,都让各国监管层一致同意加强监管。一轮大刀阔斧的金融监管与协调机制改革在全球范围内逐次展开,内容涉及银行业治理、消费者保护、金融衍生品规范、高管薪酬等。2010 年 7 月美国《多德—弗兰克法案》的诞生正式掀开华尔街新金融时代序幕。同年,欧盟通过泛欧金融监管改革法案,成为超主权范围内宏观审慎监管的重要实践范本。

以上探索将全球监管标准推向更严格的境地,向着一个监管更加严苛的时代迈进。自 2009 年起,美联储每年例行对大型银行进行压力测试,以检验银行在经历极端的衰退或冲击后是否还能有至少 5% 的一级资本充足率,并不断扩大范围。而欧洲央行于 2014 年 11 月 4 日起全面承担银行业监管者的角色,试图重振欧洲银行业,欧洲银行的压力测试或比美国的难度更高。

显然,金融监管者比以往任何时候都更紧密地开展全球协作,来尝试确保监管规则在全球框架下的一致性。在后金融危机时代经济增长的鼓舞下,全球监管部门统一步调,以前所未有的节奏对金融市场的不正当行为进行"秋后算账",调查内容从协助避税到违反制裁令,再到操纵利率、汇率和大宗商品价格,重磅大罚单接踵"轰炸"各大银行。

从 1993 年到 2015 年,世界各国围绕功能监管实践的互动更加密切,以金融功能论和功能监管理论为指引,一个带有共性的探索框架日渐成型。即以框架、立法、信息和平台为主要切入点,分工重构(Setting Responsibility)、政策协同(Coordination Policy)、监管协调(Cooperation Supervisory)、金融消保(Consumer Protection)、立法支持(Improving Legislation)、架构调整(Institutional Adjustment)、信息共享(Information Sharing)、业界共治(Industry Multi-governance)为八个探索方向。根据英文单词第一个字母,又可简称为以"SCI"为核心的探索框架。下表将各国情况与中国进行了直观比较。

表 2 功能监管的"SCI"探索框架

探索点	美 国	英 国	德 国	日 本	韩 国	中 国
分工重构 (Setting Responsibility)	美联储主管系统重要性金融机构、联邦存款保险公司参与处置系统性风险,货币监理署管理国民银行,证券交易委员会(SEC)和商品期货交易委员会(CFTC)、保险相应部门、州层面监管机构分业设置,监管小型机构。	英国金融政策委员会(FPC)负责宏观审慎监管、问题金融机构的处置和退出,审慎监管局(PRA)和金融行为局(FCA)负责微观审慎监管。	联邦金融监管局(Ba-Fin)为银行监管、保险监管、资产管理和证券监管成立独立部门,跨行业任务交由几个共同交叉业务部门执行。	建立以日本金融厅为核心、独立的中央银行和存款保险机构共同参与、地方财务局共同支持的监管体制。	韩国金融服务委员会(FSC)专门负责金融机构的监管工作;韩国存款保险公司(KDIC)、韩国资产管理公司(KAMCO)等机构参与特定事务处理。	无明确分工,存在较为激烈的监管竞争。
政策协调 (Coordination Policy)	商品期货交易委员会与证券交易委员会协调制定一致性监管规则。	重视货币政策和宏观审慎政策的协调,通过英格兰银行货币政策委员会和金融政策委员会的联席会议实现。	在综合监管架构支撑下,实行全能银行制度,强调按业务实行统一监管规则。	在综合监管架构支撑下,实行全能银行制度、强调业务按业务实行统一监管规则。	韩国金融服务委员会属于韩国中央政府的组成部门,负责制定金融法律规和金融产业政策、审批金融机构重大经营事项,指导金融监督院开展日常监管工作。	行政平级,职责不明,汇报路径不清,导致政策协同困难。
监管协调 (Cooperation Supervisory)	证券交易委员会(SEC)和商品期货交易委员会(CFTC)成立联合顾问委员会开展调查。荷兰银行因违反有关反洗钱规定遭到五国部门联合处罚。	英国服务管理局(FSA)与美国商品期货交易委员会(CFTC)、美国司法部一起、联合处置Libor操纵案。	德国央行与金融监管部门联合开展现场检查、压力测试等重大监管行为。	日本金融厅召开金融审议会,讨论对比特币等虚拟货币加强法律监管。	2008年财政部、央行、金融服务委员会和金融监督院(FSS)等之间建立了国际联席会议协调机制,央行联席会议协调货币政策与金融联动向,金融委员会和金融监督院监测金融市场动向,财政部负责国际金融协调。	建立协调机制,但运行效果有限,机制本身的定位和授权不清。

续表

探索点	美 国	英 国	德 国	日 本	韩 国	中 国
金融消保 (Consumer Protection)	美国联储下设金融消费者保护局(CFPB)。	成立金融申诉专员服务公司(FOS),作为金融消费者和金融机构纠纷处理的操作型机构,不负责制定相关法规,处理范围覆盖所有金融和货币领域,特点是公平、快速、合理和非正式。	既有以联邦金融监管局(BaFin)为核心的官方的保护,又有依靠组织的民间自律行业协会等自律的角度。保护的角度去集中在金融投资者主要集中在信息披露、解决争议和损失补偿等方面。	《金融商品交易法》改变了既有分业监管无法涵盖新型投资商品发展状况,扩大和完善横断性法制框架,并填补投资者保护法制的空白。	韩国金融监督院于2012年5月15日正式下设金融消费者保护院,金融消费者保护院直接受韩国金融监督院长的监督,并直接向韩国金融监督院长报告。	有分设的金融消保部门,依然限于各自范围。
立法支持 (Improving Legislation)	1999年《美国金融服务现代化法案》;2010年《多德—弗兰克华尔街改革与消费者保护法》。	《2012年英国金融服务法案》。	《德国银行法》历经六次修改。2002年《德国联邦金融服务监管法案》。	《金融商品销售法》、《金融商品交易法》研究制定以功能区别、横向整合的金融法规。	《金融服务委员会法》关于金融监管机构设置的法律》。	差距较大,为分业监管部门立法驱动立法。
架构调整 (Institutional Adjustment)	扩大美联储监管职权。增设金融稳定监管委员会,财政部长任主席。	英格兰银行下设金融政策委员会(FPC)和审慎监管局(PRA),财政部下设金融行为监管局(FCA)。	成立联邦金融监管局(BaFin),实现现代一元监管模式。德意志联邦银行是德国的中央银行,同时作为欧洲中央银行系统(ESCB)的一部分。	日本金融厅成为名副其实的金融监管机构,对银行业、证券业、保险业、非银行金融等进行监管。	形成"统一监管,二元模式"体系。1998年成立金融监督委员会和金融监督院。2008年金融政策并入金融委员会并更名为金融服务委员会。FSC与FSS分管政策制定与执行,FSS是FSC下属特殊机构。	差异较大、为分业型监管框架,目前职责不清、无自主、动态、全面覆盖新业务、新机构的动能。

续表

探索点	美　国	英　国	德　国	日　本	韩　国	中　国
信息共享 (Information Sharing)	联邦储备委员会和证券交易委员会签署一项信息共享协议。美国与世界许多国家和地区达成金融信息共享协议。	建立内部及外部信息共享框架。	建立内部及外部信息共享框架。	建立内部及外部信息共享框架。	建立内部及外部信息共享框架。	视信息为资源，有综合统计无实时共享。
业界共治 (Industry Multi-governance)	美国拥有大量行业协会组织。	英国具有深远的行业自治传统。	德国行业自律体系很发达，形式不一，如著名的德国全国信用合作联盟(BVR)。各级合作银行机构，其他专业合作机构，金融机构都必须是会员，并交纳会费。联盟则对外保护会员利益，协调沟通与政府部门关系，为会员做好宣传工作和处理好公共关系；对内则为会员提供信息和培训等优质服务。	日本银行家协会由143家本土和49家外资银行组成，具有较广职责，有权修订日本银行同业拆借利率(Tibor)相关准则，设置监管机制。	协会担负本行业大部分具体、微观的管理业务，在促进韩国金融业发展方面发挥重要作用。	行业协会差距较大，以执行为主。

资料来源：根据相关案例信息整理。

一、分工重构(Setting Responsibility)

分工重构是指以不留空白点、降低空窗期为目标,提高反应速度,及时重新调整或明确监管部门之间的职责分工关系。美国的金融监管职责划分是在20世纪30年代确立分业经营模式时确定的,金融危机后做了升级。虽然一直采取双线多头监管模式,但监管部门间的职责分工不是一成不变的,经常根据金融业发展态势进行动态调整。目前,美联储负责对具有系统重要性的银行、证券、保险、金融控股公司等各类机构以及金融基础设施进行监管,牵头制定更加严格的监管标准,与联邦存款保险公司共同负责系统性风险处置;货币监理署负责国民银行的监管;联储和州银行监管当局共同负责州注册会员银行的监管;存款保险公司和州银行监管当局负责州注册非会员银行的监管;证券业由证券交易委员会和商品期货交易委员会监管;州证券监管当局负责州注册证券经营机构的监管;州保险监管当局负责州注册保险公司的监管。美国分工重构的基本原则是,强调全面覆盖、综合监管和双层安排,每一家金融机构至少对应着一个监管当局,其中银行类金融机构至少在联邦政府层面有一家监管机构负责对其实施主监管职责,州层面都设立银行、证券、保险监管机构,负责小型金融机构监管。

英国也根据金融形势的变化,动态调整监管分工。1998年6月完成改革,银行监管职能由英格兰银行转向英国金融服务管理局(FSA)。2000年6月,英国皇室批准《2000年金融服务和市场法》,将证券和期货局、个人投资局等机构职责并入 FSA。2005年全球第一个 P2P 网络供贷平台 Zopa 在英国成立,为了加强监管,FSA 将 P2P 平台界定为证券经纪商,要求在其注册处登记,并接受相应管理。

二、政策协同(Coordination Policy)

政策协同是指针对金融监管中存在的监管部门众多、部门之间职责不明确以及监管领域既相互交叉又留有空白等问题,加强政策协调机制建设。例如,美国推出了一系列金融监管改革举措,旨在根据功能监管的理念,对具有相同功能的同类业务,面向其监管范畴内的所有金融机构和非金融机构,制定标准一致的监管新规，改变了此前由商品期货交易委员会（CFTC）、证券交易委员会（SEC）等不同监管机构根据分别出台的相关监管规则进行分类监管的做法。即无论何种机构类型的市场参与主体，只要开展相同类型的业务，均需遵守标准一致的法规细则。英国重视货币政策和宏观审慎政策的协同，通过英格兰银行货币政策委员会和金融政策委员会的联席会议实现。

三、监管协调（Cooperation Supervisory）

监管协调是指全面加强监管机构之间的协调合作，避免制度不完备、信息不对称和行动不协调造成的监管漏洞，提高金融监管效率，维护金融安全的一种制度安排。监管协调的目的是防范监管冲突与监管空白，避免监管套利，难点在于如何处理监管空白，举措方面强调加强监管信息交流、技术合作以及共同决策。世界主要国家和经济体的监管模式大致分两类：统一监管模式和分业监管模式。但无论采用哪种监管模式，不同监管领域之间的协调都是极为重要的，只不过在统一监管体制下表现为同一个机构内部不同部门间的沟通，而分业监管体制则表现为不同机构间的沟通。

实践方面，美国商品期货交易委员会（CFTC）和证券交易委员会（SEC）成立联合顾问委员会开展调查，荷兰银行就因违反有关反洗钱规定遭到五部门联合处罚。英国服务管理局（FSA）与美国商品期货交易委员会、美国司法部加强跨国协调，联合处置 Libor 操纵案。德国央行与金融监管部门联合开展现场检查、压力测试等重大监管行为。日本金融厅召开金融审议会，讨论对比特币等虚拟货币加强法律监管。韩国 2008 年在财政部、央行、金融服务委员会和金融监督院等部门之间建立部际联席会议协调机制，央行监测货币政策有效性，金融服务委员会和金融监督院监测金融市场动向，财政部负责国际金融协调。

四、金融消保（Consumer Protection）

金融消保是指加强金融消费者权益保护，以此提升金融消费者信心，维护金融安全与稳定。世界各国普遍大幅提高重视程度，探索建立"各行业统一、产品全覆盖、处置权独立"的运行框架，对理财产品和互联网金融管理发挥支撑作用。

　　美国在联储下设金融消费者保护局(CFPB)。德国既有以联邦金融服务业监察署(BaFin)为核心的官方保护,又有依靠行业协会等自律组织的民间保护,保护角度集中在信息披露、解决争议和损失补偿等方面。韩国2012年在金融监督院下设金融消费者保护院,直接受韩国金融监督院院长监督并向其报告。英国金融行为监管局(FCA)是一个独立的机构,对财政部和议会负责,实施整个金融行业服务行为的监管。FCA的核心目标包括:保护金融消费者,公平竞争和维护资本市场诚信,对全部金融行业约26 000家机构的金融行为进行监管;对除受审慎监管局(PRA)监管外的约23 000家金融机构进行审慎监管。英国还成立金融申诉专员服务公司(FOS),作为消费者和金融机构纠纷处理的操作机构,虽不负责制定相关法规,但可覆盖所有金融和货币领域,突出了金融消保处置的公平、快速、合理和非正式特征。

五、立法支持(Improving Legislation)

　　立法支持是指完善金融立法机制,修订现有金融法规,完善金融立法体系,提升金融立法效率。目前,大多数西方国家都曾出台过推进功能监管探索的专门法案,内容较为全面,且在法案中提出制定诸多配套细则及进度要求,为功能监管探索奠定了重要的法律保障。

　　1999年,美国出台了《金融服务现代化法案》,明确提出了功能监管的理念,并将其作为单独章节进行论述,相关监管规定侧重从具有相同功能的同类业务维度,面向所有市场参与主体,制定统一的监管规定,并要求其遵照实施。该法案被理论和实务界普遍视为美国金融监管正式引入功能监管理念的标志。2010年7月,为避免2008年金融危机重演,美国总统奥巴马签署金融监管改革法案,又称《多德—弗兰克华尔街改革与消费者保护法》,主要内容包括建立一家由十名成员组成的金融稳定监督理事会,将场外交易的金融衍生品纳入监管体系,加强对评级机构的监管,建立消费者金融保护署,通过沃克尔法则全面加强对商业银行的监管,限制大金融机构的投机性交易,尤其是加强对金融衍生品的监管,以防范金融风险。这标志着历时近两年的美国金融监管改革立法完成,华尔街正式掀开新金融监管时代序幕。

　　次贷危机后,英国紧随美国的步调,于2011年6月出台了描画金融监管改革蓝图的《2012年金融服务法案》,主要内容是将原来负责机构监管的金融服务局转为英格兰银行下属机构,成为具有一定独立性的金融审慎监管局(PRA),

同时成立金融行为监管局(FCA)。

六、架构调整(Institution Adjustment)

架构调整是指考虑本国金融业发展阶段、行业差异与监管资源分布特征，选择并搭建最适合本国国情与发展目标的金融监管架构，并根据行业发展动态进行调整。架构设计与调整往往被认为是一国金融监管体系改革的核心内容。

1998年，澳大利亚成立金融审慎监管局(Australian Prudential Regulation Authority，APRA)，负责原由央行承担的对吸收存款机构、保险公司和养老金机构的审慎监管职责，同时将金融消费者保护职责交给澳大利亚证监会(ASC)，并将其更名为澳大利亚证券与投资委员会(ASIC)，其监管职责进一步扩展至通过提高投资者和金融消费者信心，改善金融市场的公平性和透明度。实际上，ASIC已经承担了金融功能监管的主要职责，形成了审慎监管与行为监管的"双峰监管"模式。

1999年《金融服务现代化法案》颁布后，美联储的监管职责由负责监管银行控股公司相应调增为对金融控股公司的监管，并设计了法人隔离的制度安排，即银行、证券和保险类业务必须在不同的法人实体中经营，主要通过金融控股公司的方式实现混业经营，以期在获得混业经营效益的同时，降低滥用存款保险等金融安全网保护的道德风险。同时明确，对一些兼具银行、证券或保险性质的交叉业务放到哪类法人机构中，根据业务的协同效应和监管专业优势确定。这样，银行、证券、保险法人机构的监管者同时也就成为"功能监管"当局。各"功能监管"当局与负责对金融控股公司实施并表监管的美联储一起构成了美国特有的伞形监管结构。在2010年，美国又从两个方面对原有的金融监管框架进行了修正和补充：一是设立金融稳定监管委员会，加强分业监管机构之间的合作，由财政部长任主席；二是扩大美联储监管职权。

英国在金融危机前是由金融服务局(FSA)对银行、证券、保险业金融机构实施统一审慎监管。金融危机后，英国以构建强有力的中央银行为核心，全面调整监管机构设置。在英格兰银行下设金融政策委员会(FPC)负责宏观审慎监管，设立审慎监管局(PRA)和金融行为局(FCA，设在英国财政部下)共同负责微观审慎监管，包括对吸收存款机构、保险公司以及系统重要性投资机构进行审慎监管，其他金融机构的监管仍由金融行为局负责。同时明确英格兰银行为银行处置机构,负责问题金融机构的有序处置和退出。英国的监管架构具有简捷高效的特色,只设金融监管局(FSA)负责所有金融监管,这与其行业自律性强有关。简单的监管架构有助于提高监管效率,减少政策下达的滞后性。

德国央行与金融监管部门之间有着较为紧密的合作历史。德国央行负责宏观审慎监管和金融稳定风险评估。联邦金融监管局负责对银行、证券、保险统一监管。德国央行与金融监管局密切合作,一是德国央行利用网点优势,负责对金融机构的日常监测,评估风险,并与金融监管局共享信息;二是派员参加金融监管局管理委员会,可对专项监管任务提出建议;三是建立高层定期磋商机制;四是联合开展现场检查、压力测试等重大监管行为等。

日本金融业长期以来采用混业经营、混业监管的模式。金融危机后,日本将金融厅从财务省独立,建立了以金融厅为核心,独立的中央银行、存款保险机构和地方财务局共同参与的监管体制。金融厅负责监管银行、证券、保险机构。

香港虽然采用混业经营、分业监管的模式,但不同监管部门之间按照功能监管做到职责明晰,互相合作。香港的金融监管架构具体由金融管理局(金管局)、证券及期货事务监察委员会(证监会)、保险监理处(保监处)及强制性公积金计划管理局(积金局)四大监管机构以及相应的行业自律协会构成,分别负责监管银行业、证券和期货业、保险业和退休计划的业务。

新加坡的金融监管主体为新加坡金管局(Monetary Authority of Singapore,MAS),它同时有中央银行金融调控和金融监管两大职能。监管当局具有较强的独立性。金管局董事会由政府官员及财经金融界、法律界的资深要员组成,在实施宏观调控和金融监管过程中有相当的独立性和很高的权威性。

在欧盟新金融监管框架下,欧洲中央银行负责制定宏观审慎政策,欧洲系统风险委员会负责行使宏观审慎监督的职责。另外,欧洲中央银行被赋予了整个欧洲银行业的微观审慎监管职责,尤其以123家系统性重要银行为重。

法国中央银行下属的审慎监管与纾困局负责对银行业和保险业的微观审慎监管,金融市场管理局负责对证券业的微观审慎监管。两家微观审慎监管主体成立了一家联合委员会,负责金融市场的行为监管和消费者权益的保护。而宏观审慎政策是由金融稳定顾问委员会制定的。

瑞士是由单一监管机构负责对金融业的微观审慎监管。金融危机后由于银行业在瑞士经济中的重要地位,建立了针对银行业"大而不倒"问题的宏观审慎管理制度。瑞士中央银行负责制定针对银行业的宏观审慎政策,金融市场监督管理局负责宏观审慎政策执行,联邦委员会(类似于我国的国务院)对"大而不倒"制度的有效性进行评估。

表3 全球主要国家和地区金融监管体制一览

统一监管体制		部分统一监管体制			多机构监管体制	
		银行和证券	银行和保险	证券和保险	对银行、证券、保险分别监管	
英 国	日 本	瑞 士	澳大利亚	南 非	中国(内地)	美 国
德 国	拉脱维亚	墨西哥	比利时	玻利维亚	法 国	意大利
奥地利	马尔代夫	多米尼加	加拿大	智 利	印 度	约 旦
巴 林	马耳他	芬 兰	哥伦比亚	埃 及	阿根廷	立陶宛
百慕大	尼加拉瓜	卢森堡	厄瓜多尔	毛里求斯	巴哈马	荷 兰
开曼群岛	挪 威	乌拉圭	萨尔瓦多	斯洛伐克	巴巴多斯	新西兰
丹 麦	新加坡		哈萨克斯坦	乌克兰	博茨瓦纳	巴拿马
爱沙尼亚	韩 国		马来西亚		巴 西	菲律宾
直布罗陀	瑞 典		秘 鲁		保加利亚	波 兰
匈牙利	阿联酋		委内瑞拉		塞浦路斯	葡萄牙
冰 岛					埃 及	俄罗斯
爱尔兰					希 腊	斯洛文尼亚
					中国香港	斯里兰卡
					印度尼西亚	西班牙
					以色列	泰 国
						土耳其
在所有样本国家中所占比例						
29%		8%	14%	9%	40%	

资料来源：How Countries Supervise Their Banks, Insurers, and Securities Markets, 2003, London, Freshfields.

七、信息共享(Information Sharing)

信息共享是指加强监管部门之间的信息互换，强调信息共享的全面性、及时性、跨界性和法制保障。美国国会在1979年就建立了金融监管部门之间的协调机构——联邦金融机构检查委员会，负责统一金融机构在接受联邦检查时的准则、标准和信息报送格式。2008年7月，美国两大金融监管机构联邦储备委员会和证券交易委员会宣布达成一项信息共享协议,以更好地监测美国金融体系存在的潜在风险。美国为了追查本国居民海外逃税,已经与 86 个国家和地区达成或基本达成了金融信息共享协议,以落实《海外账户税收合规法》(FATCA)。2014 年,在中美第六轮战略与经济对话举行前期,中美两国也达成加强金融监管合作的共识,进入"基本达成协议"的名单里面,这意味着中国居民在美国金融机构所开账户的账号、相关收益,乃至开户人姓名和住址等信息,都将对中国政府变得透明。

八、业界共治(Industry Multi-governance)

业界共治是指聚合金融业界各方智慧,从监管部门完全主导的政府行政管理方式,转变为有效履行政府职能和充分发挥市场、社会主体的作用相结合的公共治理模式,形成推进金融领域发展的共识与合力。

英国的业界共治有着悠久传统,包括一系列市场化运作的平台。伦敦金融城由公司制的共治政府——伦敦金融城公司管理,政府由伦敦金融城市长、市府参事议政厅、政务议事厅和市政委员会委员等组成。伦敦金融城第一任市长于1192 年产生。金融城政府提供长远规划,为企业、机构提供基础设施维护到战略性的经济发展等各领域专门服务。

英国投诉处理专员办公室(OCC)根据《2000 年金融服务与市场法》在 2001年 9 月设立,是承担公共职能的公司制企业,接受机构和消费者对金融监管当局(FSA,2013 年 4 月 1 日后变为 PRA 和 FCA)的投诉,监管金融监管者的行为。OCC 监管的范围包括 FSA 的众多行为和决策,但不包括 FSA 的政策制定、FSA 与内部雇员的纠纷以及 FSA 的一般商业合同和商业行为。

金融服务赔偿计划公司(FSCS)也是根据《2000 年金融服务和市场法》在2001 年 12 月设立,是行使公共职能的独立私人部门,对监管方独立,但要向监管方和财政部负责。其主要职能是:对未获得商业机构赔偿的对象进行赔偿;一旦确立赔偿,要降低成本,从仍存在的机构中获取赔偿成本;将以前分业经营时各自的赔偿机制合并在一起。FSCS 的所有资金来源于机构,各机构所承担的费用标准根据其所在类别不同有所差异。

英国的业界共治模式还体现为将行业自律和政府监管相结合,两者相互补充,共同执行监管职能。由于英国相关行业自律性很强,行业协会的监督和管理非常有效,成为对宏观层面金融监管的有效补充。P2P 发展起来之后,英国迅速成立了全世界第一个 P2P 行业协会，即英国 P2P 行业协会（Peer-to-Peer Finance Association，P2PFA），之后又成立了众筹协会。这些协会制定行业统一的标准和规则，在微观层面，对行业的发展起到了非常好的引导规范作用。同时，英国的监管架构也有着鲜明特色，英国只设立了相对简约的金融监管组织来负责金融领域的宏观监管工作。这种简单的监管架构有助于效率的提高，也体现了英国法律制度的包容性与灵活性。

美国的行业协会自律在业界共治中也发挥了重要作用。美国银行家协会（ABA）是美国最大的银行贸易协会，成立于 1875 年，成员包括社区、区域和货币中心银行和控股公司，以及储蓄协会、信托投资公司和储蓄银行。下设美国银行业公司（CAB）、ABA 教育基金会、ABA 房产基金会、ABA 网络协会、ABA 证券协会、ABA 银行保险协会、美国银行业（AIB）、ABA 银行家与金融贸易协会、ABA 银行家认证协会（ICB）等子公司，显示其独立性和多功能性。承担的主要功能有，通过教育、技术援助、技术培训等项目帮助企业改善经营成果；制定行业规范、行业标准，对行业内成员加以制约；促进和参与国内外经济交流与合作，以整个行业面貌出现，统一对外；收集详细信息帮助政府和立法部门进行决策。美国的行业协会组织在向立法和政府机构提建议时，往往不以个人或整个组织名义发表意见，而是为政府提供详实的分析数据，搜集大量的信息，包括企业自身的想法和意见，协助政府制订出完善的、有效的、可执行的法律和措施。

国际实践篇

　　从国际视野来看,金融发展的历史包含了两条基本线路——金融创新和金融监管,两者往往互为因果,呈现为一种循环伴生现象。金融创新活动既以现有金融体制和监管框架为前提和动力,又带来了金融法律和监管制度的变迁和升级。20多年来,在金融创新的推动和功能监管理念的指引下,世界各国开展了内容丰富、维度不一、褒贬各异的实践活动。简言之,不太可能存在放之四海、不同时空皆有效的通用模式。本篇尝试对于功能监管实践进行深入总结,理清历史变迁脉络,探寻国别差异的影响因素及启示意义。

　　在贸易投资开放的同时,主要国家的金融业和金融市场开放促进了本国经济金融发展,也带来了相关冲击,并引起了金融监管的因应——负面清单管理和金融安全审查都是其中重要体现。处于不同经济和金融发展阶段的国家,应理性选择合适的负面清单管理模式和进度,以保证金融稳定和健康发展。当然,金融作为现代经济的核心,金融业是最重要的现代服务业,势必成为大国经济安全的基本要素,探索建立金融安全审查制度也是功能监管的题中应有之义。为此,本篇对于金融服务业负面清单管理、金融领域国家安全审查实践活动也进行了深入回顾与总结。

第三章
主要国家金融监管架构的变迁与特点

一、美国:金融监管架构动态演进

(一) 从《金融服务现代化法案》到《多德-弗兰克法案》

20 世纪美国最重要的金融法律应当是 1933 年的《银行法》(即《格拉斯—斯蒂格尔法》),由它开始确立了证券业与商业银行分业经营的格局。商业银行虽然在美国金融体系中仍处于重要地位,但资本市场迅速发展,金融产品创新层出不穷。60 年代之后,商业银行开始取道银行持股公司进入资本市场,与证券业、保险业等展开了竞争与合作。但是,《银行法》的防火墙始终存在。为了适应国内混业经营发展的现实,也为了美国大银行在国际金融市场的兼并扩大和确立优势,金融兼并呼唤破除法律障碍。在以上国内、国外两大背景下,限制自由竞争与发展的《格拉斯—斯蒂格尔法案》已成桎梏。金融企业为求发展空间,频繁使用相互持股、购并等手段以规避该法。由于该法的掣肘,美国法院对相当数量的金融企业兼并案件一筹莫展,不得不延期审理。究竟是坚持分业体制,还是实行混业体制,经济学界和法学界开始了激烈的争论。1999 年 11 月 4 日,美国参众两院分别以压倒性多数票通过了《金融服务现代化法案》。当月 12 日,克林顿总统签署该法案,并称:"它将带来金融机构业务的历史性变革"。

1999 年《金融服务现代化法案》与其说开创了混业经营,不如说是追认了这一现实;而且,采取了成文法的形式,这具有划时代的意义。在这部法律的第二章,标题就是"功能监管",可以说是功能监管的最早书面面世。

一般而言,从 20 世纪 90 年代以来,美国金融监管呈现两大发展趋势。第一,集中统一性监管与综合性监管相结合。例如,适应混业经营发展,《金融服务现代化法案》规定了美联储是金融持股公司的监管机构,而金融持股公司下属各类公司则归功能监管机构负责监管。金融监管从个别、分散走向了综合、统一。

第二,建立和完善风险评估与预警体系。例如,美联储在原有骆驼评级(CAMEL)基础上,增加了"S"(对市场风险的敏感程度,Sensitivity to Market Risk)。这就是直到 2008 年金融危机前,美国实行的联邦和州政府两级、多个监管机构并存的"双重多头"金融监管体制。联邦一级的监管机构主要有美联储(FED)、货币监理署(OCC)、联邦存款保险公司(FDIC)、储贷监理署(OTS)、国家信用社管理局(NCUA)、证券交易委员会(SEC)等,保险业由各州单独监管,50 个州有各自的金融法规和行业监管机构。

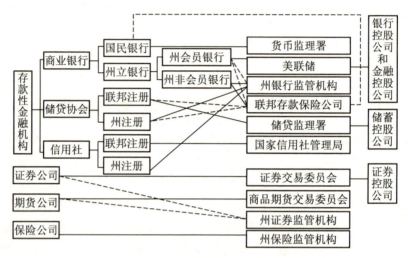

注:实线为主要监管机构,虚线为辅助监管机构。

图 1　美国 2008 年金融危机前的金融监管框架

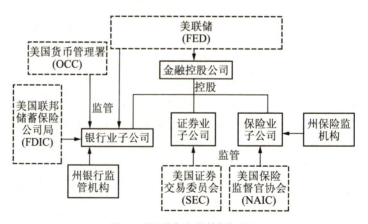

图 2　美国"伞式监管"简略图

美国监管构架呈现"伞形监管",美联储在负责监管注册的联储会员银行的同时,还监管金融控股公司,成为金融控股公司的伞式监管人。该模式下,子公司可按其经营业务种类接受不同行业监管人的监管,而美联储作为金融控股公司伞状监管者,负责评估和监控混业经营的金融控股公司整体资本充足性、风险管理的内控措施以及集团风险对存款子公司潜在影响等。伞形监管实际上也是功能监管与机构监管的结合,控股公司子公司要相应接受主要功能监管人的监督。伞形监管人与功能监管机构相互配合、相互制约,即美联储对子公司拥有仲裁权,而各功能监管机构对执行本领域监管有优先权。此外,美国的州政府在银行业、保险业和证券业方面也具有一定的监管权限。

2008 年金融危机重创华尔街,暴露出美国金融系统的种种积弊和漏洞。当时 80 多岁高龄的美国联邦储备委员会前主席保罗·沃尔克,成为力主强化监管的"金融斗士"。2010 年,在总统奥巴马支持下,他提出以自己命名的"沃尔克规则",旨在限制大型银行利用自有资本从事股票、掉期、衍生品交易等业务,防范金融机构因疯狂逐利而从事不计后果的风险交易。同年 7 月 21 日,奥巴马签署包含沃尔克规则的《多德—弗兰克华尔街改革和消费者保护法》(又称《多德—弗兰克法案》),标志着美国金融监管改革完成立法程序,重新构筑金融监管框架。

该法案将防范系统性风险和保护金融消费者权益作为核心目标,对金融行业间的并购和金融控股公司的监管进行了加强。新法案的推行也带来金融监管结构体系的变化,新设立的金融稳定监督委员会主要负责系统性风险的监管和控制,并对大型的金融机构从事高风险活动进行识别和采取应对措施来管理风险。美联储的监管权力得到强化,对金融稳定监督委员会认定的重要性风险机构进行直接监管,但美联储要定期接受审计署的审计。美联储系统下新设立消费者保护局,负责保护消费者免受非法金融欺诈。该法案还对大型金融机构的自营交易提出了限制,赋予了联邦政府关闭濒临倒闭的大型金融机构的权力,对信用评级机构提出了严格的监管等。

从其国内媒体评论看,美国金融监管改革如今陷入"雷声大、雨点小"的境地,主要是监管机构条块分割、相互扯皮以及游说集团活动,导致原本应早已正式出台的规则最终版本迟迟没有完成。包括美国证券交易委员会、商品期货交易委员会在内的五家主要监管机构协同办公,协调和沟通的效率低下,致使项目推进缓慢,长期以来一直处于商讨争辩当中,议而不决。而银行业派出的各类游说人士在过去两年中"积极行动",提出了上百个议案和修正案,监管机构为研究和回应这些质疑也花去不少时间。近期,美国联邦储备委员会宣布,将"沃尔克规则"中有关限制银行机构投资对冲基金和私募股权基金的规定暂缓执行一年。这是美联储在其法定授权范围内第三次、也是最后一次延长"沃尔克规则"的过渡期。这是美国华尔街与监管机构长期博弈妥协的结果,也折射出金融危机后美国在维护金融体系稳定、促进经济复苏与保持金融竞争力之间谨慎寻求平衡的艰难。

(二)美国的地方金融监管体制

1. 地方金融监管体系的三种形式

从国际上看,不同国家根据自身经济发展程度和金融业特点选择不同的金融监管模式。目前,世界各国的金融监管模式大致可以分为三类:

一是双层多元监管体制。中央和地方政府都有权对金融业进行监管,同时有多个机构或部门实施监管职责,美国就是这一模式的典型代表。由于联邦制的特殊国情,纵向上,联邦政府和州政府实行分权监管;横向上,各监管机构实行分业监管。总体来说,地方州政府在美国金融监管体系中发挥着非常重要和关键的作用。例如州银行同时受到联邦政府和州政府的监管。又如美国没有联邦层面的《公司法》,各州政府自行制定并执行本州《公司法》,在公司上市标准、治理结构、兼并收购等方面有较大的影响力。从保险业来看,美国州政府对保险机构有较大监管权。

二是单层多元监管体制。除美国外,其他主要发达国家基本实行单层金融监管体制。单层多元监管体制是指金融监管权集中于中央,由两个或者两个以上的机构或部门负责金融监管。德国、法国就采取这一监管体制,其中德国采用混业监管模式,联邦银行监督局统一实现对银行、证券、保险业务的监管。法国采用分业监管模式,设立银行委员会、保险监管局、金融市场管理局等机构对金融机构进行分业监管。

三是单层统一监管体制。金融监管权集中于中央单一机构或部门。采用这一模式的主要包括日本、韩国等国家。日本在总理府下设金融监督厅负责金融监管和金融风险处置,韩国成立直属国务院的金融委员会承担统一的金融监管职责。

2. 美国存款类金融机构监管的双层分工

2008年国际金融危机前,在美国联邦层面共有5个监管者,各州还有自己的监管机构。美国联邦分业监管结构如下:美联储(FRS)、货币监理署(OCC)、储蓄机构监理局(OTS)、联邦存款保险公司(FDIC)共同负责对商业银行的监管,信用合作社监管局(NCUA)负责对信用合作社的监管。

2010年后,根据《多德—弗兰克法案》规定,美国撤销了储贷监理署,将原来的储贷控股公司的监管职责并入美联储,对储贷协会的监管职责并入货币监理署,对州储蓄协会的监管职责并入联邦存款保险公司。同时,该法案还加强了美联储对系统重要性金融机构的监管职能。

这样,美国联邦政府的金融监管机构将被整合为四家:美联储(FRS)、联邦存款保险公司(FDIC)、货币监理署(OCC)和国家信用社管理局(NCUA)。其中,美联储负责监管大约5 000多家银行控股公司以及约850家州特许银行;联邦存款保险公司负责对在各州注册的非联储成员银行进行监管;货币监理署负责对在联邦注册的国民银行及储蓄存款机构进行监管;国家信用社管理局负责监管所有参加联邦保险的信用社。具体分工见下表。

表4　2010年之后的美国银行业金融机构与监管机构对应表

监管对象		监管类型		是否双层监管	备　　注
		联邦监管机构	州监管		
商业银行(含社区银行)	联邦注册银行	OCC、FRS、FDIC			
	州立会员银行	FRS FDIC	州监管机构	是	
	州非会员银行	FDIC	州监管机构	是	
	其他		州监管机构		
储蓄与信贷协会	储贷控股公司	FRS			
	联邦储蓄协会	OCC			
	州储蓄协会	FDIC	州监管机构	是	
	未参加保险州协会		州监管机构		
信用合作社	联邦注册的	NCUA			
	州立参加保险的	NCUA	州监管机构		
	州立未参加保险的		州监管机构	是	
其他存款类机构	产业贷款公司	FRS	州监管机构		
	金融控股公司	FRS			子公司按业务功能监管
非存款类机构			州监管机构		

注:上表简称含义如下,美联储(FRS)、联邦存款保险公司(FDIC)、货币监理署(OCC)、国家信用社管理局(NCUA)。根据《多德-弗兰克法案》,原美国储蓄机构监理局(OTS)被撤销,其职能合并到货币监理署(OCC)。

颇受关注的社区银行(Community Bank)不属于一个严格的法律分类,一般依据商业银行资产规模和服务对象标准,将符合条件的商业银行归为社区银行。在政府监管上,州特许社区银行要接受美国联邦存款保险公司和州政府的金融监管。联邦特许社区银行不但要接受美国联邦存款保险公司和州政府的金融监管,还要受到美国联邦储备银行和美国货币监理署的金融监管。州政府主要监管社区银行是否恪守了相关的各项金融法规,特别是《社区再投资法》相关规定的恪守情况。独立社区银行协会(ICBA)及社区银行分会等行使在自律方面监管职能。

从美国的实践来看,与大型银行相比,监管机构对社区银行的监管程序、监管措施相对简化,在对一些领域的数据采集及报告要求、财务报表的报送周期、现场检查的频率等方面更为宽松或更具弹性。

3. 美国非存款类金融机构的监管体系

监管者认为,由于该类机构不吸收公众存款,故不会引起系统性金融风险,也就不需要联邦监管。非吸收存款类机构交由各州加以监管,很多州的监管机构为银行业监管机构,也有一些州为州务卿办公室。总体来说对该类机构的监管较为宽松,许可过程和检查过程都比较短。在审慎性管制方面较弱,如通常没有对单一借款人的贷款限制,不限制与会员的交易等。

美国原来在联邦层面没有保险机构,保险公司都是交给州去管的。现在根据《多德—弗兰克法案》,美国在财政部下新设了联邦保险办公室,但该办公室职能较为有限,只负责信息监测,具体监管工作还是在各州。

根据《多德—弗兰克法案》,联邦一级的美国证监会开始监管私募基金的投资顾问业务。为了平衡监管工作量,就把规模不到1.5亿美金的投资顾问业务(不论公募还是私募,没有跨州开展业务)放到州层面监管。例如,美国加州的投资顾问业务现由商业监察局(Department of Business Oversight)负责。

地方金融监管机构工作人员的任命制度不尽一致。美国有51个州,每个州的模式都不统一,有的监管部门负责人是州长任命,有的是州国会任命,有的则是民选产生。

4. 统一的金融监管协调机制

由于美国金融牌照体系较为复杂,2010年《多德—弗兰克法案》提出组建一个金融稳定监察委员会(FSOC),将全部金融业相关监管机构的负责人都吸纳进来,以加强金融监管部门的协调。具体成员包括:财政部长,美联储(FRS)主席,货币监理署(OCC)署长,证监会(SEC)主席,商品期货交易委员会(Commodity Futures Trading Commission, CFTC)主席,联邦住房金融委员会(Federal Financial Institutions Council, FFIC)主任,存款保险公司(FDIC)主席,消费金融保护局

(CFPB)局长,联邦保险办公室(美国财政部内设机构)主任,州政府的银、证、保监管代表各一名等。服务这个联席会议的是金融分析办公室,设在美国财政部下。

5. 美国对非法集资活动的监管体系

从整个社会来看,美国的非法集资活动面临着三个方面的强大压力:

一是美国地方金融监管体系的震慑作用。在美国,公开对外募集资金必须取得相应的金融牌照。这些牌照有的由联邦政府发放,有的由州政府负责。但是,"不留空白点"的分工体系已经形成。而且,只在一个州拥有牌照,在其他州经营业务肯定是非法的,这种管理体系不易形成重大非法集资案例。

二是法规及判例的震慑作用。美国已经形成较为完备的法律规定和丰富的判例,非法集资行为的界定与管理有着明确的法律依据,可钻的"法律漏洞"不多。例如,美国《综合旧货和银行诈骗指控与纳税人追索法》规定,非法经营持续性金融企业的,处终身监禁。又如,1933年美国《证券法》第二章第一节的证券定义十分广泛,包罗万象,投资合同也在其中。美国有关判例又将某些集资活动定性为"投资合同",这些"投资合同"未经登记便公开发行会被判定违反了《证券法》。再如,美国《统一商法典》中的反欺诈规定起源于英国国会1677年通过的《防止欺诈与伪证法》第4条和第17条,为美国除路易斯安那州之外的49个州所采纳,有着悠久历史,至今仍在良好运作。

三是"好讼重罚"法律文化的震慑作用。美国的一个特殊国情是枪支多、律师多。没有牌照对外集资的公司或个人,很容易遭受巨大压力。受骗上当的投资者可以持枪上门,或者雇佣律师,甚至有律师找上门免费打官司,以求从中牟利。几个回合下来,非法集资者往往感觉"得不偿失",要么判刑坐牢,要么接受重罚,还必须承担高昂诉讼费用。

(三) 美国模式是否最佳实践案例

从媒体评论来看,美国监管体系存在以下几个饱受诟病的不足之处:

一是金融监管机构数量众多、权力交叠。美国的金融监管架构由众多且权力交叠的联邦和州监管机构构成。这一架构在监管机构应对金融危机和金融机构创新规避监管的循环往复中形成。当金融危机出现时,在大多情况下联邦和州立法者选择建立新的监管机构来应对,而不是扩展现有监管机构的管辖范围,因此机构数量不断增加。有研究显示,若假设一个金融控股公司在50个州运营,经营所有的金融业务,其将至少收到来自9家金融监管机构的直接监管。而且由于监管目标和关注的风险点不同,各监管机构在信息披露、监管标准、监管审查等方面存在差异。金融机构在接受多家机构监管过程中,浪费了大量时间和金钱,大幅增加了经营成本。

二是名义上的功能监管,实际上的实体监管。从 20 世纪下半叶开始,美国金融产品在银行、证券和保险业之间的区别日益模糊,混业经营趋势日渐明显。美国监管机构面临从主要基于实体监管的体系向采取更加功能化监管手段的体系转变的压力。功能监管的重点是基于金融业务类型而非机构类型对监管对象进行划分,关注的是金融机构所从事的经营活动,而不是机构本身,即不管是银行、保险公司或证券公司,如果经营同样的业务,都应受到相同的监管。1999 年,美国国会认为旧的监管制度已不足以应对金融机构、产品和服务创新所带来的挑战,并为此颁布了《金融服务现代化法案》。该法案废除了大多数阻止保险、银行和证券金融机构跨业经营的法律法规,如《格拉斯—斯蒂格尔法》、《银行控股公司法》等。但法案保留了所有现存的州和联邦监管机构,仅对其监管职责做出了细微调整。在单个金融机构可以提供多种金融产品时,《金融服务现代化法案》并没有真正提升金融监管的有效性,而是试图通过一些条款将金融产品划入"适当的"接受功能监管的子公司,但并不成功。同时,该法案本身还包含了阻碍功能监管的大量例外条款。总体上,美国金融监管只在对金融控股公司的监管上实现了小范围的功能性监管,真正意义上的功能性监管并没有实现。

三是广泛的监管竞争,诱发监管松懈。在多头监管体系下,美国金融监管机构之间存在监管权力和资源方面的竞争,从而导致了监管松绑和监管容忍度的提升。虽然这在一定程度上为金融创新创造了条件,但金融风险也随之提高。具体而言,一方面,为了吸引金融机构到本州注册,各州倾向于在最低资本要求、内部治理结构、投资者保护义务、董事权责、公司解散条件与程序等方面对金融机构"松绑",甚至给予其不合理的自由决定权。另一方面,为了留住已进驻的金融机构,各州监管者面对在本州注册的金融机构违法时,倾向于容忍违法行为,甚至滥用行政救济,帮助其渡过难关。

四是加强监管信息交流效果有限。联邦和州层面的监管机构之间均存在信息交流不畅的问题。各州政府以保护商业秘密为由,拒绝向其他州开放辖区内的金融监管信息。为解决各自为政的格局,各州政府之间成立了协调机构,如州银行监管局联席会议等,但这些机构只是搭建了交流合作平台,本身并没有执行权,信息交流并没有因此得到实质性改善。同样,美国国会与联邦政府也一直试图改变联邦监管之间信息交流不畅的状况。然而,由于职责范围仅限于监管检查的协调,联邦金融机构检查委员会在提升监管合作方面的作用有限。

二、英国：两次"Big Bang"与宏观审慎政策框架

（一）英国金融业两次"Big Bang"

1986年，英国经历了第一次"Big Bang"（即"金融大爆炸"），其背景是通过私有化来大幅度提高英国金融市场的功能和效率。为了激发英国金融业活力，撒切尔夫人领导的保守党在20世纪80年代大举推动自由化改革，打破了传统证券领域的分业经营，推动国内金融机构的混业竞争，并引入外国金融机构刺激国内金融竞争力。这种尝试激活了当时正在衰退的金融业，让英国成为最为国际化的世界金融中心。

第一次金融大爆炸后，英国金融市场恢复了活力，外国金融机构大举进入英国金融市场，市场竞争日益激烈。但是，因为英国的金融监管体系非常复杂，当时由包括英格兰银行在内的9家监管机构对银行、证券、保险和住房协会等金融机构进行监管。随着金融业混业经营程度的加深，传统的金融监管框架已经不适应新的形势，阻碍了金融业效率的进一步提高和创新发展。1997年布莱尔领导的工党政府上台后需要履行其执政承诺：改革金融监管体制，制订通货膨胀目标以防范金融业日益增加的系统风险，确保金融业对经济的良性作用。于是英国政府下决心将英格兰银行的金融监管职能分离出来，使其专注于货币政策，同时成立英国金融服务局（FSA），逐步将分散的金融监管职能集中到FSA。而财政部负责确立监管框架与金融立法。

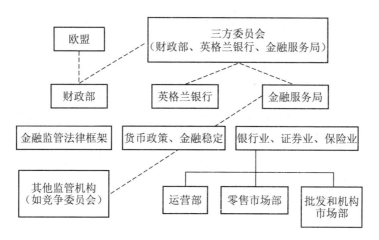

图3　2008年国际金融危机前英国的金融监管机制

（二）金融危机后英国为什么抛弃了金管会模式

1997 年以前的英国金融监管是以自律监管为主的分业、多头监管体制。1997 年，英国成立金融服务监管局（Financial Services Authority，即金融监督管理委员会，以下简称"金管会"或 FSA），统一监管银、证、保等整个金融业。2008 年国际危机后英国对其以金管会（FSA）为标志的金融监管体系进行了彻底反思。2013 年，英国又"抛弃"FSA 模式，其中考量值得借鉴。①

1. 金管会模式下"三龙治水"体制暴露出的问题

当时英国多方认为，英国金融业在次贷危机中遭受重创表明其"三龙治水"体制在很多重要的方面失败了——它未能识别出金融体系中积聚的问题；也未能在这些问题导致金融市场严重的不稳定之前采取措施来消除它们；当金融危机确实发生时，它也未能充分应对。

首先，三个监管机构之间缺乏交流与合作。时任英格兰银行行长默文·金（Mervyn King）将三方委员会视为"一个交流信息和观点的场所"，但从实际效果来看，它所起到的作用十分有限。

对中央银行而言，掌握金融市场日常运作情况和金融机构具体信息对有效发挥最后贷款人职责、管理危机和维护金融稳定都至关重要。理论上讲，央行在多个监管部门并存的情况下，通过有效沟通协调，从监管当局获取信息、知识和力量可以加强央行预防危机的能力。当有金融不稳定压力或需采取动用公共资源的措施时，就能以更迅速、有效、明智的方式做出反应。

本次危机的教训是央行无法在危机前了解陷入麻烦银行的细节，无法在危机中有效地工作。默文·金（Mervyn King）指出，掌握机构具体信息非常重要，尽管 FSA 应该与其分享信息，英格兰银行也需要有自己获得信息的能力，但银行法案却没有规定其获得必要信息和数据的法定权利。因此，应该加强三方监管当局之间的有效沟通交流，确保英格兰银行能够获得必要的信息。

其次，宏观审慎管理职责"三龙"都不管。"三龙治水"体制最明显的失败之处是没有任何一个机构有责任、权威或权力监控整个金融体系，识别潜在的不稳定趋势和采取协调一致的行动以进行应对。这个问题被时任 FSA 主席的特纳（Turner）勋爵和英格兰银行负责金融稳定的副行长保罗·塔克（Paul Tucker）称之为"监管盲区"，宏观审慎的风险分析和缓释政策研究落在了英国监管体系的缺口之间，没有人负责。

①　孙天琦：《次贷危机后英国为什么抛弃金管会模式？》《清华金融评论》2016 年第 1 期。

金融危机之前英格兰银行在宏观审慎事务方面投入的资源就在减少。默文·金(Mervyn King)认为英格兰银行有事实上的(即便不是法律上的)宏观审慎管理责任:"即使法律没有规定英格兰银行有宏观审慎管理的责任,但公众,包括国会显然觉得英格兰银行应该可以对银行业做些什么——从而认为英格兰银行是有责任的。"

同时他指出,如果国会希望英格兰银行通过某些手段对宏观审慎管理、金融稳定负责,那么必须明确授予英格兰银行相关职责、权限和资源。如果仅仅口头上说"英格兰应该负责宏观审慎管理",那么英格兰银行所能够做的也只能是口头上强调强调,口头上"说说而已",因为没有权力和资源进行实质性应对,这种情况下如果事后让央行承担责任就是错误的,就是无端让其承担声誉风险。

所以英国很多人认为政府应该将宏观审慎管理职责明确赋予英格兰银行,这样可以使英格兰银行在宏观经济方面的专长得以发挥,加上宏观审慎问题大多发生在银行业,所以也不会使英格兰银行偏离其熟悉的传统领域太多。

再次,三个机构之间的领导结构不明确,严重威胁金融稳定的"三不管"问题出现时,不知道谁说了算。"三龙治水"体制下,三个机构的角色没有被很好的定义,严重威胁金融稳定的"三不管"问题出现时,三者之中由谁负责没有清晰的规定。英格兰银行被赋予维护金融稳定的职责,但法律却没有向它提供工具或手段、资源去有效地实施这一职责;财政部负有维护法律和整体制度框架的职责,但也没有明确其对涉及公共资金的决策负责。在北岩银行(Northern Rock)崩溃后,当时的财政委员会(Treasury Committee)得出结论:"在外部观察者看来,'三龙治水'体制似乎并没有一个明确的领导结构。我们建议创建一个这样的结构作为处理未来金融危机的改革的一部分。"

杰弗里·伍德(Geoffrey Wood)教授则认为没有任何制度安排可以预见到所有可能发生的情况,所以只要有意外情况发生,职责上的模糊性(即由谁负责的问题)就是不可避免的。而当没有任何一方被授权负责剩余决策权(residual decision rights)时,这种模糊性带来的风险就不可能被快速地解决。当北岩银行破产时,三方体制下事实上没有一方真正负责。"目前'三龙治水'的体制中,没有任何一方实际上说了算……所以需要对'三龙治水'体制进行修改,以使有一方从一开始就可以负责",这样才能避免矛盾和争议,避免恶化危机。

2. 金管会(FSA)自身暴露出的问题

一是2008年国际金融危机爆发之前FSA忽视了宏观审慎管理,微观审慎监管也有缺陷。FSA有"维护公众对金融体系的信心"的职能,但FSA前局长M.C.麦卡锡(Callum McCarthy)指出,FSA更多关注的是单个机构,更多注重微观审慎监管,自创设以来就没进行过宏观审慎管理,这一方面是由于法律没有对FSA在宏观审慎管理中的角色进行清晰的规定,另一方面也是由于FSA缺乏宏观审慎管理方面的专长,监管表现出顺周期偏差(pro-cyclical bias),对银行业的资本管制以顺周期的方式放大经济波动对被监管机构的影响。忽视宏观审慎管理就会出现问题。McCarthy等人认为,应该将宏观审慎管理职能赋予更具优势的英格兰银行。

特纳(Turner)勋爵指出,FSA擅长的微观审慎监管方面的监管方式也存在缺陷,在相当程度上甚至监管自身也促成了危机并使其恶化。在金融危机之前,FSA的微观审慎监管过于依赖对规则和指引教条的遵循而不是基于对风险的深入分析;流动性风险关注不足,多年前流动性问题就已经不是监管者关注的主要问题;对金融机构有效的微观审慎监管没有基于对其商业模式的理解和风险的判断等等。

二是FSA过分强调行为监管而牺牲了微观审慎监管。行为监管是监管部门对金融机构经营行为的监督管理,包括信息披露要求、反欺诈误导、个人金融信息保护、反不正当竞争;打击操纵市场和内幕交易;规范广告行为、合同行为和债务催收行为;促进弱势群体保护;提升金融机构的诚信意识和消费者的诚信意识;消费争端解决等。围绕这些制定相关规则,建立现场检查和非现场监管工作体系,促进公平交易,维持市场秩序,增强消费者信心,确保金融市场的健康稳健运行。

审慎监管是监管当局为了防范金融机构的个体风险,维护金融体系稳定,制定资本充足率、资产质量、贷款损失准备、风险集中度、流动性、证券公司清偿能力、保险公司偿付能力、公司治理等审慎指引,定期组织现场检查,监测、评估其风险状况,及时进行风险预警和处置,维护金融稳定。

2008年国际金融危机后金融监管改革讨论中,与美国的一个很大区别是,英国很多人认为英国的危机是由于"FSA强调行为监管而牺牲了审慎监管"。其逻辑是当一个监管者同时负责行为监管和审慎监管,它会自然而然地偏重其中更具政治敏感性的一面。行为监管暨金融消费者保护在英国非常重要而且具有政治敏感性,其结果也易于评价。与之相反的是,审慎监管虽更具重要性,但更多是在私下里实施,它的成效较不易被评估,而且在大多数时候它比行为监管的政治影响更小。因此,FSA自然会强调行为监管。如杰弗里·伍德(Geoffrey Wood)教授所说,消费者不会给FSA或国会议员写信说某某银行海外业务风险过高,但会很频繁地反映某某银行服务太差。因此,为了缓解政治压力,承担两种责任的FSA必然会牺牲审慎监管效率,侧重有直接政治敏感性的行为监管。

然而,此次金融危机表明,审慎监管非常重要,金融机构的偿付能力、流动性出问题,会对个人、企业和国内外经济金融都产生巨大的影响。

不过道格·泰勒(Doug Taylor)批判说,虽然FSA侧重于行为监管,但它做得并不好,没有有效地保护消费者,他呼吁FSA应加强消费者保护。

三是金融危机过程中FSA与英格兰银行和财政部之间缺乏有效沟通。有观点认为,英格兰银行虽具有宏观经济方面的专长,并且银行业也是它所熟悉的传统领域,但它并没有被确保能够获得所需的信息。FSA负有监管银行的责任,因此在获取机构具体信息、了解金融市场日常运行情况方面具有较强优势,但它缺乏宏观视野和处理金融危机的专长,应该与其他两方进行沟通协调。在金融危机的管理中,三个机构之间交流不充分,信息共享不顺畅,导致无法及时有效地应对危机。

在充分反思英国金融监管体系弊端的基础上,2012年12月,《2012年英国金融服务法案》获得皇室批准并于2013年4月起生效。这部法案对英国金融监管体系进行了全面改革并取消了FSA。法案赋予英格兰银行维护金融稳定的职责,并创建了一个新的监管体制,包括金融政策委员会(FPC)、审慎监管局(PRA)和金融行为监管局(FCA)。

(三)以2012年《金融服务法》为标志的新监管架构

英国金融业,特别是伦敦国际金融中心的发展受益于金融市场的开放和高度国际化。但是,正是由于过于依赖离岸和批发业务的发展,金融机构不断扩展业务范围,风险被逐层放大,机构财政杠杆过高,金融风险不断累积。这也是英国金融业在全球金融危机中遭到重创的原因。由于过度强调中央银行货币政策

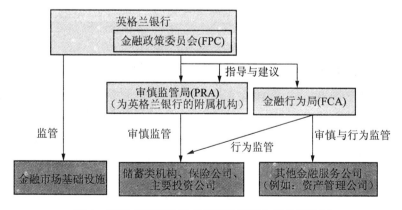

图4 2008年国际金融危机后的英国金融监管体制

的独立性,英国监管体系忽略了货币政策和金融稳定之间的相互影响和相互作用。此外,由于职责分工不清晰,问题银行的处置程序不明确,信息共享与沟通效率低下,危机处置一度陷入被动。

金融危机后的 2013 年 4 月 1 日,新《金融服务法》生效,新的金融监管体制正式运行。英国对金融监管体制进行了彻底而全面的改革,既赋予了央行宏观审慎管理职责,又将微观审慎监管职责收归央行。

1. 英格兰银行在内部成立金融政策委员会(FPC),负责宏观审慎管理,主要帮助央行维护和增强金融系统稳定这一法定目标。这一委员会主席为央行行长,包括货币政策委员会主席、审慎监管局主席和金融行为局主席。

2. FPC 下设审慎监管局(PRA),负责对吸收存款机构(包括银行、信用合作社等)、保险公司以及系统重要性投资机构进行审慎监管。

3. 金融行为局(FCA)负责监管各类金融机构的业务行为,保护消费者权益,同时接受 FPC 的指导和建议,对不受 PRA 监管的其他金融服务公司(如资产管理公司)进行审慎监管。

这样一来,英格兰银行作为央行的宏观审慎管理职责得到加强,有助于维护金融系统稳定,同时 PRA 作为央行下属,自然在信息共享与内部协调上更加密切,有助于微观与宏观审慎的协调统一。

2015 年以来,英国当局对改革后的金融监管体系进行了全面审视,认为两年多来,新的金融监管体系总体运行良好,但在以下三个方面仍有待改进:一是审慎监管局作为英格兰银行的附属机构,微观监管措施和宏观审慎政策之间的协调成本依然偏大;二是英格兰银行治理结构较为臃肿,董事会职责不清,降低了监管效率;三是英格兰银行与财政部之间的信息沟通机制仍需完善。

为解决以上问题,进一步提高金融监管的效率和透明度,明确责任义务,2015 年 7 月,英国发布《英格兰银行议案:技术咨询稿》(以下简称《议案》),拟进一步深化金融监管体制改革,调整金融监管架构。

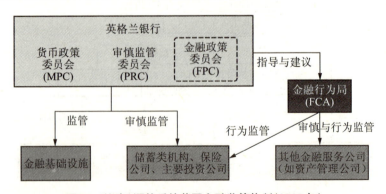

图 5　《议案》调整后的英国金融监管体制(2015 年)

一是设立审慎监管委员会(PRC),强化央行审慎监管职能。《议案》拟将审慎监管局完全整合进英格兰银行内部,不再作为英格兰银行的附属机构,同时设立新的审慎监管委员会。审慎监管局的名称、法定目标和监管方式保持不变,英格兰银行履行审慎监管职责仍继续以审慎监管局的监管收费为资金来源,审慎监管委员会负责决定收费标准。同时,《议案》拟将金融政策委员会从董事会下设的子委员会升级为与货币政策委员会和审慎监管委员会并列的英格兰银行直属委员会。由此,形成了英格兰银行直属的货币政策委员会、审慎监管委员会、金融政策委员会三个委员会分别负责货币政策、微观审慎监管和宏观审慎管理职能的框架。

二是改善治理结构,提高监管效率。《议案》拟改善英格兰银行的治理结构。首先,精简并强化英格兰银行董事会。将非执行董事数量由 9 名减至 7 名,相应地,董事会成员人数变为 12 人。其次,取消英格兰银行董事会下属的子委员会——法律监督委员会,将其职能纳入董事会,由董事会直接监督英格兰银行运作。再次,改革现有副行长任免机制。通过二级立法调整副行长职位,便于英格兰银行根据需要调整其高管层的规模和构成。

三是加强信息共享,完善金融危机处置机制。《议案》拟在处置策略、处置政策和应急计划的制定等方面进一步强化危机管理和处置机制。按照欧盟《银行恢复和处置指令》,英格兰银行作为英国金融危机处置当局,负责制定金融机构处置策略,《议案》进一步明确英格兰银行在制定或更新金融机构处置策略时,要将关键信息提供给财政部,以便政府及时评估可能对公共资金造成的风险。

四是增强透明度,明确责任义务。2014 年 4 月,英格兰银行聘请美联储前理事凯文·沃什(Kevin Warsh)评估英格兰银行及货币政策委员会透明度。按照沃什的建议,《议案》决定通过公布英格兰银行货币政策决定、讨论会会议记录和通货膨胀报告,将决策会会议书面记录的保密期延长至 8 年等方式提高透明度。此外,为强化问责制度,《议案》首次将英格兰银行纳入国家审计办公室(NAO)审查范围,同时,其政策制定职能将被排除在审查范围之外,以保证英格兰银行决策的独立性。

三、欧洲:不断强化的双层监管体制

2008 年国际金融危机重创欧洲金融市场,并引发欧洲主权债务危机。在国际社会推动全球金融监管改革的大背景下,同样作为金融危机重灾地的欧洲进行了较大力度的金融监管改革,2010 年 9 月,欧盟成员国财政部长通过了《泛欧金融监管改革法案》,构建了一套全新的泛欧金融监管体系。《泛欧金融监管改革法案》是首部突破国家间界限、跨国的金融监管法案,对 G20 创建全球金融监管体系或者其他区域性金融监管体系构建将具有借鉴意义。2012 年,欧盟着手构建涵盖单一监管、单一处置、存款保险机制的欧洲银行业联盟,将欧洲中央银行(ECB)的职能从单一的货币政策扩展至金融稳定和金融监管。作为欧盟重要的成员国,德国和法国在金融危机后为改善金融监管,防范系统性金融风险,提高金融服务水平和金融业国际竞争力,也进行了相应的金融监管体制改革,形成上下联动的双层监管体制探索格局。

(一) 欧盟:以《泛欧金融监管改革法案》推动改革

随着欧洲政治经济一体化程度的不断加深,欧盟于 1998 年成立了欧央行并推出区域货币欧元,逐步实现货币政策的统一,但财政政策和金融监管权仍归属各成员国,导致部分国家为提高福利水平持续增加政府债务,各国监管部门为提高本国金融机构竞争力而放松监管要求,一些银行风险资产增速过快。财政纪律缺失、金融监管政策不统一所造成的监管套利和监管漏洞问题凸显,亟须进行监管改革。2010 年欧盟通过《泛欧金融监管改革法案》,推动全面改革监管体系。

一是成立欧洲系统性风险委员会(ESRB),强化宏观审慎管理。欧洲系统性风险委员会实行董事会负责制,主席由欧央行行长兼任,成员包括欧盟成员国央行行长、欧央行正副行长、欧盟委员会代表、欧盟三家微观审慎监管机构负责人等,各国监管机构负责人以及经济与财政委员会(ECOFIN)主席列席会议。系统性风险委员会负责宏观审慎管理,收集和分析数据信息,识别和评估系统性风险,向银行业监管局(EBA)、证券和市场监管局(ESMA)、保险和职业养老金监管局(EIOPA)以及各成员国监管当局等提出警告或建议,并成立专门检查小组追踪评估各监管机构建议采纳情况。要求成员国以法律形式明确负责宏观审慎管理的机构,提出中央银行应在宏观审慎政策中发挥主导作用。对各成员国实施宏观审慎政策进行指导和建议,公开发布各国宏观审慎政策实践经验,促进各国政策沟通和协调。

二是欧央行的职责从维护币值稳定向维护金融稳定延伸。国际金融危机和欧洲债务危机爆发后,面对银行资金拆借困难、市场流动性收紧、部分国家国债收益率急剧上升等情况,为缓解危机对经济的冲击,维护金融体系稳定,欧央行不再局限于传统的货币政策,在降低基准利率等常规手段之外开始实施一系列非常规救助措施,充分发挥最后贷款人职能,向金融市场注入流动性,改善欧元区融资条件与流动性状况,恢复市场信心,保证支付清算等金融基础设施功能完备,发挥了不可替代的作用。包括向银行提供足额再贷款、延长流动性操作期限,满足银行体系融资要求;启动欧元资产担保债券(Covered Bond)购买计划、购买资产支持证券(ABS)等"量化宽松"货币政策;通过证券市场计划(SMP)和直接货币交易(OMT),买入债务负担较重国的政府债券,恢复债券市场机能,疏通货币政策传导渠道,降低欧洲国家融资压力,确保欧元稳定等。

三是建立单一监管机制(SSM),赋予欧央行金融监管职能。2013年9月,欧洲议会通过欧盟银行业单一监管机制,授予欧央行于2014年11月起,直接监管加入SSM机制的成员国具有系统重要性的信贷机构、金融控股公司、混合型金融控股公司,以及信贷机构在非SSM机制成员国设立的分支机构。首批监管对象为资产总额在300亿欧元以上,或占其所属国GDP20%以上的130家系统重要性银行以及请求或接受欧洲稳定基金(EFSF)或欧洲稳定机制(ESM)救助的银行。同时,在单一监管机制框架下,各国监管当局将在欧央行指导下对本国非系统重要性的中小银行实施监管,并在消费者保护、反洗钱、支付服务等领域继续发挥重要作用。欧央行在必要时可接管任何一家并采取早期干预措施。单一监管机制涵盖欧元区所有银行,非欧元区欧盟成员国监管当局可自愿加入。

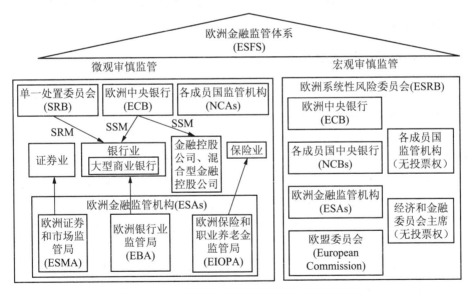

图6　2008年国际金融危机后欧盟金融监管体制

四是构建欧洲银行业联盟,统一银行业监管、处置和存款保险机制。欧洲银行业联盟包括三大监管支柱:单一监管机制、单一处置机制(SRM)、统一的存款保险机制。2013 年和 2014 年,欧盟相继通过单一处置机制基本框架以及银行业恢复与处置指令、银行业单一处置机制法案和经修改后的存款担保计划指令。将在未来 8 年内成立一个金额为 550 亿欧元的处置基金,批准 ECB、欧盟委员会和各国处置当局共同成立单一处置委员会(Single Resolution Board),负责欧元区内银行的关闭与重组,以及分析和决定救助工具的类型及欧洲处置基金的运用方式。若各国处置当局不遵从单一处置委员会的处置决定,处置委员会有权直接对问题银行进行处置。存款担保计划指令要求欧盟 28 个成员国以向银行征税的方式筹集一个存款担保基金,保护存款金额在 10 万欧元以下的储户资金安全,避免动用纳税人资金救助问题银行。

五是强化欧盟监管机构之间的协调与合作。欧洲系统性风险委员会与银行业监管局、证券和市场监管局、保险和职业养老金监管局等三家微观审慎监管机构建立信息沟通和共享机制,三家微观审慎监管机构通过联合委员会(JCOE)加强跨行业、跨部门的监管协调与合作,联合委员会下设工作组,持续推动有关跨部门业务的协调与合作。欧盟各成员国的监管当局、中央银行以及财政部于 2008 年联合签订了危机管理和处置合作备忘录,强调成员国之间的金融监管合作,成立跨国稳定小组(CBSG),建立跨国合作机制,强调公共资源的分配应以平等和平衡为原则,按照危机对各国经济冲击的程度以及母国和东道国监管权力的分配来决定相应的公共资源支出额度。

(二)德国金融监管体系的演进

危机前,德国金融业经历了混业—短暂分业—混业的历程,金融监管也随之从分业监管逐步过渡到统一监管。全能银行在德国金融体系中占有主导地位,除抵押贷款银行、基建信贷联合会等少数专业银行只能从事特定金融业务外,商业银行、储蓄银行和合作银行不仅可以从事典型银行信贷业务,还可以经营信托、证券、保险、金融租赁和投资等非银行业务。根据 2002 年颁布的《金融监管一体化法案》,德国成立联邦金融监管局(BaFin),取代联邦银行监管局(FBSO)、联邦保险监管局(FISO)和联邦证券交易监管局(FSSO),对银行、证券、保险业金融机构进行统一监管。

危机后,德国根据本国金融业发展情况,借鉴国际金融监管改革经验,对本国金融监管体制进行了改革。

一是强化德央行的金融监管权,突出其在维护金融稳定方面的作用。德央行在金融监管中继续扮演重要角色,利用网点优势负责对金融机构的日常监管,监测和评估金融机构的风险并对其进行审计;派代表参加金融监管局管理委员

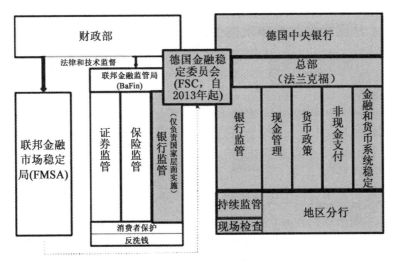

图7　2008年国际金融危机后德国的金融监管体系

会,监督其管理层,决定其预算并对专项监管任务提出建议;与金融监管局联合开展压力测试、现场检查等重大监管行动;建立金融市场监管论坛,构筑高层人员定期磋商机制,讨论有关监管政策,制定监管措施。同时,金融监管局发布监管法规应事先与德央行协商,在与货币政策密切相关的领域,必须与德央行达成一致。此外,根据德国《银行法》的规定,德央行享有金融统计信息专属权,金融监管局无权单独向金融机构征集任何形式的统计信息。

二是强化宏观审慎管理。2013年,德国通过《金融稳定法》,将宏观审慎管理职责授予单独成立的金融稳定委员会(FSC)。金融稳定委员会的代表来自财政部、德央行、金融监管局和联邦金融市场稳定局(FMSA),工作机制与欧洲系统性风险委员会类似。德央行在宏观审慎管理中发挥重要作用,负责识别和评估金融稳定风险,评估宏观审慎政策的实施效果,为金融稳定委员会会议提交讨论报告和初步政策建议,同时,拥有对金融稳定委员会发布警告或建议决策的否决权。

三是构建更加有效的金融机构处置机制。设立联邦金融市场稳定局,管理稳定基金,提供市场流动性,监管新成立的不良资产管理公司,并计划于2016年将其升级为监管机构,专门从事金融机构重组事务。推出总规模为5 000亿欧元的金融救市计划,设立了"稳定金融市场特别基金"(SoFFin),对危机中受到冲击的金融机构提供援助。成立FMS-WM和EAA两家资产管理公司,剥离银行风险资产,减轻银行资产负债表压力,确保银行继续为实体经济提供信贷支持。

（三）法国金融监管体系的变迁

2003 年，法国推出《金融安全法》，对监管体制进行了深刻的变革，将证券交易委员会（COB）、金融市场委员会（CMF）和金融管理纪律委员会（CDGF）三家机构合并成立了金融市场监管局（AMF），负责金融市场行为监管，同时撤销了部分委员会。银行业监管由法兰西银行、投资公司和信贷机构委员会（CECEI）以及银行委员会（CB）负责，保险业监管由保险业和互助机构监管局（ACAM）负责。

金融危机后，法国于 2008 年和 2010 年分别颁布《经济现代化法》和《银行金融监管法》，再次进行金融监管体制改革，形成以中央银行为核心，审慎监管局（ACP）和金融市场监管局并行的监管框架。

一是中央银行在金融监管中发挥重要作用。除指定一名副行长担任审慎监管局主席外，央行还对审慎监管局提供资源、员工、信息、金融和经济分析等各种履职支持，同时代表审慎监管局签署各类法律文件。此外，央行还利用网点优势帮助审慎监管局和金融市场监管局对消费者保护情况进行检查。

二是成立金融监管与系统性风险委员会，监测与识别系统性金融风险，并预测其未来发展趋势，协调法国在欧洲和国际不同层面上的监管行动，促进国内相关部门的合作和信息交流。

三是合并银行业和保险业监管机构，设立审慎监管局，负责银行业和保险业监管，维护金融市场稳定和保护金融消费者权益。审慎监管局可以对被监管机构进行现场和非现场检查，成立制裁委员会对违法金融机构进行处罚。

四是强化金融市场监管局职责，除保护投资者利益及金融产品安全，监管金融市场安全运作及信息发布、保障市场交易公正规范，确保市场良性竞争等传统的证券市场监管职责之外，赋予金融市场监管局监督管理信用评级机构、与欧盟和其他成员国监管部门建立合作、进行信息交流的职责。

四、澳大利亚与荷兰：双峰监管的典型

发轫于 20 世纪 90 年代的"双峰监管"模式提出行为监管与审慎监管同等重要，两者应分别由独立的监管机构承担，即形成监管体制上的"双峰"。这种监管模式在应对危机中发挥了重要作用，其中澳大利亚、荷兰的经验备受关注。

2008 年国际金融危机的爆发给各国带来了巨大影响，然而澳大利亚成为少数迅速从危机中复苏的国家之一，其有效的金融监管体制被认为是使其经济迅

速恢复的主要原因。

澳大利亚的金融监管框架由澳大利亚审慎监管局、澳大利亚证券与投资委员会和澳大利亚储备银行三大机构组成。澳大利亚审慎监管局的监管对象包括银行、房屋协会、信用社、保险公司、友好协会和养老金基金，其责任是依法建立审慎标准，并实施、监督其执行，保证监管对象符合本国金融体制的要求；澳大利亚证券与投资委员会将以打击垄断，促进竞争为目标，承担着维护澳大利亚金融自由竞争、发展和保护金融市场参与者权益的责任。澳大利亚储备银行负责各商业银行存贷款的发放，维护本国金融体系的稳定，预防并消除潜在风险，在其不可避免时作为最后贷款人保证本国经济平稳运行。

澳大利亚审慎监管局、澳大利亚证券与投资委员会和澳大利亚储备银行相互独立却相辅相成，合作促进本国经济发展。三大监管机构组成"金融监管协调委员会"，定期召开会议，交流金融信息，建立谅解备忘录，形成了有效的金融监管合作关系。三大机构组织多样化的交流论坛，时刻关注世界金融动态的发展变化，包括金融创新、全球化、金融综合等给金融监管带来的影响，并提出风险的防范措施、危机的抵抗方法，同时注重节约监管成本，促进本国金融管理体制的发展。

现行的荷兰金融监管体系主要是通过两次变革形成的：第一次变革是2002年由过去的分业监管模式演变为目标监管模式，即荷兰中央银行（DeNederlandsche Bank，DNB）负责稳定金融系统和对银行实施审慎监管，养老金及保险监管局（Pension and Insurance Supervision Authority，PVK）负责保险市场的审慎监管，金融市场管理局（Authority for Financial Markets，AFM）则负责对整个金融体系中的各类主体，包括银行业、证券业、保险业中的行为进行监管（Conduct-of-Business）。在具体操作方面，三家监管机构签订了一份协议，协议规定，由DNB和PVK共同负责向银行及保险机构发放执照，由AFM负责向证券从业机构发放执照。第二次变革是2004年将PVK并入DNB，至此改由DNB负责对整个金融体系进行监管，而AFM继续负责对荷兰金融体系中所有市场主体的商业行为进行监管。

五、韩国与日本：混业（统一）监管的亚洲探索

（一）韩国："统一监管"下的"二元模式"

过去20年间，韩国也经历了同样的过程，通过实施一系列改革，逐步形成了

自身特色的金融体系,对我国而言也有重要借鉴意义。

1997 年亚洲金融危机以前,韩国实施的也是分业监管模式,金融监管职能分散在财政部、央行、银行监督院、证券监督院、保险监督院等多个部门。1997 年遭受亚洲金融危机的严重冲击之后,韩国金融监管体系做出了重大调整,借鉴英国经验建立统一监管体系。2008 年国际金融危机后,韩国再度对金融监管体系进行改革,彻底剥离了财政部的金融监管职能,并最终形成了现行的"统一监管、二元模式"的金融监管体系。

"统一监管"是指韩国由统一监管机构对银行、证券、保险等各类金融机构和金融业务实施集中监管。亚洲金融危机之后,韩国专门出台了《关于金融监管机构设置的法律》,确立了实施统一监管的法律基础,并将原来的银行监督院、证券监督院、保险监督院、信用保证基金等 4 家监管机构合并,统一实施监管。在集中统一的大框架下,监管机构内部又按照不同的监管对象,如银行、证券、保险等进行划分,并分别设置不同的对应部门,相对独立地开展日常监管。

"二元模式"是指韩国存在两个不同的统一监管主体——金融服务委员会(FSC,Financial Services Commission)和金融监督院,分别承担金融监管的决策权与执行权。这一点与其他国家存在一定不同。其中,金融服务委员会属于韩国中央政府的组成部门,负责制定金融法律法规和金融产业政策、审批金融机构重大经营事项、指导金融监督院开展日常监管工作;金融监督院属于法定特设机构,接受金融委员会的工作指导和监督,其主要职责为实施日常金融监管和检查职能、维护金融市场秩序稳定、制裁违法行为和保护消费者权益等。

(二) 日本因时而变的金融监管体系

1. 2008 年国际金融危机前的日本金融监管体制

1996 年以前,日本金融监管的行政部门是大藏省(后改名为财务省),只有信用组合是由所在都道府县知事负责监管(跨区经营的信用组合由大藏大臣授权所在地财务局长承担监管责任)。大藏省下设银行局和证券局,保险业则由银行局属下的保险部监管。

1998 年 6 月 22 日,日本国会通过《金融监督厅设置法》,金融监督厅作为金融监管专门机构正式成立。这次机构调整,将原属大藏大臣的权限如金融机构检查监督权、审批权、业务改善或停止命令权、金融机构关闭或合并决定权等权力转移至金融监督厅,最重要的是转由总理大臣(而非大藏省)任命金融监督厅长官。大藏省保留金融和证券交易制度设计职能,并对金融监督厅管辖范围外的政策性金融机构、证券市场等履行监管职能。

1999 年 12 月 15 日,根据《金融再生委员会设置法》,在金融监督厅之上成立了金融再生委员会。2001 年 7 月 1 日,日本改组金融再生委员会的下属机构金融监督厅,将其与大藏省金融企划局合并,设立金融厅。原由大藏省担负的金融制度规划设计事务改由金融厅负责。次年 1 月,伴随着中央政府机构调整,金融再生委员会撤销。金融厅成为内阁府的直属机构,开始承担全部金融相关制度设计、检查监督等职能。在此过程中,日本打破了银行、证券、保险的分业监管模式,实现了金融监管的统一。只有在处置金融破产和金融危机相关事务时,金融厅才需要与财务省共同负责。

2. 日本央行的检查职能

根据《日本银行法》的规定,日本银行作为中央银行,其目标是"调节货币和金融,确保金融机构之间正常的资金结算,并以此维护信用秩序"。为实现上述目标,《日本银行法》第 44 条授权日本银行与有业务往来的金融机构签订检查合同,基于合同进行检查。

日本央行与金融厅对金融机构的现场检查有所不同。一是在检查目的和内容上,日本银行的检查是基于最后贷款人地位而调查金融机构业务与资产质量,并据此提出建议;而金融厅的现场检查是为保证金融机构业务正常开展,关注合规与风险管理状况。二是在可以采取的处理措施上,日本银行对金融机构没有行政处罚权,但如果金融机构无正当理由拒绝调查或拒绝提供情况,日本银行可以公开这一情况,并可以解除与该金融机构的往来账户关系;而如果金融机构拒绝日本金融厅的检查或拒绝提供信息,金融厅有权实施行政处罚。

3. 2008 年国际金融危机后加强金融监管的举措

2008 年国际金融危机后,日本主要采取了以下几方面金融监管改革举措:①

一是加强监管机构和央行在宏观审慎监管中的配合。金融厅和日本银行各自的法律地位决定了这两个机构是日本宏观审慎监管的主要机构,财务省由于其前身大藏省的诸多丑闻,迄今在宏观审慎监管中的权限较小,仅限于出席金融危机应对会议和指导存款保险机构。金融厅和日本银行在宏观审慎监管中发挥的作用难以用孰大孰小来衡量,但总的看来,金融厅作为政府部门,其作用侧重于实施行政处罚等措施,日本银行的作用侧重于系统性风险识别、监测和提出建议。

金融厅和日本银行既明确分工又加强协调是日本宏观审慎监管体系的重要特点,危机后这种协调进一步加强,主要体现在:一是法律层面都有明确要求向

---

① 国务院发展研究中心"我国金融监管架构重构研究"课题组:《日本金融监管架构的变迁与启示》。

对方提供协助义务的条款。《日本银行法》第4条规定，"为了与政府的经济政策保持协调，日本银行应经常与政府保持沟通，进行充分意见交换"。该法第44条第3款进一步规定，"金融厅长官如果提出要求，日本银行可将检查结果文件提供给金融厅，或给金融厅工作人员阅览"。金融厅在必要时也要向日本银行提供有效信息；二是共同出席金融危机应对会议，参与国家应对金融危机的决策；三是经常联名发布指导性文件。

二是加强对系统性风险的监管。主要包括：

加强系统重要性机构监管。由于危机表明跨境风险传递日益严重，日本金融厅针对本国注册的全球系统重要性金融机构及国外系统重要性金融机构在日本的分支机构分别建立了相应的监督机制。如针对日本三大银行和野村控股分别建立了监管小组。与此同时，提升对保险集团的监管标准。金融厅起草了一份以跨境和跨部门为基础、以保险集团为背景的监管法律草案，支持国际保险监督官协会建立类似于银行业巴塞尔协议的全球活跃保险公司集团通用的偿付能力标准，对经营国际保险业务的保险公司按照统一标准监管，以弥补现有监管体系的缺陷。

加强金融机构证券化资产的信息披露。日本金融厅要求确保资产证券化产品基础资产的真实性，并要求金融机构审查相关资产的内容，加强风险管理。金融厅从2007年底开始按季度公布金融机构与次贷产品相关的资产敞口以及损失情况，希望通过信息公开增强市场透明度，稳定投资者预期，维护市场稳定。

完善金融监管制度。为提升日本金融市场的国际竞争力，日本金融厅2007年7月开始实施"改善金融监管制度行动"，力求通过改善金融监管制度的质量，营造更具竞争力的监管环境。其主要纲领包括：一是实现规则式监管和原则性监管的融合来改善监管效果；二是关注未来风险的防范与管理，对高度优先级问题迅速做出有效的监管回应；三是鼓励金融机构的自愿行动，力求建立激励相容的监管关系；四是持续改善监管活动的透明度和可预见性。2008年3月，日本金融厅对行动的实施效果做了调查问卷评估，特别关注被调查机构对行动实施前后的反馈。同时，还确立了每半年公布行动实施进展报告的制度。在上述努力下，日本金融市场的国际竞争力显著提升，在伦敦金融城2007年至2010年公布的7期全球金融中心指数排名中，日本东京有6次进入前十名，最高排名为第五位。

（三）有关启示

首先，金融监管体制设计应尽可能避免职能冲突。日本金融厅的核心使命，一是确保金融体系稳定；二是保护金融商品消费者和投资者，职能简单而清晰。相比之下，我国金融监管部门的职能范围就比较宽泛。从现有法律看，相关金融监管部门的职能一是规范金融商品交易行为;二是化解风险,保护投资者权益;三是维护社会经济秩序和社会公共利益;四是促进行业和市场经济发展。事实上,在上述职能中是存在一定程度利益冲突的。未来我国金融监管架构调整,应尽可能明晰监管部门定位,避免职能冲突。

其次,完善监管制度应注意提高监管透明度。日本金融监管改革历程表明,监管信息不应被视为监管机构的专有财产,而是社会公共资源的一种,监管机构有义务按程序及时公布。监管行动的透明性和可预见性可以帮助金融市场和机构及时了解政策意图,也有助于监管机构及时得到市场对监管政策的反馈,降低监管不当的损失。与之对照,我国金融调控和监管措施缺少透明度,对改革方案和成败得失缺乏及时客观的评估,信息流转限于少数人范围,金融机构等市场主体对改革的参与度很低。从长远看,这种做法无法达到监管机构与市场主体"齐心协力"的预期效果,不利于提升重大决策的科学化和民主化。

再次,金融监管体制改革过程中应重视金融制度与基础设施建设。日本金融厅除了履行监管职责外,还非常重视相关金融制度与基础设施的建设。在金融厅内部设立了注册会计师监察审查会、企业会计审议会、汽车损害赔偿责任保险审议会等专门机构,负责对金融市场有重要影响的参与者或制度进行审议、调查和检证。同时将完善和改进相关法律、监管制度、业务基础制度等工作制度化和程序化,从中长期的角度系统进行研究和评估。相比之下,我国金融监管体制在这些方面是相当薄弱的。从未来金融监管改革的方向看,随着监管方式由过去行政性管制、指标控制为主转向更多采用国际规范方式,更多地依靠市场机制,这些金融基础设施将发挥越来越大的作用,为此应早做准备。

第四,宏观审慎应于法有据,明确分工,加强协调。日本金融厅、日本银行和财务省在宏观审慎架构中的地位都有法律的明确授权规定,并以此明确了分工的总体原则。在此基础上,通过具体的协调机制加强沟通和协调,提高防范、控制系统性风险的有效性,也有助于降低被监管机构面对多头、重复监管的合规成本,这些经验非常值得我国在完善金融监管体制过程中分析、借鉴。

六、金砖国家:金融监管架构变迁的异同

(一)巴西金融监管架构

探索方向:实施新监管准则,提高监管有效性;运用宏观审慎政策工具管理

流动性,防止信贷增长过快、资本流入过多带来的系统性风险;完善宏观审慎框架,加强货币政策与宏观审慎政策的协调与补充。①

1. 2008 年国际金融危机前的巴西金融监管体制

巴西金融监管体系的最高决策机构是国家货币理事会,成员机构包括巴西央行、证券交易委员会、私营保险监管局和补助养老金秘书处。巴西金融监管采取以中央银行为主体的混业监管机制,只有证券交易所、保险和养老金机构等少数机构不受央行监管。这种监管机制使得巴西监管部门职能与责任明确,国家货币理事会层面的协调机制减少了监管部门之间沟通与协作、信息共享等方面的障碍。为履行银行监管职责,巴西央行在内部设立了专门的监管部门——监督管理局,该局由四个部门组成:现场检查部、非现场检查部、打击非法外汇交易和非法金融犯罪部、金融系统信息管理部,以此确保适度的分工与合作。

2. 2008 年国际金融危机后的巴西金融监管改革举措

2008 年国际金融危机爆发后,巴西经历了短暂而剧烈的经济波动和通货膨胀。到了 2009 年,实体经济出现强烈反弹迹象,但随后几年巴西经济不断下滑。在金融监管改革方面,巴西监管当局采取了以下措施:

(1) 实施新监管准则,提高监管有效性

2013 年 3 月 1 日,巴西央行公布了由国家货币理事会制定的关于巴塞尔协议Ⅲ的实施细则,并于 2013 年 10 月 1 日起在巴西实施。与此同时,改进被监管机构的信息披露制度和公司治理,提高金融机构的透明度,并加强对金融机构日常活动的评估与监测。

(2) 运用宏观审慎政策工具管理流动性,防止信贷增长过快、资本流入过多带来的系统性风险

一是采取反周期的存款准备金率调整信贷周期。在 2008 年国际金融危机发生之初,巴西央行降低准备金率以防金融系统的信贷萎缩,此后则数次提高准备金率防止信贷过快增长。

二是自 2010 年 12 月起对新增家庭贷款实施更严格的资本要求,主要集中在汽车信贷、扣除薪资贷款、个人信贷等方面。2011 年 11 月,巴西央行调整汽车贷款的贷款价值比率,将信用卡最低还款比率从 10% 提高到 15%,将消费者信用活动的金融交易税从 1.5% 提高到 3%。

(3) 完善宏观审慎框架,加强货币政策与宏观审慎政策的协调与补充

在宏观审慎方面,巴西央行既是货币政策的实施主体,又是银行监管主体,

---

① 王刚:《“金砖四国”金融监管架构的变迁与启示》,《中国经济时报》2016 年 6 月 3 日。

拥有丰富的政策工具,在宏观审慎政策的实施中发挥了关键作用。2011 年 5 月巴西央行内部成立金融稳定委员会,将宏观审慎政策职能更清晰地从货币政策中分离出来。该委员会负责监测系统性风险的来源、制定减缓风险的战略,在巴西央行内部协调各部门之间的职责。

与此同时,将宏观审慎政策与货币政策结合使用,使之互为补充。2008 年国际金融危机后,为有效控制家庭部门信贷的过快增长,从 2010 年上半年到 2011 年年中,巴西央行累计提高基准利率 3.75 个百分点,同时收紧存款准备金和资本充足率要求。有效的政策合作成功地实现了总需求管理,抑制了通货膨胀。

(二)俄罗斯金融监管架构

探索方向:成立统一的监管机构,强化监管当局对金融机构的风险监测能力,更加强调金融稳定目标。

1. 2008 年国际金融危机前的金融监管体制

苏联解体后,俄罗斯不断强化中央银行的地位,银行体系监管权力主要集中于央行。1998 年金融危机后,俄罗斯金融监管体制逐步建立和完善,形成央行、金融市场监督局、财政部等多家机构并存的监管体系。俄罗斯保险业由财政部内设机构保险厅负责监管,银行体系的监管权力集中于央行。证券业没有独立出来,对商业银行经营证券业务的监管由金融市场监督局和中央银行共同完成。

分业、多头的监管模式导致监管机构职能重复、“政出多门”。由于俄罗斯金融政策制定权属于联邦政府和财政部,而监管权归于央行和金融市场监督局,导致各部门间的利益博弈从未中断。2003 年以来,俄罗斯一直在推行统一金融监管的改革,但由于各监管主体的立场各异,改革一直未能顺利推进。

2. 2008 年国际金融危机后的金融监管改革

2008 年国际金融危机造成俄罗斯金融业出现较大动荡。危机过后,俄罗斯痛定思痛,以强化统一监管、提高金融体系稳定性为出发点,对本国金融监管体系进行了重大调整。

(1)成立统一的监管机构

2013 年 7 月,俄罗斯总统普京批准法案,规定俄联邦金融市场监督局对证券市场、保险市场、交易所投资和养老金等领域的监管职责转移至央行,俄罗斯央行成立金融监管委员会行使上述职能。委员会成员在央行各部门负责人中产生。法案的实施标志着俄罗斯金融监管体制的重大变革:

一是明确央行的统一监管者地位。除继续承担监管银行等信贷机构的职责外,俄央行将取代原金融市场监督局,对证券公司、保险公司、小金融组织、交易所和养老基金等几乎所有非信贷金融机构的经营活动实行全权统一监管。

二是赋予俄央行更多职能。央行将接管财政部和联邦政府制定金融市场监管标准的部分权力,参与政府起草相关法律和监管规定的过程,同时承担政策制定和监督执行两项职能。

三是出台配套调整措施。为配合央行新的监管地位,该行董事会成员由 13 人增至 15 人,行长和董事长任期由四年延长至五年。

同时,由于央行职权范围扩大,提升原国家银行委员会的级别,并更名为国家金融委员会。在央行基础上成立统一的金融监管机构解决俄罗斯金融监管机构职能重复的问题,提高金融监管的稳定性和有效性,也表明俄罗斯金融监管体系正式由分业监管向混业统一监管转变。

(2) 强化监管当局对金融机构的风险监测能力

俄罗斯通过立法强化央行对金融机构信息的获取权力,确保各类信息数据的真实性,定期对各类风险进行压力测试和情景模拟,并建立危机早期预警系统。金融监管改革将金融政策制定和监督执行两项职能同归于俄央行,确立了其在金融市场上的权威地位,有利于金融政策的统一性和连贯性,避免政策执行中出现梗阻。

(3) 更加强调金融稳定目标

俄罗斯央行在危机后进一步强调金融机构不能以危害金融稳定为代价来获取商业利润。同时修订《自然人银行存款保险法》,出台《支持金融体系补充措施法》,完善问题金融机构的退出机制,重点强调问题机构早期的资产保全能力,充分保护存款者和债权人的利益,确保国内金融机构的稳定。

(三) 印度金融监管架构

探索方向:加强对系统性风险的监测与预警,建立宏观审慎分析框架;强化金融监管协调,加大对系统重要性金融机构的监管力度;强化对综合经营和金融集团的监管。

1. 2008 年国际金融危机前的金融监管体系

印度实行分业经营和分业监管,印度储备银行作为中央银行主要负责制定和实施货币政策、管理外汇市场,同时对银行业实施监管。此外,证券交易委员会、保险监管和发展局分别负责对证券业和保险业实施监管。具体而言,印度储备银行主要负责监管全印度的银行体系,证券交易委员会主要负责包括银行在内的所有金融机构非传统型业务的监管,包括证券发行、政府债券交易、共同基金、信用卡业务及代理、金融担保等。

2. 2008 年国际金融危机后的金融监管改革

2008 年国际金融危机后,印度以加强宏观审慎监管为目标,全面加强防范、控制系统性风险的制度建设。具体措施包括:

(1)加强对系统性风险的监测与预警,建立宏观审慎分析框架。印度储备银行通过建立宏观审慎政策框架,分析和监测经济和金融体系的系统性风险,并适时发出风险预警信号。同时,监管范围,提高监管标准。将不吸收存款的金融机构纳入金融监管范畴,防止监管套利。以实施巴塞尔协议Ⅲ为突破口,提高监管要求,加强对银行资本数量和质量的监管。

(2)强化金融监管协调,加大对系统重要性金融机构的监管力度。为加强监管协调,危机后印度政府成立"金融稳定与发展局",位列印度储备银行、证券交易委员会和发展局之上,以加强监管部门的协调与合作,监管系统重要性金融机构。其主要职能包括监管大型金融集团、实施宏观审慎监管、加强内部监管合作、普及金融知识和制定金融扩展计划等。金融稳定与发展局通过设立专门委员会建立工作机制,由印度储备银行行长负责,讨论和决定关于金融部门发展和稳定的相关事宜,协调部门间监管事项。

(3)强化对综合经营和金融集团的监管。2013 年 3 月,印度各金融监管机构包括印度储备银行、证监会、保险监管及发展局、养老监督及发展局签订了金融集团监管合作谅解备忘录,加强对金融集团监管的协调。

(四)南非金融监管架构

探索方向:南非的主要金融监管制度包括:确保金融稳定;建立"双峰"监管模式;加强金融消费者保护和市场行为监管。

1. 2008 年国际金融危机前的金融监管体制

2008 年国际金融危机之前,南非央行——南非储备银行和金融服务理事会是两个主要的监管主体,储备银行下属的银行监管部负责吸收存款银行部门的监管,非银行金融机构则由金融服务理事会负责监管,但金融服务理事会同时要向财政部负责,监管权相对分散。信用领域由国家信用监管局负责管理,处理消费者信用公平交易与评估、消费者保护和信用行业公平竞争等事项。总体上,南非金融监管体系没有统一协调机构。

2. 2008 年国际金融危机后的金融监管改革

(1)确保金融稳定。宏观审慎监管成为危机后南非体系监管的基础和未来改革方向。2011 年起,南非监管当局推行了如下改革。

一是成立金融稳定监督委员会,成员包括南非储备银行、金融服务理事会和财政部,由财政部长负责。

二是成立金融监管委员会,该委员会在立法、执法和市场行为方面为各监管机构提供部门间的协调。它也包含相关的标准制定机构,如独立的审计监管理事会。金融监管委员会并不参与监管机构的日常工作,委员会每年至少召集1—2次会议。金融监管委员会下各监管机构仍独立运行。

三是改进银行和金融危机救助框架。改进部门间的协调,财政部和储备银行已经完成了对危机应急框架的综合评估方案。

(2)建立"双峰"监管模式。2011年,南非央行宣布,借鉴国际经验,在未来三年内将金融监管模式转为"双峰"监管。在该模式下,金融监管的目标包括:监管协调、审慎监管和市场行为监管。金融监管委员会由金融监管机构、非金融监管机构的负责人和其他利益相关者组成,确保金融监管的整体协调,是解决审慎监管和市场行为监管之间冲突的正式渠道。金融稳定监督委员会由南非央行、金融服务理事会和财政部组成,协调金融稳定事项并努力减少风险。南非央行负责宏观审慎监管,财政部、金融服务理事会和国家信用监管局则负责微观方面的监管和消费者保护。

(3)加强消费者保护和市场行为监管。一是在金融服务理事会中成立零售银行服务市场行为的监管机构。该监管机构的工作主要集中在市场结构和银行成本的事项,并与国家信用监管局紧密合作,两者在管理信贷扩张中作用互补。二是主动实施全面的《公平对待消费者倡议》。该倡议清晰阐明了市场行为监管的原则,确保金融业消费者保护的标准不变。同时还强调养老基金的监管要考虑保险消费者尤其是脆弱的老年人群在退休后的财务窘境,便利养老基金的投资渠道,消除系统性风险。

(五) 有关启示

启示要点:应当立足本国国情,完善金融监管制度框架;宏观审慎政策应当与货币政策、财政政策加强协调;应当加强市场行为监管,落实金融消费者保护。

1. 立足本国国情,完善金融监管制度框架

2008年国际金融危机后,"金砖四国"顺应国际潮流,普遍采取措施,立足本国国情,从防范控制系统性风险的需要出发完善本国金融监管制度框架。俄罗斯将金融监管权力集中于央行,形成了混业统一监管模式。南非借鉴英联邦国家经验,采用"双峰"监管模式。巴西、印度则沿用原有的混业监管模式,在此基础上完善本国系统性风险防范、控制机制。在宏观审慎监管方面,"金砖四国"普

遍完善了组织框架,加强了央行内部以及跨部门的沟通与协调。巴西和俄罗斯采用了央行内部设立金融稳定委员会的模式,加强宏观审慎政策实施主体——央行内部的沟通与协调。印度成立金融稳定与发展局,南非建立金融稳定监督委员会,加强跨部门协调与合作。

总的看来,一国所采用的金融监管模式与其所处的政治、经济、社会环境关系密切。金融监管模式要有适应性,能够根据本国金融体系的发展水平、结构变化和风险变迁动态演进,在有效捕捉风险的前提下与时俱进地配置监管资源。在当前监管模式呈现多元化格局的情况下,需要深入分析各国金融监管改革的相关背景,立足我国国情,准确把握近年来我国金融体系发展、演变特征和系统性金融风险的变化规律,充分论证、权衡利弊,积极稳妥地推进金融监管体制改革。

2. 宏观审慎政策应与货币政策、财政政策加强协调

巴西在2010—2011年间运用宏观审慎政策和货币政策,成功地实现了总需求管理,抑制了通货膨胀。这一事实印证了宏观审慎政策应与宏观经济政策加强协调的必要性。宏观审慎政策与货币政策、财政政策既有联系又有区别。前者关注系统层面的金融机构、金融市场及其交易活动,其目标是在综合考虑宏微观经济形势的前提下来确定金融机构和市场的交易规则,以此防范和控制系统性风险;而后者更关注通过"汲水"型的政策调控引导公众的预期和信心发生变化,以此平衡总需求和总供给两个方面,防止经济大起大落。宏观审慎政策的提出,拓宽了政策制定者的视野,由以往的紧缩性与扩张性的货币政策、财政政策之间的4种政策搭配组合拓展到财政政策、货币政策、宏观审慎政策动态搭配的9种政策,丰富了宏观调控政策工具箱,扩宽了宏观调控政策的回旋余地。

因此,宏观审慎、货币政策和财政政策虽分属于不同的政策框架,具有不同的政策目标和政策工具,但是紧密联系,而且互动性极强。一方面,恰当地运用宏观审慎政策并发挥其结构性调节优势,可以减少货币政策对金融稳定的负面作用,并通过缓解单纯使用货币政策造成的困境,为货币政策的总量调节创造更多的操作空间。另一方面,财政稳健性可能对宏观审慎政策的作用空间产生显著影响,制定宏观审慎政策时,需要预判未来财政政策的变化。关键是要准确把握不同政策范畴之下不同政策工具的传导机制与相互影响,在此基础上根据本国当前经济、金融体系的实际状况相机抉择,加强协调。

3. 加强市场行为监管,落实金融消费者保护

金融消费者是金融市场的关键主体,失去其参与金融市场便无从发展。同时在交易过程中,金融消费者也最容易因信息不透明、市场操纵、欺诈等活动而

成为牺牲品,因此需要一国金融立法和监管体系做出更具针对性和倾斜性的保护安排。金融危机后加强金融消费者保护已经成为国际金融监管体系改革的重要趋势。南非在金融服务理事会中成立零售银行市场服务监管机构,同时实施《公平对待消费者倡议》,阐明市场行为监管的原则,确保金融业消费者保护的标准不变。俄罗斯颁布并多次修订《自然人银行存款保险法》,不断提升金融消费者的市场地位和保障标准。

借鉴"金砖四国"经验,我国一方面应尽快构建统一的金融消费者保护法律制度。如果延续以往"跑马圈地"式的立法模式,将造成金融消费者保护这一金融法律"处女地"在立法和执法环节出现大量新的矛盾与冲突,并显著增加未来推进统一立法过程中的协调成本。一方面,建议制定统一的金融消费者保护行政法规;另一方面,在完善金融监管体制的过程中应注意加强金融消费者保护,建议考虑整合现有金融消费者保护机构,组建统一的市场行为监管机构,以此完善现有金融监管框架,在行政执法层面落实金融消费者保护职责。

第四章
功能监管与负面清单管理模式实践

一、实施负面清单管理是功能监管实践的重要举措

（一）负面清单及其管理模式的概念、内涵及拓展

1. 负面清单及相关概念

"负面清单"一词是英文 Negative Listings 的直译，一般在国际贸易和投资领域使用。通常认为，它是指在国际投资协定中，缔约方在承担若干义务的同时，以列表形式将与这些义务不符的特别规定措施列入其中，从而可以维持这些不符措施，或者以列表形式列出某些行业，保留在将来采取不符措施的权力。负面清单与准入前国民待遇密切相关，全面的"准入前国民待遇"是指除通过负面清单方式来保护的某些产业和活动外，在准入阶段给予外国投资者国民待遇原则所承诺的待遇。而负面清单相当于投资领域的"敏感区"，列明了企业不能投资或限制投资的领域和产业。凡是针对外资的与国民待遇、最惠国待遇不符的管理措施或业绩要求、高管要求等方面的管理限制措施，均以清单方式列明。对负面清单之外的领域，按照内外资一致原则，将外商投资项目由核准制改为备案制，将外商投资企业合同章程审批改为备案管理。

按照条款约束力的强弱，负面清单将保留限制措施的服务和投资分为两类：第一类是服务和投资允许保留现有的限制措施；第二类负面清单不但允许维持现有的限制措施，缔约方同时还保留了对相关行业现有的限制措施进行修订或设立新的更严格的限制措施的权利。可见，在第二类负面清单中缔约方保留了较大的自主权，对外来服务和投资的限制程度更高。以美国为例，其负面清单一般包含三个附件：第一个附件是第一类负面清单，第二个附件是第二类负面清单。第二类负面清单通常只列明设限行业和法律依据，大多以"保留采取或维持任何措施的权力"来表述，最大程度地扩展了缔约国不符措施的范围。

负面清单发展的最早雏形是在关税同盟中采纳。1843年，普鲁士在同其他17个德意志邦国建立德意志关税同盟，其贸易条约规定，除非列明不开放或不取消的领域，同意在同盟范围内开放所有进口市场、取消所有进口限制。这些列明的不开放或不取消的领域即所谓的早期"负面清单"的内涵。

二战后，负面清单制度的应用同美国的推动有直接的关系。1953年美国与日本签订的友好通商航海条约中列举了造船、公用事业等行业不适用国民待遇，即为国民待遇原则的负面清单。最有代表性的是1994年，美国主导的《北美自由贸易协定》全面采用了负面清单模式，该协定对这一模式在全球范围内的推广起着重要的示范作用。此后，以美国为代表的发达国家在《服务贸易总协定》（GATS）等国际贸易和投资谈判过程中都提出适用负面清单的主张。

目前，世界上有77个国家采用了这一模式，更为主要的是，在美国主导推动的《跨太平洋战略经济伙伴协定》（TPP）、《跨大西洋贸易和投资伙伴协议》（TTIP）等自由贸易协定下，以"准入前国民待遇＋负面清单管理"为核心的第三代国际投资规范正在重塑世界投资和贸易格局。

与负面清单相对应的是，正面清单（Positive List），即列明了企业可以做什么领域的投资。在GATS中，利用正面清单来确定覆盖的领域，而负面清单则用来圈定在这些开放领域清单上，有关市场准入和国民待遇问题的限制，这种做法也被当下不少国家采用，从而有效利用正面或负面清单的手段，在开放市场的同时，保护部分敏感产业。

探索清单是本书引入的概念，指的是在正面清单的基础上，将当前业界认为可以加以修订完善的管理规定归纳整理起来，供内部研究使用。这是管理思路上的一个创新，有利于丰富金融机构参政议政渠道，为政策改革创新提供重要支撑。

负面清单管理模式指的是以负面清单为基础的管理模式改革，涉及市场监管的方方面面。典型特征是，一个国家在引进与管理外资的过程中，对某些与国民待遇不符的管理措施，以清单形式公开列明，在一些实行对外资最惠国待遇的国家，有关这方面的要求也以清单形式公开列明，并定期推动清单压减。这种模式的好处是让外资企业可以对照这个清单实行自检，对其中不符合要求的部分事先进行整改，从而提高外资进入的效率。

就负面清单管理模式来说，以是否包含强制的市场准入条款为标准，又可以分为非强制性负面清单和强制性负面清单。相对而言，早期的自由贸易（FTA）协定多采用非强制性负面清单，2003年之后的FTA更多采用强制性负面清单。显然，强制性负面清单对缔约国要求更高，没有进入清单的行业和部门必须要强制开放;而非强制性负面清单则需要缔约国在未来采取限制措施保护某些特定行业(Latrille & Lee, 2012)。典型的强制性负面清单包括:美国-新加坡、美国-智利、美国-澳大利亚、美国-巴林、智利-哥伦比亚、澳大利亚-智利、加拿大-秘鲁等;典型的非强制性负面清单包括:哥斯达黎加-墨西哥、韩国-智利、智利-日本、加拿大-智利、巴拿马-哥斯达黎加等。

外商投资负面清单的国内实践最早出现在《中国(上海)自由贸易试验区总体方案》所列的9项主要任务和措施中,"探索建立负面清单管理模式"位列第三,排名仅在"深化行政管理体制改革"、"扩大服务业开放"之后。《总体方案》提出:"探索建立负面清单管理模式。借鉴国际通行规则,对外商投资试行准入前国民待遇,研究制订试验区外商投资与国民待遇等不符的负面清单,改革外商投资管理模式。对负面清单之外的领域,按照内外资一致的原则,将外商投资项目由核准制改为备案制(国务院规定对国内投资保留核准的除外),由上海市负责办理;将外商投资企业合同章程审批改为由上海市负责备案管理,备案后按国家有关规定办理相关手续;工商登记与商事登记制度改革相衔接,逐步优化登记流程;完善国家安全审查制度,在试验区内试点开展涉及外资的国家安全审查,构建安全高效的开放型经济体系。在总结试点经验的基础上,逐步形成与国际接轨的外商投资管理制度。"

市场准入负面清单制度,是指一国政府以清单方式明确列出在其境内禁止和限制投资经营的行业、领域、业务等,各级政府依法采取相应管理措施的一系列制度安排。市场准入负面清单以外的行业、领域、业务等,各类市场主体皆可依法平等进入。2016年4月,国家发展改革委和商务部联合印发《市场准入负面清单草案(试点版)》,并在天津、上海、福建、广东四省市进行试点。《草案》列明了在中华人民共和国境内禁止和限制投资经营的行业、领域、业务等市场准入负面清单事项共328项,包括禁止准入类96项,限制准入类232项。

市场规制负面清单是将带有限制性、惩罚性的政策规定提取出来,整理形成市场规制清单,作为投资主体了解政策规定的重要渠道,其内容庞杂,几乎涉及众多难以穷尽的范畴。

2. 金融监管负面清单的内涵与特征

金融监管负面清单,是指金融法律法规或金融监管部门规章所设定的金融市场准入条件。由于这些准入条件通常需要金融监管部门负责事先审查或事中事后监督,因此,金融监管负面清单的内容也表现为金融监管部门在市场准入中的权力。不同国家在不同历史阶段对金融监管部门在金融市场准入中权限的规定有所不同。总结在市场准入问题上国际金融组织相关指引和金融发达国家相

关法律规定,金融监管负面清单主要有以下内容:

(1) 金融市场主体准入

金融市场主体,是指进入金融市场、参与市场交易的自然人或企业,包括金融机构、作为融资者的企业或自然人、作为投资者的自然人或机构等。

第一,金融机构。金融机构,尤其是存款类金融机构,是金融监管负面清单的主要限制对象。对金融机构市场准入的限制主要包括:准入资本金要求。对银行、证券公司等传统金融机构,各国都有明确的资本金要求。例如,英国对银行的最低资本金要求为 500 万欧元;美国按照《国民银行法》规定设立国民银行的最低资本金要求为 10 万美元,并且允许随地理位置和社区人口差异而浮动。在实践中,美国货币监理署对最低注册资本额的要求为 100 万美元。《有效银行监管核心原则》中对银行最低资本要求也有相似规定。美国对证券公司的最低资本额要求的规定与对银行的要求不同,其通过规定净资本与对外负债的比率而非最低绝对额来实现。

资本金来源和缴付形式。美国对金融机构的资本金来源要求较为宽松,允许金融机构股东借入资金缴付出资。在资本缴付形式上,有的仅允许以现金出资,有的允许以高流动性金融资产如政府债券进行出资。

金融机构所有权结构限制。金融机构所有权结构限制包括单一股东持股限制、关联股东持股限制、非金融机构持股限制等等。以英美为代表的金融发达国家,除美国对非金融机构对银行持股有要求,以避免产业资本过分控制银行导致垄断和不公平竞争外,总体来说对金融机构所有权结构限制并不严格。

内部组织结构和内部控制要求。《有效银行监管核心原则》将银行的经营计划、内部组织结构和内部控制要求作为向银行颁发牌照许可的条件。

高级管理人员准入要求。金融机构的经营在很大程度上依赖高级管理人员的管理能力,因此金融发达国家通常对银行、证券公司等金融机构的高级管理人员的适当与适合性、董事国籍等做出一定要求。

第二,融资者。融资者是指向贷款类金融机构借款的自然人或企业,在金融市场发行债券或股票等金融产品的企业。金融发达国家对融资者的金融市场准入通常不作限制。无论何种类型的企业或自然人都有获得融资的权利,至于是否能获得融资则是另外一回事。

第三,投资者。投资者是金融市场中的资金提供者。金融发达国家对机构投资者在金融市场中购买金融产品进行投资基本无限制性规定。对个人投资者则根据其风险承受能力,建立起金融产品适格投资者制度,金融产品风险越高对投资者风险承受能力要求越高。

（2）金融业务准入

金融业务准入包括三类：一是金融机构进入其他金融业务领域，如银行进入证券、保险业务领域。二是非金融机构或金融机构未经允许从事需要获得许可的金融业务。三是非金融机构或金融机构从事法律或监管规则未做出规定的新金融业务。第一种情形，在德国全能银行体制下一般不会受到限制，在美国则一般需要附属子公司形式来实现。第二种情形通常会受到法律和监管部门的严格制约，而且可能还会受到监管部门处罚。但在有些国家，这种行为并不意味着违法，比如瑞士。第三种情形，在金融监管部门权力受到严格限制的负面清单体制下，属于市场主体的权利，但政府有权通过制定法律或规则对其进行规范和限制。

（3）金融产品和服务准入

金融产品和服务包括两类：非标准化产品和标准化证券产品及其衍生品。非标准化产品包括未证券化的存款和贷款产品。标准化证券产品及其衍生品则包括股票、债券、基金、资产证券化产品及其衍生品等等。从金融发达国家金融产品和服务准入规定来看，对非标准化产品的市场准入限制主要目的在于保护金融消费者利益，使其避免受到掠夺性信贷及其他掠夺性金融服务的侵害。对标准化证券产品及其衍生品的市场准入限制则主要体现在证券发行及交易的注册登记和信息公开披露上。在负面清单管理体制下，发行证券是证券发行人的权利。只要履行了注册登记和信息披露义务，任何市场主体都可以按照证券法规定发行证券及其衍生品。对于中国来说，发达国家金融监管负面清单的具体规定固然对我们具有借鉴意义，但更具有借鉴意义的是其严格限制和约束金融监管权力的理念。

与国际投资协定中的负面清单相比，金融监管负面清单具有以下特征：（1）从适用对象上看，金融监管负面清单一般适用于本国主体。国际投资协定中的负面清单适用对象是外国资本，即使一国主动推行的负面清单制度，比如上海自由贸易试验区推行的负面清单其适用对象也是外资。本书所定义的金融服务业负面清单适用对象一般是本国主体的金融市场准入，不包括外国资本的金融市场准入。（2）从约束对象上看，金融监管负面清单约束的是本国金融监管权力的任意性。国际投资协定中负面清单约束的是东道国经济主权，属于国际法范畴。金融监管负面清单针对的约束对象是本国金融监管权，属于国内法范畴。（3）从表现形式上看，金融监管负面清单更多是实质清单而非形式清单。国际投资协定中的负面清单通常以列表形式出现。金融监管负面清单则更多体现在金融法律法规条文中。（4）从约束方式上看，金融监管负面清单具有层次性。国际投资协定中的负面清单具有单一性,即国际投资协定会对负面清单做出详细规定,不会再授权相关国际组织或政府部门再做规定。由于金融市场的复杂性、灵活性以及法律的不完备性,金融法律往往无法对金融市场准入条件做出无遗漏、全覆盖的详细规定,而不得不在某些准入条件上授权金融监管部门制定细则,比如美国 2010 年颁布的《多德弗兰克法案》中授权相关金融监管部门制定 243 项规则,以适应金融机构、金融产品、金融业务和金融市场的发展。因此,金融监管负面清单就有了层次之分,包括金融法律规定的负面清单和被授权部门制定的负面清单。

3. 金融服务业负面清单的概念及其拓展方向

金融服务业的开放包括对内和对外两个方向,因此完整意义上的金融服务业负面清单应包括金融监管负面清单及其基础上的金融服务业对外开放负面清单。金融服务业对外开放负面清单主要是在国民待遇的基础上对外资进入国内银行业、证券业、保险业和其他金融业所规定的限制和禁止等特别管理措施。借鉴国外经验,金融服务业负面清单的拓展方向包括:

第一,负面清单需要好的规制理念。得益于上海自贸试验区的广泛热潮,"负面清单"这个经济专业词汇已为国人耳熟能详,各地政府也竞相制定自己的市场准入负面清单。但正如学者所言,上海自贸试验区负面清单并非国际通行意义上的负面清单,且也没有真正落实。其他各地的负面清单更加偏离概念本意:对于外资的市场准入,只能由中央政府决定,地方政府没有权力制定这些所谓的"负面清单",即使上海自贸试验区的负面清单,也是在全国人大批准在上海自贸试验区暂停实施有关外商投资法律的前提下,国务院授权上海方面制定的,其他地方政府的负面清单制定没有经过这样的法律程序和授权,存在一定的认识偏颇。

第二,追求扩大开放、有序开放和对等开放三原则的有机统一。那些视金融服务业为核心、战略性产业的大国,采取了很多区别对待举措,形成很高的隐形成本。例如,海通证券旗下子公司海通国际证券收购日本吉亚投资公司时,吉亚在美国的子公司承担了较重的监管调查成本,吉亚美国的监管调查成本高过吉亚集团内其他所有国家子公司的加总。扩大金融服务业对外开放是中国的一项基本国策,这是毋庸置疑的。但当中国设计金融服务业对外开放框架时,必须在扩大开放的主基调下,全面把握对等开放原则,走一条有序开放的路径。

第三,微观资本金监管与宏观权限构造相结合。从资本金角度对金融服务业准入进行约束是国际通行做法。金融服务业不仅是资金配置的机构,还是关系公共利益的核心部门。对资本金进行约束管理,可降低金融风险发生几率。

权限构造表现为对单一股东持股比例和关联方持股方式的要求。我国现有金融市场垄断性较强,导致金融监管效力较弱。采用资本金监管,可吸纳一批具有活力的民间和国外资本;而应用权限构造限制,可降低原有的金融垄断程度,打破金融垄断格局。综上,设置负面清单时应将金融市场、市场参与者、部门行为以及实体经济视作一个整体,实现微观层面与宏观层面的有机结合。

第四,创新业务准入与金融风险监管相结合。通过负面清单平衡金融开放与金融保护,还需要实现金融开放与金融审慎以及金融安全的统一。金融创新是金融市场发展的动力,也是金融风险的根源。负面清单在保证透明化的同时,更要发挥"法无禁止即可为"的精神在调整金融服务业准入方面的优势。一方面,应在负面清单中减弱对混业经营的限制,鼓励新进入企业在加强金融综合服务平台以及中介服务体系引进和建设中有所作为,推动建立集评估、咨询、法律、财务、融资、担保、培训等多种功能于一体的金融创新服务网络。另一方面,金融市场上存在广泛的信息不对称问题,负面清单管理要用禁入的形式填补信息缺口,对高风险领域和高级管理人员进行准入监管,并做出明文限制,以有效降低信息不对称,有针对性地防范和化解风险。

第五,清单动态更新与国际交流协同相结合。负面清单管理应保持定期动态更新,以适应随时变化的金融市场和实际经济需求。对一些信息了解得不准确、不及时,不利于金融监管者对金融机构和金融市场风险的管理。因此,注重国际合作交流和国外经验借鉴也应成为修订负面清单时应考虑的一项重要原则。

(二)金融服务业开放采用负面清单管理模式的意义

一是有利于建立更加公平的竞争机制。近年来,随着金融服务机构业务综合性的增强,金融服务业细分市场的业务趋同性明显,泛资管时代已来临。但金融服务业监管部门仍处于"三分天下"的状态,依托原有的监管部门设计各自的监管规则,对泛资管时代下金融服务业的新特征缺乏及时的回应。这就导致金融服务业细分领域相似业务的监管要求不尽相同,为套利行为提供了空间。在这样的背景下,推出统一的"负面清单",有助于明确监管部门的职责边界,为金融机构提供一致、平等、公平、有序且更加广阔的发展平台,以激发创新动力、提升服务能力。

二是有利于形成更加健康的金融市场。一方面,负面清单能明确理财业务、同业业务和影子银行的投资禁止领域,优化资金渠道设置,规范过桥资金融通行为,强化金融产品与实体经济的联系,缩短企业融资链条,降低企业融资成本。

另一方面,负面清单释放的经营空间,能吸引包括外资和民营资本在内的更加多元的市场主体进入金融服务业,增强金融服务业市场的竞争性和包容性,推动金融机构探索特色化、差异化发展之路。

三是有利于建立非歧视性的金融服务业准入制度。出于安全性考虑,我国金融服务业市场准入限制设置的目标更多在于对金融机构和消费者权利的保护,这导致政策更多偏向于资产丰厚和准备金充足的国有大型金融企业。未来,我国应通过深化改革进一步释放市场活力,建立针对中小规模金融实体的非歧视性准入制度。而降低金融服务业准入壁垒的改革应与金融服务业存量改革相配合。这是因为,如果不对原有金融服务业进行改革,即使降低准入壁垒进行增量改革,会由于原有金融服务业存量的牵制而无法向纵深推进,无法实现提升金融主体竞争意识、增加市场活力的目的。

四是有利于推进服务型政府经济职能的转型。金融开放向纵深推进将对服务型政府经济职能提出新的要求。在后发国家市场经济发展初期,政府需要充分发挥市场的作用,并对市场作用范围、程度及具体方式进行保护性发展。当发展中国家进入"中等收入陷阱"的转型期时,政府将完成从管理向服务的转变。金融管理是政府经济职能的重要组成部分。摆脱金融压抑和金融扭曲的市场环境、推进现代金融市场体系的建立,将是我国服务型政府经济职能的重要组成部分。金融服务业对内对外开放,将进一步推动我国服务型政府经济职能向适度性、规范性、统一性、效能性、服务性以及透明性转变。

(三) 负面清单管理模式对金融稳定与安全的影响

以负面清单形式对金融市场准入进行监管并非仅有好处而无弊端。金融监管由正面清单向负面清单模式的转变会给金融稳定、金融法律适应性及金融监管能力带来挑战,也会给金融消费者保护带来负面效应。

第一,金融服务业负面清单外事项的自主发展给金融稳定带来挑战。金融市场主体负面清单外事项的自主决定的实质是金融自由化。金融自由化带来金融深化的同时,也给金融体系稳定性带来挑战。以美国 2008 年次贷危机为例,导致次贷危机爆发的一个重要原因就是监管真空,即金融创新导致出现了不在负面清单范围内的金融产品和金融机构。监管真空在金融产品方面突出表现为以信用衍生品为主的场外衍生品上,在金融机构方面突出表现在没有建立起监控对冲基金的监管体制。当不受准入监管限制的信用衍生品和对冲基金快速膨胀然后泡沫破灭后就会给金融稳定带来威胁。

第二,建立金融监管负面清单给金融消费者保护的带来负面效应。金融消费者利益保护是金融监管的两大核心目标之一。金融监管负面清单外金融市场主体、金融业务和产品的自主发展,尤其是金融创新的自主发展,使得监管部门在短时间内无法对创新性机构、产品和业务对消费者的利弊做出判断并采取监管措施,从而无法有效保护金融消费者利益。分析2008年美国次贷危机可以发现,严重侵害消费者利益的次贷产品都是在金融创新名义下创造出来的。

第三,建立金融服务业负面清单给金融法律适应性及金融监管能力带来了挑战。首先,根据"三元悖论"理论,独立的货币政策、自由流动的资本、稳定的汇率,三个目标无法同时实现。既要通过资本的自由流动加快资本账户开放,也要保持汇率稳定、外贸平稳增长,实现人民币国际化,那么我国在货币政策自主性与独立性方面必然面临挑战。实现人民币可兑换是我国发展的必然趋势,国际资本的自由流动性更强,基于真实交易背景的资金流动将弱化,加剧了洗钱、资本外逃的风险。其次,金融监管负面清单建立后,对于清单外事项,由于缺乏法律依据,监管部门不能就市场准入进行限制或禁止。然而,由于不受限制或禁止的市场准入并非不存在风险,这就需要加强对金融市场主体、业务和产品市场准入后的事中和事后监管。在法治原则下,事中和事后监管也需要法律明确授权,因此,金融法律能否快速适应准入后事中和事后监管要求就显得至关重要。与此同时,准入性监管撤销后需要金融监管部门在事中事后监管中要及时发现风险并采取措施,这给金融监管能力也带来挑战。

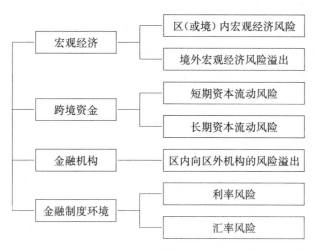

图8　金融服务业负面清单管理潜在风险

（四）负面清单管理模式下金融稳定的保障体系

1. 建立健全金融服务业系统性的监管体系

建立健全系统性监管体系包括中央银行监管、行业组织自律、金融机构内控、社会监督的交互配合，具体包括：

第一，建立健全金融监管的专门机构，完善金融监管的组织体系。实行负面清单基础上的金融监管，加快建立包括中央银行监管、行业组织自律、金融机构内控、社会监督交互配合的系统性监管体系和风险防范机制。具体包括：完善金融服务业领域外资并购的国家安全审查工作；夯实逆周期宏观审慎管理，加强金融服务监管部门与实体经济管理部门的联系，改进宏观调控手段；发展存款保险制度，设立存款保险准备金；强化金融服务业风险防范、预警、处置机制；建立信息共享和服务平台，加强市场主体信息公开；在准入监管中充分发挥社会中介机构的社会监督作用。

第二，在准入监管中加强对金融机构内部控制系统的考核。金融机构内部控制的着眼点在于保证金融企业资产的安全性和流动性，防范经营风险。内部稽核监控系统应有明确的监控目的、监控项目、专门负责监控的机构和人员、科学的方法与程序及向领导与有关部门反馈信息的制度。通过内部监测可以及早在风险显化之前作出预警，并反馈信息。

第三，在准入监管中充分发挥社会中介机构的社会监督作用，例如，应当充分发挥会计师事务所、律师事务所等机构的社会监督作用。

2. 加强金融服务业监管法律规则体系的建设

金融监管法律的建立健全对监管体制能否发挥作用至关重要。如上所述，我国的金融法律法规尚有不足，其完善当从以下几方面进行：

第一，尽快完善主体法律。与此同时，制订与金融法律相配套的实施细则，并对原颁布的有关法律、制度进行清理，对不适应的条款进行废除或修订。首先，必须坚定地树立《中国人民银行法》的主导地位，积极构筑以《中国人民银行法》为核心，《商业银行法》《保险法》《证券法》《信托法》《担保法》《票据法》等基本法律为框架，《贷款通则》《外汇管理条例》《外资金融机构管理条例》等业务和机构管理法规为主体，《银行间债券交易规则》《银行间债券交易结算规则》等单项业务规章制度为基础的、层次分明、互相衔接、全面系统的法规体系。其次必须抓紧制定各项法规的实施细则，实现金融法规定性与定量明晰的双重目标，提高其可操作性。

第二，加强我国金融监管法律制度对最新国际规则的回应。目前，我国的

《商业银行法》、《证券法》、《保险法》以及《外资银行法》中均存在许多与国际惯例不适应的内容,急需修改。尤其值得注意的是,许多国家的金融企业正在或已经向全能化迈进,如果开放金融市场,我国金融企业必将处于不利地位,这也对我国的分业监管体制提出了挑战。我国现在已经出现了不同业务的交叉,如允许证券公司和基金管理公司进入同业拆借市场进行拆借、债券回购;以股票质押从商业银行取得贷款;允许保险公司进入银行间债券市场进行回购交易,允许保险资金通过证券投资基金进入股市等。对这种"混业经营,分业监督"的现状进行管理,除了需要各监管部门的协调合作之外,超前性的立法也是不可或缺的,立法的前瞻性对我国金融市场的稳定具有重大作用。此外,在制定、规范和完善经济性市场准入规制的法律,加强社会性市场准入的立法和执法基础上,还应当强化竞争法的完善。

3. 加强金融服务业在实体层面上的市场准入监管

实体层面的金融服务业监管主要体现在机构和业务的范围,以及监管责任的建立健全上,具体表现如下:

第一,我国金融市场准入中的机构和业务范围随着金融创新日益加大,然而对该部分的监管内容过窄,已不能涵盖全部金融业务。此外,一些准金融机构和准金融业务也未纳入准入监管的范围,例如将彩票市场、社会集资等监管业务逐步移交给其他部门监管;社会保障体系中涉及的准金融业务,如社会养老保险、失业保险、农村养老保险等,分散于不同的部门经营和管理,未纳入统一的金融监管范畴。故而,应当扩大金融监管范围,将金融创新业务和准金融业务纳入监管范围,以提高金融风险的防范能力。

第二,完善准入监管的责任体系,增强责任制度的可操作性,具体应做到:改进责任制中的激励约束机制;制定统一、规范的监管操作规程,以明确分解和定位责任;加快责任制的相关配套制度建设。

4. 加强金融服务业在程序层面上的市场准入监管

第一,在效率上,金融市场准入的审查应做到:简化手续,减少环节,提高效率。凡要经条件审核的,经确认后,各有关职能部门要密切配合,做到特事特办,急事急办。对资料齐全、手续完备的,在规定时限内完成审、报、批;对欠缺资料的可实行先批后补。

第二,在方式上,应当针对目前部分市场准入、业务范围、日常业务监管等方面过分依赖行政审批和非现场监管的实际,切实做到现场监管和非现场监管的有效结合。

第三,在手段上,要结合目前我国的金融市场准入监管手段较为陈旧,科技水平较低,无法真正实现对口监控,监管人员忙于监管资料的收集和层层上报工作,效率低,成本高的现状,要尽快实现金融监管手段的现代化,加强金融监管的电子化建设,充分发挥科技的辅助作用。

第四,在过程上,要注重金融市场准入这一事前监管方式与事中监管和事后监管的动态结合,提高整个金融监管的系统性、持续性和有效性。

5. 加快培育适应负面清单的金融市场参与者

负面清单模式下,要求金融市场的各类参与者自己承担金融投资活动的各种后果,不再寻求监管部门的特殊政策和特例支持。由此,相关信息公开披露、各项金融活动的真实性审查、市场公平待遇和风险自担等,成为市场参与者必须习惯和认真对待的问题;各类市场主体可依法平等进入负面清单之外领域,金融产品创新和金融运作方式创新等变化也是市场参与者需要予以适应的。另外,有进入就有退出,金融市场同样贯彻优胜劣汰的市场规则。由此,金融机构和其他市场参与者(如资信评级公司、律师事务所、会计师事务所和咨询公司等)的违法处罚力度就需加大,破产清算也需落到实处。

6. 加强金融科技在金融监管中的应用

负面清单管理模式对金融监管机构在技术上提出了更高的要求。一方面从防范风险的角度要求金融监管机构运用大数据等技术加强风险预警体系的建设;另一方面从服务金融机构的角度出发加强金融法律法规数据库的建设。

因此,金融服务业开放中采用负面清单管理模式是一个完整的体系(见图9),不单单需要有负面清单的文本,而且需要从体制机制、法律法规和技术上予以保障。

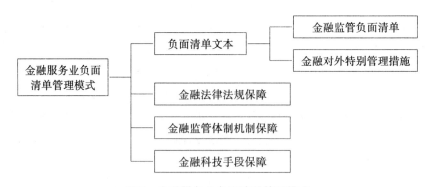

图9　金融服务业负面清单管理模式

正如前文所言,金融服务业负面清单应包括金融监管负面清单和金融服务业对外开放负面清单(特别管理措施),其中金融监管负面清单更多是实质清单而非形式清单,内容体系十分庞杂,因此本章后面部分主要研究金融服务业对外开放中的负面清单管理模式。

二、金融服务业开放负面清单的国际实践

(一) TPP:从"正面清单"向"负面清单"的转型

《跨太平洋伙伴关系协定》(TPP)是由澳大利亚、文莱、加拿大、智利、日本、马来西亚、墨西哥、新西兰、秘鲁、新加坡、美国和越南十二个国家谈判产生的一份标准高、目标高、全面且平衡的协议。其宗旨是在缔约国促进经济增长,支持工作岗位的创造和维持,增进创新、生产力和竞争力,提高生活水平,减少贫困,进而促进透明度、良好治理以及劳动和环境保护。

TPP 协定全文分为正文(30 个章节)与附件(共 3 个),包括缔约国共同发表的跨太平洋伙伴关系国宏观经济治理联合声明。其中与金融业直接相关的是正文第 11 章(金融服务)、第 9 章(投资)、附件 3(金融业负面清单)以及联合声明。金融服务章节对金融业概念、义务、开放程度等作了详细规定,并为部分国家设置了过渡期。总的来看,TPP 金融相关部分体现了较高水平的开放标准。

1. TPP 金融章节的管辖范围

TPP 金融章节的管辖范围。涵盖的金融服务主要包括保险、银行等传统金融服务,与金融服务有关的服务,或具有金融性质的辅助服务。所涉主体包括缔约方的中央银行(及货币监管当局)及下属机构、自律组织、金融服务提供者、投资者等金融市场参与方。

2. 主要义务

遵循四项义务,即国民待遇、最惠国待遇、市场准入以及高管与董事。国民待遇指缔约国必须向其他缔约国提供不低于提供给本国企业及投资者的最优惠待遇,且应适用准入前国民待遇。最惠国待遇指缔约国必须向任一缔约国提供不低于对其他缔约国的最优惠待遇。市场准入指不得在市场准入方面实施数量配额、垄断、专营服务或限制金融机构通过特定类型法律实体以提供服务,如对金融机构准入设置股比、额度、总资产、交易量、自然人雇佣等限制。高管与董事规定指任一缔约方不得对另一缔约方金融机构的高管国籍设置限制。

3. 跨境贸易

对跨境金融服务贸易或跨境提供金融服务的定义包括了服务贸易四种模式中的三种,即跨境提供、跨境消费和自然人移动,不包括商业存在,即由一方服务提供者通过设在另一方境内的商业存在提供服务。缔约方原则上不能对跨境金融服务提供及跨境金融服务消费采取任何限制。

4. 新金融服务

TPP 中的新金融服务指的是尚未在某一缔约国领土内提供,但已在另一缔约国领土内提供的金融服务,且包括任何新的金融服务交付方式或销售该缔约国领土内尚未销售的金融产品。缔约国需在金融服务供给方面全面放开市场准入并给予国民待遇,除因审慎监管外不得限制缔约方金融机构在本国开展新金融服务。

5. 金融信息转移与保护

TPP 要求缔约国规定,缔约各方应保护数据信息跨境传播与处理,同时,TPP 也注意保护金融信息安全,任一缔约方不可提供或允许获得与金融机构或跨境金融服务提供者相关的个人客户财务信息,并应保护商业机密。

6. 例外政策

TPP 为金融业设置了如下例外:一是审慎例外,即国民待遇与最惠国待遇、原产地规则、纺织与服装业、贸易便利、贸易赔偿、卫生与检验检疫、技术壁垒与贸易等章节中相关条款不能阻碍成员国为了"审慎考虑"而制定政策;二是货币政策例外,即投资、跨境贸易、金融服务、电信以及电子商务等章节中相关条款不能阻碍成员国为了"货币政策、信贷政策或外汇政策"而采取的非歧视性操作;三是自然人和附属机构转移例外。

7. 金融服务业负面清单

主要体现在 TPP 协议附件 3 中,分国别论述。TPP 协议包括三个附件,附件 3 是各国在金融服务方面的负面清单,分为可加严和不可加严两部分,基本涵盖国民待遇、最惠国待遇、高管与董事、市场准入以及跨境贸易等。其中,新加坡保留措施最多,共计 25 条;日本保留措施最少,仅在国民待遇和跨境贸易方面保留有 3 条措施。

8. 解决争端机制

为解决就特定安排产生的争端,"金融服务"章节设立了中立和透明的投资仲裁机制。包括针对最低待遇标准方面的投资争端的特殊安排,要求仲裁者具有金融服务专长的安排,以及一项特别的国对国机制,以方便在投资争端的背景下应用该章节中的审慎例外及其他例外安排。

（二）发达国家：塑造负面清单规则的先行者

1. 美国负面清单经验

负面清单模式由美国率先明确提出。1994 年生效的《北美自由贸易区》（NAFTA）被认为是较早采用负面清单的 FTA 之一。迄今美国签订了 46 个双边投资协定（BIT），与 20 个国家签订了包含投资章节的自由贸易协定（FTA），多数采用负面清单模式。通过以上的国际协定，美国已经构建了比较完善的负面清单模式下的国际投资规则体系。

（1）美国的负面清单模式成为国际主流模式，采用范围广泛

在国际投资规则领域，美国迄今已发布 1982 年、1994 年、2004 年和 2012 年四个双边投资协定范本。自 1994 年范本以来，美国逐步完善其负面清单模式，应用于所签署的 BIT 及 FTA 中。在 2004 年 BIT 范本基础上构建了比较成熟的负面清单模式。

最新的 2012 年范本进一步提高了对投资者的保护水平，并对金融服务、国有企业、环境与劳工、仲裁裁决的上诉机制、领海等问题进行了调整和补充。美国的负面清单模式成为国际主流模式。美国与加拿大、澳大利亚、韩国、新加坡等发达国家及新兴工业化国家均签订了 FTA 协定；而与波兰、保加利亚、捷克等转型经济国家以及刚果、卢旺达、蒙古、孟加拉国等发展中国家则签订了 BIT 协定。

（2）美式负面清单的内容较为详细完善①

首先，在 FTA 或 BIT 协定的正文中，对投资本国所有行业做出正面承诺。包括赋予外国投资者国民待遇和最惠国待遇；承诺不向外国投资者施加业绩方面的要求；承诺不要求外国投资企业必须任命特定国籍的人作为高级管理人员或董事会成员。

其次，在协定附件中，缔约国均以负面清单的方式列出各自不适用上述待遇或承诺的保留行业及限制措施。负面清单列出的限制性措施分为适用于所有行业的水平措施和具体行业措施两类。负面清单中的每项不符措施都会列明措施实施的行业、政府层级、法规出处以及不符事项的具体解释等要素。

负面清单一共包括三个附件。附件一列明现行国内法中的限制性措施，并承诺这些限制性措施不再加严。在这部分中列出了所有与正文协定的国民待遇、最惠国待遇、业绩要求及高管人员这四项正面承诺不符的所有措施。

---

① 聂平香、戴丽华：《美国负面清单管理模式探析及对我国的借鉴》，《国际贸易》2014 年第 4 期。

附件二列明了未来可能采取的限制性措施,并保留进一步加严的权利。美国附件二清单中主要包括通讯、有线电视、社会服务、运输、与少数族群相关的产业等。

附件三单独列入金融服务产业,以明确签约各方在金融领域对外国投资者的限制性措施。签约国将银行与保险业等国内法中现有和未来可能采用的不符合国民待遇和最惠国待遇等的措施列入其中。

(3) 负面清单中的不符措施包含的四类基本要素

负面清单是针对国民待遇、最惠国待遇、履行要求以及高层管理人员和董事会四个相关条款中某一个或全部作出的例外规定。美国现有的负面清单中,从条款看,针对国民待遇的不符措施最多;从行业看,主要是针对服务行业或部门的不符措施。

从两类负面清单看,不符措施包含的基本要素主要构成为:行业或部门,涉及的部门可能是某一特定行业,某几个行业,也可能是全部的行业;涉及的义务,针对国民待遇、最惠国待遇、业绩要求、高层管理人员和董事会中的某条或几条的例外;政府层级,说明该不符措施是中央政府采取的,还是地方政府采取的,也可能是中央政府和地方政府同时采取的不符措施;不符措施的法律依据,涉及的法律法规,对不符措施的具体描述。

2. 欧盟负面清单管理经验[①]

欧盟 28 个成员国共对外签署了近 1 200 个投资保护协定,约占全球现存有效投资保护协定的一半,欧盟负面清单管理模式主要针对投资保护,基本未涉及投资准入前国民待遇问题。2009 年 12 月《里斯本条约》生效后,外国直接投资正式纳入欧盟共同贸易政策范畴,成为欧盟专属权限,欧盟开始代表其成员国对外开展投资协定谈判,内容仅包括市场准入和投资保护,投资促进及安全审查仍属各成员国职权范畴。

(1) 分层级、分行业编制负面清单

欧盟是新一轮多边谈判的主要倡导者,主张进一步实现服务贸易和投资自由化,向最不发达国家全面开放市场,对发展中国家实行差别和特殊待遇。2012 年 4 月,欧美联合发表关于国际投资的"七条原则",强调各国政府要给予外国投资者充分的市场准入及准入前和准入后国民待遇。2014 年 9 月,欧盟和加拿大签署《全面经济贸易协定》(CETA),这是欧盟第一个含有投资规则的经贸协定。

---

① 孙婵、肖湘:《负面清单制度的国际经验及其对上海自贸区的启示》,《重庆社会科学》2014 年第 5 期。

CETA 的负面清单包括措施清单和行业清单两部分。

在政府层级方面,CETA 要求将欧盟层面的不符措施列入清单;在行业方面,除附件形式的负面清单外,CETA 在正文"适用范围"条款规定了不适用市场准入义务和准入阶段非歧视待遇的若干行业,例如某些空运服务、视听服务、文化服务等。

中欧投资协定谈判中,欧方希望以负面清单方式就投资保护和市场准入两方面与中国谈判,CETA 投资规则是欧方商谈的范本。

（2）分类别编制负面清单

依据国情,欧盟的负面清单谈判拥有更大的灵活性。欧盟从自身利益出发,按政治经济体制、地理区域、历史渊源等,将合作国别划分为 5 类:欧洲自由贸易区国家、洛美协定国家（即非洲、加勒比海与太平洋地区国家）、中东欧与地中海沿岸国家、其他 WTO 组织成员、非 WTO 成员。对不同类别的成员,欧盟在负面清单管理方面有相应的保留权限。

（3）公共服务行业纳入负面清单管理

欧盟坚持任何服务谈判承诺都要排除公共服务行业,任何投资协定均允许成员国政府自主认定公用事业部门,并自主管理。在公共财政支持的如医疗、社会服务、教育和供水等领域,成员国无需给予盟外企业或个人以国民待遇。

（4）保护战略性产业

欧盟注重对战略性产业的控制力。根据欧盟并购条例第 21 条,当并购影响到公共安全、媒体多样性或审慎原则时,成员国政府可以干预或者附加条件。对于什么是"合法公众利益"没有明确规定,成员国政府通常能够成功影响交易过程,一定程度上为欧盟保护战略性产业提供了缓冲保障。

3. 日本负面清单管理经验

日本是采用负面清单签订投资协定较多的国家。2002 年签署的《日韩投资自化、投资促进和投资保护协定》,以及后来签订的日越、日秘双边投资协定均采用负面清单模式。

（1）分类别编制负面清单

日本双边投资协定负面清单有两类,第一类涉及国防、国家安全、公用事业、政府垄断、国有企业等产业;第二类主要是需保护的一些产业,包括农业、林业和渔业相关的第一产业,石油工业、矿业、供水和供水系统行业、铁路运输、水路运输、航空运输、电信行业等。投资协定对第二类例外产业规定了"停止"（Stand-Still）和"回转"（Roll-Back）机制。"停止"机制是指锁定缔约方现有的不符措施,禁止制定新的或者限制性更强的不符措施。"回转"机制是以现有的不符措施为起点,逐步减少或取消这些措施,而不得采取新的例外措施。

(2) 分情况设定不符措施

针对不同的缔约国,日本负面清单所列明的不符措施也存有差异。新加坡的经济实力只及日本的2%且不存在对日农产品出口问题,所以日新间的FTA于2002年顺利签署并得以实施。日新FTA中罗列了六大例外产业:农业及植物育种权、采矿业(包括石油和天然气开发)、水运业、电信业、金融业及具体产业的投资(领海和内水渔业、爆炸品制造、核能、飞机工业、武器、航天工业、电力、天然气、广电)。日本与墨西哥和智利缔结的协定中,日本没有将外国银行(总部设在日本之外)在日本吸收的存款排除在储蓄保险法的覆盖范围,而与东南亚各国的协定都规定了这样的条款。日本负面清单管理还注重将投资自由化与国家发展战略相结合,完善对日本企业有利的商贸环境。日本同智利缔结FTA,除为本国汽车厂家争取更优惠进入条件外,还意在稳定其在智利的矿产权益。

(3) 保留权限空间

日本负面清单很注意为政府扩大审查范围保留空间。尽管日本在制度上对外国投资者实行投资自由化政策,但在具体实践中个别行业的市场准入仍很困难。此外,《反垄断法》中的合营规定、股份持有限制,以及公司持股规定等也对外国企业的对日直接投资有所影响。由于日本自知一些领域的对外开放难以跟上目前的FTA谈判进程,所以,日本通常以灵活的方式处理一些关键性议题,如加强政府采购、竞争政策等方面的合作,提供巨额援助等。

(三) 发展中国家:尝试修改游戏规则的后来者

在FTA及BIT协定中,发达国家是负面清单的发起者与推行者,尤其以美国为代表;发展中国家是美式负面清单模式的被动接受方。全球采用负面清单的发展中国家大部分都在与美国等发达国家签订FTA或BIT中处于相对弱势地位,被动接受美国拟定的负面清单模式。比如,墨西哥、卢旺达、乌拉圭、智利、哥伦比亚、秘鲁等发展中国家陆续与美国签署了负面清单模式的FTA或BIT协定。

由于签署负面清单协定的发展中国家,大多是经济规模较小的发展中国家。一方面由于受到美国模式的影响且这些发展中国家没有更多的谈判筹码,另一方面是这些国家的工业和服务业与美国等发达国家的实力相差悬殊,基本不具备竞争力。因此,负面清单谈判中,美国等国家均给予一定的产业保护等方面的照顾。这些原则可以作为发展中国家制定负面清单的谈判依据。

以下是几个发展中国家签订负面清单的典型案例。

1. 墨西哥负面清单特点[①]

墨西哥于 1992 年与美国、加拿大签订了《北美自由贸易协定》(NAFTA)。NAFTA 正文分为 22 章,共计 8 个部分,包涵货物贸易、技术贸易壁垒、政府采购、投资、服务贸易和知识产权等。NAFTA 的突出特点就是在事先制定的基本原则上,再以保留、限制等形式形成负面清单。

(1) 负面清单自我保护的特点

墨西哥通过对 NAFTA 正文和附件的规定,尽可能全面和具体地提出了现行及未来本国有权保留或采取的不符措施,进而降低或避免本国产业可能受到外来进口品的冲击和影响。

对特定产业的不符措施所涉及的国民待遇、最惠国待遇、当地存在、业绩要求及高管要求等原则采取保留措施;对于成员国承担义务不一致的特定产业、子产业或活动维持现行措施或保留采取新的或更有限制性的措施的权利。

NAFTA 附件 1 详细列明了相关产业及行业分类可以保留的现行不符措施,包括所涉及的国民待遇、最惠国待遇、当地存在、业绩要求及高管要求等原则采取保留措施。附件 2 明确规定了墨西哥有权维持现行措施或采取新的或更具限制性的不符措施的清单。

(2) 产业保护的基本原则

通过签订 NAFTA,墨西哥扩大对外开放,加强与伙伴国开展自由贸易,促进了本国经济的增长;同时,墨西哥作为发展中国家,美国、加拿大等过允许其适度保护弱势产业,在负面清单里,对一些敏感、重要或者竞争力较弱的产业,采取相应不符措施等进行保护。

① 维护国家安全是产业负面清单编制的依据

金融和通信服务行业是涉及国家经济、文化安全的重要敏感性。墨西哥在签订 NAFTA 中,明确列出了金融服务和通信服务的章节,以负面清单的形式限定市场准入。

在金融服务领域,由于美国在北美自由贸易区具有绝对比较优势,NAFTA 正文的第 14 章就明确规定金融服务不适用于投资和服务贸易条款,并且在附件 7 中为金融领域设置了保留措施和未来有权采取新的不符措施。

在保留现行不符措施方面,墨西哥主要对金融机构的设立条件和业务范围作出了限制,包括外资进入商业银行、证券公司、保险公司等。例如,外资占商业

---

① 武芳:《墨西哥负面清单设计的特点及借鉴》,《国际经济合作》2014 年第 6 期。

银行的投资比例不得高于普通股本的 30％；外资不得涉入开发银行、信用合作社等。

在可能采取或维持的不符措施方面，由于发展中国家地位，墨西哥享受过渡期安排待遇。在过渡期内，墨西哥通过对同一类型的外资金融机构总资本占本国全部金融机构总资本的比例进行约束，进而限制外资金融机构的发展；在过渡期后，墨西哥仍可采取一些保留措施，例如，外资在墨西哥设立商业银行或者兼并收购，被收购商业银行资本与收购方已控制的商业银行银行的总和不得高于墨西哥所有商业银行资本总额的 4％。

② 审慎保护缺乏竞争力的产业

专业服务的范围基本包括会计服务、法律服务、医疗服务和建筑服务等项目。由于跟美国、加拿大相比，墨西哥在专业服务领域处于相对劣势地位，因此墨西哥在签订 NAFTA 时采取了审慎保护措施。在墨西哥的现行负面清单中，针对专业人员的国籍和职业资格作出了相应限制，包括医生、律师、会计师、专业技术人员等。这些限制措施主要涉及国民待遇、当地存在、最惠国待遇及高管要求等原则。例如，墨西哥《关于宪法第 5 条对在联邦地区从事专业服务的管理法》和《墨西哥外商投资促进与管理法》对法律服务进行了明确规定：在符合墨西哥明细表附件 6 第 VI-M-2 款前提下，对美国人提供法律服务与外国法律咨询服务，保留采取或维持任何措施的权利。

③ 适度保护优势产业

交通运输服务是墨西哥的国内优势产业，在墨西哥的服务贸易中占有重要地位，并且通过计算，墨西哥 2012 年的国际市场占有率指数和显性比较优势指数均高于美国。尽管如此，墨西哥在 NAFTA 中对交通运输服务设置了负面清单。在 NAFTA 附件 1 中，现行负面清单的 57 项保留措施中有 5 项针对于交通运输服务；在附件 2 和附件 5 中，未来可采取措施负面清单的 13 项措施中有 3 项针对交通运输服务。在现行负面清单方面，墨西哥主要依据当地存在、国民待遇及高管要求等原则对空运、陆运和水运服务进行限制。不符措施包括：企业必须得到相关管理部门的许可或批准才能从事相关业务；股份比例和员工构成受到限制。例如，其他成员方的投资者对墨西哥本土的航空服务企业的有效投资比例总计不得高于 25％，同时董事会和高管的三分之二以上必须是墨西哥国籍。在未来可采取措施的负面清单方面，针对铁路服务，包括交通运营、管理和控制、铁路通行权的监督与管理、铁路基础设施建设，墨西哥保留采取或维持任何措施的权利。另外规定运输中的工作人员、报关员必须由墨西哥人担任。此外，在交通运输领域还有一些国家层面的保留措施，规定私人和外资不得经营，例如内陆港口、海运及空港的监控、检查和监管等。

2.印度负面清单特点[①]

（1）概述性语言模糊负面清单的限制规定

印度负面清单将制造业、矿业和农林渔业作为重点列入负面清单，印度—韩国 FTA 和印度—日本 FTA 采用了负面清单模式对服务业进行总括性规定。

与发达国家不同，印度将制造业、矿产业和农林渔业作为重点行业纳入了负面清单。在制造业，印度纳入了乳制品、罐装水果蔬菜、酒类生产、皮革、水泥和石棉、空调冰箱、危险化学品、烟草等 17 类子行业。在矿产业，印度着重对外国投资者提出业绩要求方面的限制，对于铁矿、金属矿和非金属矿等开采均根据国内法做出详细的限制性要求。

印度允许外国投资者从事电力、钢铁、水泥等产业为服务对象的煤矿开采项目。印度明确列举了禁止外国投资者进入的行业，包括核能、农舍建筑、零售贸易（品牌专卖除外）、不动产交易和土地收购等。在服务业领域，印度采取了总括性的规定方式，即对于所有外国投资者的服务业投资，印度在不违反服务业章节承诺义务的条件下均保留采取限制措施的权利。

（2）利用附件二负面清单条框扩充延展性

印度积极扩充负面清单附件二中的未来可加严条款。印度在其与韩国、日本签署 FTA 的负面清单中将大部分农林渔业、制造业细化到具体的子行业，并全部纳入附件二。意味着保留了未来对于这些行业的外国投资者增加新的限制性条款的充足空间。

3.印尼负面清单管理模式的发展与启示

（1）印尼负面清单概述

印尼对外商投资和市场准入的管制始于《印度尼西亚共和国 1967 年第 1 号关于外国投资的法律》，实际直到 1985 年才开始对外商投资谨慎开放，对鼓励投资的领域作了"正面清单"的规定。1995 年开始以"负面清单"方式列示了内外资禁止投资领域，以及外资禁止和相对禁止投资领域；2000 年的负面清单则不仅减少了禁止领域，还增加列示了对内外资合作企业有条件开放领域及其他特定条件开放领域，共 4 个方面的内容；2007 年基于《印度尼西亚共和国 2007 年第 25 号关于投资的法律》对内外资统一适用施行"负面清单"，列示了禁止领域和有条件开放领域 2 个方面的内容。2010 年又对负面清单做了调整，进一步减

---

① 郝红梅：《负面清单管理模式的国际经验比较与发展趋势》，《对外经贸实务》2016 年第 2 期。

少了禁止和限制性领域的数量,还改变了原来按照限制条件分类列示的方法,变为按行业进行分类。

2016 年初,印尼经济统筹部长达尔敏在雅加达发布第 10 轮经济刺激配套措施,将之前禁止外资涉及的 35 个行业从投资负面清单中移除(目前官网上的负面清单版本依然还是 2010 年版),外资可拥有 100% 持股比例,包括冷藏、旅游(餐馆、咖啡馆、酒吧和体育馆等)、仓储、电影、电子商务、高速公路运营、电信设备检测、垃圾处理及药物原料等,其中电子商务投资额需达到 1 000 亿印尼盾,电影发行放映 60% 应为印尼影片。此外,政府对负面清单中 20 个行业提高了外国投资者的持股比例,如火车运输业外资最高持股 49%,保健服务外资持股比例则从之前的 49% 上调至 67%。药厂的外资上限从 75% 提升至 85%,广告行业从 49% 提高到 51%,并称"此后还将有更多的领域提高该标准"。在东南亚国家中,印尼利用外资的政策体系比较健全,基础设施也强于柬埔寨、越南等国,现在的短板在于可以在多大程度上利用外资辐射整个东南亚市场。降低门槛让更多的外资进来,可以给本国的经济发展增添活力。

(2) 印尼负面清单的监管经验及问题

① 经验

一是机构独立。印尼负责修订、审查和监督清单的部门是投资协调委员会(BKPM),主要职能是制定和评估国家投资政策,协调投资促进活动,协调政府机构间有关投资的工作,以及相关管理工作。这是一个独立的机构,综合了各行业主管部门的审批权,统一对外商投资进行"一站式服务",并直接向总统负责。投资协调委员会下设专门小组依据投资者评估、调查和报告,定期评估、准备和修订清单。

二是立法先行。从最初的正面清单,到负面清单,以及后来修订的负面清单,都是立法先行的方式,从《印度尼西亚共和国 1967 年第 1 号关于外国投资的法律》《印度尼西亚共和国 1968 年第 6 号关于国内投资的法律》,到《印度尼西亚共和国 2007 年第 25 号关于投资的法律》(这部法律整合了前面两部法律),每一次改革都是先行立法、有法可依、依法执行。此外,还颁布了 2007 年第 76 号总统条例——《关于封闭行业和有条件开放行业清单的标准与条件》,在条例的指引下,使得负面清单每一次修订都更加简洁、透明。

三是不断改进提高服务水平。1998 年开始推出一站式服务(one-roof services),2010 年还推出了电子投资许可服务系统(SPIPISE),实现了在线查询、申请和许可服务。特别是在数据、文件等资料符合规定的前提下,3 小时就可以办结投资许可证(详见下图)。

投资者到投资协调委员会取号　→　投资者就投资计划咨询投资服务主管并提交相关的数据和文件　→　投资者等待优先投资官员审核投资许可证　完成

图 10　三小时办结投资许可证流程图

② 问题

一是内外资一张清单,没有区别对待,对国内某些产业的发展影响较大,容易引发内外资发展方面的矛盾。

二是投资协调委员会许可权限不到位。虽然大多数政府部门把许可权转给了投资协调委员会,但是仍有行业主管部门对一些许可权限不放手。

(四) 新兴金融中心:直接整套移植国际经验

迪拜和卡塔尔是在 2005 年前后高速发展形成的新兴金融中心,它们的国际影响力已经超越阿拉伯世界,比如迪拜的原油期货已打破长期由美国(WTI 原油期货)和英国(布伦特原油期货)主导的传统石油定价格局。它们的基本经验包括:

第一,划定独立于本国其他地区的"特区","特区"具有独立的行政权、立法权和财务权,尤其产生的法律效力并行或者高于本国法律。比如阿联酋宪法第 121 条批准建立迪拜金融自由区,并实施《阿联酋金融自由区法》,豁免金融自由区和该区内的金融活动执行所有联邦的民事和商事法律(阿联酋刑法依然适用),金融自由区被授权制定有关民事和商事的单行的法律和监管框架。《卡塔尔金融中心法》也由卡塔尔国王亲自签署。

第二,完全采用国际通行规则,减少国际金融机构进入的制度障碍。卡塔尔金融中心只采纳全球公认的最清晰和最灵活的金融监管制度和民商事法律制度。所有规则以英文制定,并向全球主要市场机构和专业人士征求意见,保证规则易于执行,同时难以被滥用。

第三,监管团队建设主要依赖从世界主要金融中心招募富有经验的专家来加以运作,提高国际化程度。迪拜和卡塔尔都建立了国际性监管团队,成员来自国际知名的监管机构和世界主要金融机构,以促进透明度,减少文化差异,维护市场秩序,防范系统性风险。

例外规定的模糊性赋予了东道国在外资准入上即使实施了负面清单管理仍然可能拥有较大的自由裁量权。这种裁量权在欧美等法治发育程度较高的国家受到了立法与司法的制衡,在迪拜、卡塔尔等新兴市场则受到了宪法授权、特区专门立法和国际惯例的限制。这两类市场通过不同途径建立了双重负面清单的管理体制,即外资准入时的负面清单(对外)和国民待遇的负面清单(对内),由此外资在东道国获得了双重保障。

(五) 有关启示

1. 充分利用未来可加严条款扩大我方可采取措施的空间[1]

美国负面清单的附件二列明了未来可能对外国投资者采取的限制措施,赋予签约国未来采取措施的空间。我国可借鉴美国模式,将未来与其他国家签订协定、与其他国家有对等交换条件、未来新法的实施或法律修订、对贫困落后地区或少数民族采取措施等条款等写入附件二。还可以借鉴韩国、印度的做法,将为保留公共秩序、涉及转移国有企业股份的外国投资、与WTO承诺不一致、为保护文化遗产而可能采取措施等条款也写入附件二。此外,我国应把国家重点行业及发展有潜力的行业尽可能列入附件二,为未来实行限制性措施创造空间。这也是韩国、印度负面清单中已经采用的有效方式。

2. 运用国籍限制提高外国投资门槛、维护国家利益

各国的负面清单普遍列入了对于企业高管及董事会成员的国籍限制。这项限制一方面可以提高外国投资者进入本国市场的门槛,另一方面也有利于保障外国投资者服从本国重大利益,维护国家安全。国内法依据是制定负面清单的前提条件。采用国籍限制条款应从国内法入手。

首先,在国内相关法律法规中增加具体产业对于外国投资者的国籍限制条件,这类产业可主要包括金融机构、广播传媒、教育机构、战略性以及涉及国家安全的产业等。其次,将国内法的有关规定纳入我国的负面清单中。

3. 以美国负面清单纳入州政府的全部限制性措施为突破口提出对等要价

美国负面清单附件一的最后一条,将各州、哥伦比亚特区所有与国民待遇、

---

[1]　聂平香、戴丽华:《美国负面清单管理模式探析及对我国的借鉴》,《国际贸易》2014年第4期。郝红梅:《负面清单管理模式的国际经验比较与发展趋势》,《对外经贸实务》2016年第2期。崔凡、邓兴华、裴秋蕊:《负面清单的行业选择与动态调整》,《开放导报》2015年第1期。

最惠国待遇、业绩要求、当地存在、高管国籍承诺不符的限制措施都纳入其中。现存的州政府限制措施都列入了负面清单,这意味着给予州政府一揽子豁免权。对美国而言,本条款为州政府对外国投资者实行的所有限制性措施开了绿灯。本条规定是美国负面清单中涵盖内容最广、最具争议的条款。虽然美国在其后的附表中列出了本条款所涵盖的部分限制性措施,但其强调仅是为了透明度,且并不穷尽所有的州政府措施。

在与美国 BIT 谈判中,我们可以将该条款作为突破口。一方面提出美国这一条款的透明度不足,具有较大的不确定性。另一方面可以据此提出我方要价,即根据对等原则按照美国模式将我国地方层面的限制性措施均纳入负面清单中。

4. 充分利用好第二类负面清单保护我国产业核心利益

尽管准入前国民待遇加负面清单模式对东道国外国投资管理形成较大挑战,对其产业和经济安全构成一定威胁。但是从美国负面清单的国际实践中可以看出,不管其签署的 BIT 或 FTA,都设置了较多的例外条款,包括国家核心安全例外条款、政府采购例外条款、金融服务例外条款、税收例外条款等,通过这些条款来保障国家安全。

另外,负面清单也分为两类,尤其是第二类负面清单给予东道国较大的自主权,东道国保留了对不符措施进行修改或设立新的更严格限制措施的权利。因此,我国在以准入前国民待遇和负面清单进行双边投资协定和自由贸易协定谈判时,应充分利用好第二类负面清单,将金融等核心产业和部门放入第二类负面清单中。同时,在与美国等发达国家签订相关协议时,还需在第二类负面清单中明确保留对本国现有产业尚未出现的金融新业态,出台不符措施的权利,从而巧妙合理地利用第二类负面清单维护我国产业的核心利益。

5. 注重配套措施与法律法规完善

国内法律法规的完善是欧美日等发达国家实施负面清单管理模式的基础、核心。对于我国来说,负面清单管理模式还处于探索试验阶段,实践负面清单管理,还需解决最根本和核心的问题,就是在全面分析产业发展现状和国际竞争力的基础上,对现有的法律法规进行系统的梳理和整理,尤其是涉及服务业相关的法律法规,进行新一轮的废、改、立,将严重过时的,不符合开放和发展需求的法律法规及时废止;将部分过时的条款进行调整和修订;将法律一直缺位的行业,根据开放和发展的新形势,制定出部门法律法规。在法律的修订和制定过程中,要充分听取市场主体——企业的意见,进行深入的讨论,达成广泛的共识。

完善后的部门法律法规中对外资限制的措施实际上就是负面清单的核心内容。此外,还需引起重视的是尽快完善我国的外资国家安全审查制度,在给予外资更高保护的同时,加大国家安全和经济安全的保障。

6. 要注重 FTA 谈判中措辞的灵活性

墨西哥、印度等发展中国家在签署 NAFTA 协定时措辞灵活,大量使用一些宽泛、不具体的语言表述,将更多可能的不符措施包括进来。例如,"保留采取或维护任何措施的权利",这样的表述广泛用于 NAFTA 附件 2 中。我国在今后的 FTA 谈判中,也要注重措辞的灵活性,比如,可以维护国家公共秩序或保护弱势群体为理由,设置例外条款;在措辞上多使用"不限于以上情况"、"包括但不限于"等宽泛而不具体的语言描述,使我国在以后拥有更多的自由裁定权。

第五章
功能监管与金融领域国家安全审查实践

一、美国：严密的国家安全审查网

美国的安全审查文件分为两大类，第一类是原则性法规，包括 2007 年《外国投资与国家安全法案》(FINSA)及其实施细则——2008 年《外国人兼并、收购和接管规则》；第二类是操作性规定，主要包括《外国投资委员会国家安全审查指南》等文件。

《外国投资与国家安全法》第一节对"国家安全"进行了规定，即"对于国家安全的含义应被解释为与国土安全有关的问题，而且应当包括对关键基础设施的影响"，大致可把国家安全理解与国防安全高度相关，以保护本国战略安全为核心。由于该规定十分宽泛，为了便于操作，进一步规定了总统和外资委员会在审理具体案件中应当考虑的因素。这些规定均为描述性表述，定义不清晰，审查通过个案具体分析的方式进行，导致外资投资委员会和总统有充分的自由裁量权，并可能因政治目的而滥用这项权力。

1988 年通过的"埃克森—费罗里奥修正案"赋予美国总统对外资审查与限制的权力，标志着美国国家安全审查制度正式建立。审查对象集中于影响"重要基础设施"和"关键技术"的交易，以及可能导致外国政府或代表外国政府的实体控制某些行业的交易。"银行及金融业"在"重要基础设施"范围之列，外资进入也需经过国家安全审查。外资并购须同时满足"仅以消极投资为目的"和"所购权益低于 10％"这两个条件，才能免受安全审查。

1975 年美国成立了外国在美投资委员会(CFIUS)，作为美国联邦政府负责对外资并购进行国家安全审查的跨部门机构。投资委员会的人员几乎囊括了美国经济和安全要害部门的全部高官，由美国财政部长任主席，常设成员包括司法部长、国土安全部长、商务部长、国防部长、国务卿、能源部长、贸易代表和白宫科技政策办公室主任。

外资委员会主要围绕三条标准开展调查:(1)该交易是否涉及外国人、可能造成外国人控制跨州经营的美国人;(2)是否有证据表明,对被投资并购的美国人实施控制的外资可能会有损害美国国家安全的行为;(3)有关法规能否保护国家安全。2007 年《法案》规定了准强制性调查情形、强制考虑的审查因素等,并且对涉及外国政府投资的监管更加严格。

安全审查程序一般包括四个阶段,每一阶段都有严格的程序和期限规定,整个期限不超过 90 天。一是通过申报或通报启动审查程序。可通过申报或通报两种方式启动。申报是由投资并购的交易方主动申请。通报是指一旦委员会的任何一家成员机构认为涉及金融业的交易可能损害国家安全,即可提请委员会启动安全审查。二是初审。外资委员会成员机构对交易进行审查,形成各自的意见后汇总到外资委员会进行综合评估,决定是否对交易进一步提起调查。三是调查。完成调查后,外资委员会向总统提交报告和行动建议。四是总统决定。收到外资委员会提交的报告后,总统主要根据其建议做出决定,并向国会递交书面报告,说明决定的内容和原因,接受国会监督。2008 年《规则》又增加了申报前磋商、缓冲协议以及重新审查三道新程序。

根据 CFIUS 公布的数据,2012 年至 2014 年间,受到审查的 358 笔交易中有 68 笔涉及中国投资者。位居第二的是来自英国的收购申请,共有 45 笔。2014 年提交美国安全审查的案件急剧增加,达 147 起,比 2013 年增加 50%。

二、其他国家:程序不一、各具特色

(一) 德国的安全审查制度

德国于 2008 年通过了对《德国外国贸易与支付法》(AWG)的修正案,该修正案在获得议会批准后,于 2009 年 4 月 24 日正式生效,从而建立起外资并购安全审查制度。这一法律修改是 2008 年关于外国主权财富基金与其他外国投资者在德国投资的激烈争论的结果。根据这一立法,当欧洲境外的投资者收购德国企业或者获得其 25% 以上的表决权时,如果这一收购构成对德国安全或者公共政策的威胁,则德国经济与技术部有权禁止该项交易。

德国的安全审查程序曾被英国《金融时报》称为是美国外国投资安全审查程序的精简版本。修正后的 AWG 从两方面明确了列入国家安全审查的并购范围。一是,确定了受到审查的并购的门槛。该法适用于外资对德国企业的直接收购与间接收购，只要投资方收购目标企业的投票权达到 25％以上，就可以纳入国家安全审查的范围。在确定是否达到 25％的投资门槛时，如果投资方与其关联企业均持有目标企业投票权，持有的投票权可以合并计算。二是，当并购方为"非欧盟居民并购方"时，德国经济与技术部有权对其进行审查。这里的非欧盟居民并购方是指并购方来源于欧盟以外，或者来源于欧盟自由贸易联盟（Europe Free Trade Association，EFTA）之外。如果并购方来自于欧盟内部，但持有并购方表决权 25％以上的股东来自于第三国，或者有证据表明存在规避德国经济与技术部审查的安排或者交易，则德国经济技术部有权对其进行审查。

德国国家安全审查程序包括初审和复审。德国经济与技术部在收购协议签订日、收购要约公告日或者收购公告之日起 3 个月内，进行初步审查。如果在初审中发现该收购需要进一步审查，应将其进行复审的决定通知收购方，并可以要求收购方提供全部收购文件。复审的期间为收到全部收购文件之日起 2 个月内，如果该部认为收购危害德国的公共政策与安全，则可以暂停该交易或者对并购附加限制条件。该暂停交易或者对并购附加限制性条件的决定的生效须经联邦政府批准。对于经济与技术部在安全审查中做出的所有决定都要经过德国行政法庭的司法审查。

除了在军工等特殊领域内实施的并购交易外，收购方没有主动申报并购交易的义务，但当事人没有主动申报而进行的并购交易，在经济与技术部依职权审查后，有被禁止的风险。

（二）加拿大的安全审查制度

加拿大规范外国投资的专门立法为《投资加拿大法》，根据该法，收购加拿大企业或者在加拿大设立新企业的投资人必须通知加拿大政府，在某些情况下，必须在进行投资前获得批准。2009 年 3 月前，该法中并不包括基于国家安全原因对外国投资进行审查的内容。但在实践中，加拿大政府仍然以国家安全为由限制并购的进行，如在 2004 年，中国五矿集团公司试图并购加拿大矿业巨头诺兰达公司，加拿大政府便对该交易展开严格审查，导致五矿集团最终放弃该交易。2008 年，加拿大政府阻止美国主要的军火供应商阿莱恩特技术系统公司收购加拿大 MDA 公司太空技术部门，其理由是此项收购将对加拿大监测北极地区边境的能力产生损害。

2009 年 3 月，加拿大对《投资加拿大法》进行了修订，创设了对外资投资的国家安全审查程序。之后，又制定了该法的两个配套条例——《加拿大投资条例》和《投资国家安全审查条例》，前者主要规定了非加拿大居民在根据《投资加拿大法》进行申报时，应当提供的信息以及提供的方式；后者规定了工业部部长与总督启动安全审查、进行安全审查,以及发布命令保护国家安全的时间要求,并列明在进行国家安全审查时可以有权参与调查的机构名单。根据上述法律,在加拿大的外资投资必须满足两个条件:一是,投资应使加拿大获得"净收益";二是,投资不得"有害国家安全"。

《投资加拿大法》第 4 章对外资并购的国家安全审查程序进行了规定。国家安全审查程序适用于非加拿大居民投资人,当工业部部长有合理理由确信由非加拿大居民进行的投资将有害国家安全时,工业部部长可以在规定期间内向该非加拿大居民发出通知,对其进行投资审查,并可以要求其提供材料,被调查的投资人有权进行申辩。

如果工业部部长经调查,并征询加拿大公共安全和紧急情况准备部部长后,如果认为该投资确实有害国家安全或者仍需进一步调查,可将该案件送交总督进行进一步调查,总督则有权停止该项交易,增加交易条件或者命令投资者退出对收购企业的控制。其中,工业部部长启动投资审查的期间为 45 日,如认为需进行总督调查,则通知投资人的期间为 25 日,总督调查期间为 45 日,如认定有害国家安全,总督发出停止交易命令的期间为 15 日。在安全审查过程中,总督做出的决定和命令以及工业部部长作出的决定均为最终决定,免于联邦法院司法审查,也不得向任何法院上诉或被审查。

(三) 法国的安全审查制度

2000 年,法国曾以外资对法国科学教派的入资损害公共安全利益为由禁止该项投资。随后,欧盟法院判定法国对外资投资的禁止违背了欧盟条约关于资本自由流动的规定,要求法国应清理其有关投资限制的法律。因此,法国于 2004 年制定了 2004—1343 号法律,改革了外国投资审查程序。2005 年 12 月,法国发布了第 2005—1739 号法令,作为《法国货币和金融法》的配套规定。该法令明确在 11 个行业中,当外国投资者准备获得其控股权或特定部分股份时,应受到基于"公共秩序、公共安全、国家国防利益"的审查。

法国负责投资安全审查的部门是经济、金融与劳动部。有三种情况的并购要受到法国国家安全审查:(1)收购总部位于法国的公司的控制权;(2)收购总部位于法国的公司的分支机构;(3)收购公司总部位于法国的公司的 1/3 以上股本或者控制权。依 2004 年法国外国投资法的规定,当外资并购涉及以下 11 类"战略性产业"时,应当接受国家安全审查:(1)博彩业;(2)政府管制的保安护卫业;(3)研发对恐怖分子可能使用生化攻击手段的防护方法并制造相关物质的产业;(4)窃听、窃照及监听器材产业;(5)与信息系统或者产品安全有关的审核服务业；(6)为关键的国有或私营公司提供信息系统或服务的产业；(7)与军民两用的技术或项目的相关产业；(8)提供密码产品或服务的产业；(9)有关私人保密信息的产业；(10)生产、研发、销售武器弹药、可用于军队或战争爆炸物质或其他禁限材料的行业；(11)与国防部有任何形式的合同或承包关系的企业所进行的可以军民两用的技术、项目或上述武器弹药的研发生产销售有关的行业。

法国安全审查的期间是 2 个月，如果经济、金融与劳动部未能在该期间内完成安全审查，则该交易被自动批准。2 个月的计算期间从投资人应要求提供了全部的文件之日起计算。在审查期内，法国政府部门会与投资人进行非正式的会谈，投资人也可以提交修改的收购方案以获得批准。在该部门不批准并购交易的情况下，根据法国法律，投资人拥有就该决定向法国行政法院提起上诉的权利。此外，如果投资人认为不批准交易的决定违反了欧共体条约，也可以向欧盟法院提起诉讼。但自国家安全审查法令实施以来，还没有投资人提起过行政诉讼或者欧盟法院诉讼。

(四) 英国的安全审查制度

英国尽管没有专门针对外资并购的国家安全审查制度，但英国政府有权根据多部相关法律阻止危害国家利益的并购交易。

英国 1975 年《工业法》规定，当英国的重要制造业企业的控制权转让给非英国居民，从而与"英国的利益"相抵触时，英国政府有权禁止该转让。在实践中，英国政府并未行使过该法所授予的权力。另一部与并购的国家安全审查紧密相关的法律是 2002 年《企业法》，该法已经更新和取代了英国 1973 年《公平贸易法》关于公共利益的审查规定。尽管《企业法》中关于政府对企业合并方面的规范的本意是维护市场竞争和反垄断，但该法在修订后，明确规定当并购交易涉及国家安全时，英国国务大臣有权基于公共利益发布干预通知，进行调查。在《企业法》于 2003 年实施后，英国国务大臣基于国家安全原因发布过 7 次干预通知。前 6 次干预均与军事项目有关，其中有 5 次除国家安全理由外，都同时涉及反垄断的干预理由。第 7 次涉及对电视广播公司的收购，该案经根据企业法设立的竞争委员会审查并向国务大臣提交意见，国务大臣最终认定该收购违反公共利益，要求部分转让其股份。

(五) 日本的安全审查制度

日本《外汇与外贸法》制定于 1949 年，并在 1991 年进行过较大修改，该法是日本政府据以进行外资投资安全审查的主要法律。该法规定,政府部门在发现外国投资如有害于日本的国家安全、公共秩序、公共安全以及经济的平稳运行时,有权禁止外资进入或者设置条件。该法授权金融部和工业部审查外资并购,在收到外国公司收购意向通知后 30 日内审查相关交易。如果投资者在 30 日内未收到审查结果,则该收购被自动批准。但如果审查部门认为确有必要,可以延长这一期间到 4 个月。日本允许就并购项目进行公开听证,对并购审查意见,投资者可以提起行政复议,对复议结果不服的,可以提起诉讼。

(六) 意大利的安全审查制度

意大利外商投资安全审查机制主要针对国防、国家安全、公共安全、国家重要战略利益的行业和企业,涵盖行业主要有国防、能源、交通、通信等。主要法律法规包括:

2012 年 3 月 15 日第 21 号立法法令。该法令是意大利外商投资安全审查方面最基本的法律制度,规定对涉及国防和国家安全相关企业具有战略重要性的活动,以及能源、交通和通讯行业中持有战略重要性资产的企业,意政府具有审查和最终决定权等特殊权力。行使这些特殊权力的情形包括:在上述战略性行业中企业的股权被非意大利国有或公共机构收购;根据股东决议实施合并、分拆、企业分支机构移让、企业变更和解散、经营目的变更以及修改企业章程。如意政府审查认为相关行为损害国防和安全利益,有权在信息安全、技术转让以及出口控制方面施加特别条款,否决有关并购和股东决议。

2014 年 2 月 19 日第 35 号总统令。规定了审查和限制外商投资国防和国家安全行业的具体实施部门和审查程序。根据该总统令,意经济财政部作为股东(黄金股权),有权对其直接或间接持股企业的外商投资项目行使审查和否决权。意国防部和内政部有权对其他企业的外商投资行使相关权利。同时,该总统令还规定了具体监督及处罚程序。

2014 年 3 月 25 日第 85 号和 86 号总统令。前者确定了能源、交通以及通讯等行业的战略性资产范围以及意政府安全审查权的适用范围,后者对意政府在上述行业行使安全审查权做出具体规定。

2014 年 6 月 6 日第 108 号部长会议主席(总理)令。该总理令确定了国防和国家安全方面具有战略重要性活动的范围。

表5　主要国家的国家安全审查制度比较表

	美　国	德　国	加拿大	法　国	英　国	日　本	意大利
安审文件	2007年《外国投资与国家安全法案》(FINSA)、2008年《外国人兼并、收购和接管规则》等	对《德国对外国贸易与支付法》(AWG)的修正案	《投资加拿大法》、《加拿大投资条例》和《投资国家安全审查条例》	2004—1343号法律、2005—1739号法令	没有专门针对外资并购的国家安全审查制度,但有多部相关法律,如1975年《工业法》、2002年《企业法》	《外汇与外贸法》	2012年第21号立法法令、2014年第35号总统令、2014年第85号总统令和2014年第86号总统令、2014年第108号部长会议主席(总理)令
安审概念	以国防安全、战略安全为核心	对安全及公共政策的威胁	无明确定义	基于"公共秩序、公共安全、国家国防利益"	无明确定义	国家安全、公共秩序、公共安全以及经济平稳运行	国防、国家安全、公共安全、国家重要战略利益
安审主体	外国在美投资委员会(CFIUS)、总统和国会	德国经济与技术部	工业部部长(征询加拿大公共安全和紧急情况准备部部长)与总督	经济、金融与劳动部	根据企业法设立的竞争委员会、英国国务大臣	金融部和工业部	意经济财政部、国防部和内政部

续表

	美　国	德　国	加拿大	法　国	英　国	日　本	意大利
安审对象	集中于影响"重要基础设施"和"关键技术"的交易,以及可能导致外国政府或实体控制外国内的某些行业的交易	非欧盟居民并购方收购目标企业的投票权达到25%以上	金融、能源、交通及通讯与文化四大敏感行业	涉及三类并购:(1)收购总部位于法国的公司的控制权;(2)收购总部位于法国的公司的分支机构;(3)收购法国的公司总部的1/3总股本或者控制权,涉及11类"战略性产业"	非英国居民并购英国重要企业	日本于2007年修改了相关的政省令和告示,导致审查范围扩大和大和明确	涉及国防和国家安全相关企业具有战略重要性的活动,以及能源、交通和通讯行业中持有战略资产的企业
安审内容	(1)该交易是否涉及外国人,可能造成外国人控制跨州经营的美国人;(2)是否有证据表明,对被投资并购的美国人实施控制的外资可能会有损害美国国家安全;(3)有关法规能否保护国家安全	如果该并购危害公共政策与公共安全,可以暂停交易或者对并购附加限制条件	外资投资必须满足两个条件:一是,投资应使加拿大获得"净收益";二是,投资"不得"有害"国家安全"	(1)获得控股权或特定部分股份情况;(2)公共交易对于法国"公共秩序、公共安全、国家国防利益"的影响	当英国的重要制造业企业的控制权转让给非英国居民,从而与"英国的利益"相抵触时,英国政府有权禁止该转让	是否威胁国家安全、是否威胁公共秩序、是否危害公共安全、是否危害日本经济的顺利发展	战略行业中企业的股权被非意大利国有或意大利收购、根据股东决议实施合并、分拆、企业分立、机构移让、支机构解散,企业变更和修改经营目的变更以及修改企业章程
安审程序	包括申报或通报、初审、调查、总统决定,以及申报前磋商、缓冲协议、重新审查	初审、复审、国行政法庭的司法审查	通知、调查、征询、决定	审查、会谈、批准决定、上诉	发布干预通知、调查、认定	收购意向通知、审查、自动批准、公开听证、行政复议、诉讼	审查、通过或否决。

三、可供借鉴的金融安全审查做法

从国际经验看,对于金融领域国家安全审查已经形成若干重要共识,对于我国推进相关制度建设具有借鉴价值:

一是金融作为外商投资的重点应当尽快纳入国家安审范围。考察表明,绝大部分国家都将金融业交易作为国家安全审查的重点关注领域。从美国 CFIUS 受管辖交易的行业分布情况来看,"制造业"与"金融、信息和服务业"占所有产业的比重是最大的。2005—2011 年的数据表明,在这六年中 CFIUS"受管辖交易"中制造业的比重为 43.8%,其次是金融、信息和服务业,占比为 34.2%。

二是金融可以纳入统一的安审法律框架,尚未发现单独立法案例。由于国家安全审查本身在概念、边界方面具有一定的模糊性,审查标准不便完全对外公布,加之金融领域的银行、证券、保险、类金融等业态差异较大,分业态制定详细的金融领域安全审查标准难度较大。从国际惯例看,更倾向于把立法重点放在统一操作程序方面,各行业适用同一部安审程序性法规,在申报、通报、结果通知等环节建立统一的前台操作部门,提高审查专业性与效率,分行业的具体审查标准由主管部门内部掌握为主。对于大国而言,部分行业规模大、管理体系复杂、审查量大时,可考虑在统一的安审法律框架下成立独立小组,以弥补大一统安审框架的部分不足。

三是科学把握监管审批、反垄断审查与国家安全审查的关系,建立明确的分工合作体系。三者都与外商投资金融企业有关,在对象和范围方面存在一定重合。从国际经验看,当对象出现重合时,外商投资首先接受国家安全审查。如果不能通过该审查,就无需进行其他审查。具体审查时鼓励跨部门联合行动。在审查内容方面避免重复,力求形成较为清晰的边界。以美国为例,监管审批关注资本和财务、并表监管、竞争影响、管理资源、信息披露与反洗钱等因素,反垄断审查关注竞争影响、垄断协议和滥用市场支配地位因素,国家安全审查主要关注国土安全和战略利益。

四是合理把握"金融领域国家安全审查"、"金融部门评估规划"与"金融安全网"等概念之间的内在区别,避免混淆。"金融领域国家安全审查"强调的是深入评价一个金融领域投资并购交易在不同层面对于国家安全的综合影响,评估角度包括国防安全、经济稳定运行、社会基本生活秩序、国家文化安全、公共道德、网络安全、国家安全关键技术研发能力,强调由各部门联合作出评价,具有最大程度的灵活性、应变性。

"金融部门评估规划"（Financial Sector Assessment Program，FSAP）是在总结亚洲金融危机教训的基础上，由国际货币基金组织和世界银行于1999年5月推出的计划，根据《货币与金融政策透明度良好行为准则》、《有效银行监管的核心原则》等9个标准和准则，从宏观经济政策的稳健性和透明度、审慎监管对金融机构稳健运行的影响、金融基础设施（包括公司治理、会计和审计标准等）的有效性等方面评估金融体系是否稳健。

"金融安全网"最早由国际清算银行（BIS）在1986年提出，广义的金融安全网包括央行最后贷款人、监管机构的审慎监管、存款保险制度以及金融机构破产处置等支柱。

五是国家安全审查天然带有一定的交叉性、跨界性，强调跨部门联合评估。一国金融监管部门有权参与非金融机构并购的安全审查。例如，本土银行的核心系统供应商虽非金融机构，但对于一国国家安全具有重要影响，其被并购时应当接受银行监管部门的安全审查。为一国重要军工企业提供政策性贷款的银行虽非军工企业，但被并购时应当接受国防部门的安全审查。央行与金融监管部门之间的信息共享乃至联合审查也被视为很有必要。

六是应当在扩大开放与维护安全之间寻求平衡，审慎把握国家安全审查范围。美国FINSA补充修正了1950年美国国防产品法中第721条相关规定，以强化国家安全审查。增加了诸多新定义，例如"受管辖交易"、"外国政府控制的交易"、"国家安全"、"关键基础设施"、"关键技术"投资等等，所有这些都被纳入了国家安全审查范畴。但在双方互不信任情绪加剧的大背景下，可能出现滥用或误用国家安全审查来阻止外国投资的风险。滥用国家安全审查来武断地判定合法的商业交易，只会招致对方国家采取类似的反制措施，从而造成恶性循环，有损外国投资。就这一点来说，一国应坚持审慎原则，采取切实措施确保实施国家安全审查的透明度和连续性。

七是应当未雨绸缪，前瞻性地把握和平时期与战争时期国家安全审查运行机制的差异。当今世界仍然存在爆发局部战争的可能性。一旦进入战争状态，交战国之间的外交关系、经济贸易等关系即告断绝，原签订的协议也告中止，双方撤回外交人员和侨民。进入战争状态一般根据军队全军战备情况区分为四级战备、三级战备、二级战备、一级战备。因此，国家安全审查机制应当保留一定灵活性，在战争时期有权根据需要扩大对相关国家的审查范围和限制措施。

中国探索篇

　　当前中国需要的不是一次简单的金融监管体系的"积木重搭",而是一场从上到下、从外到内的深层次、全面性改革。唯有如此,才能摆脱长期以来的制约因素,为金融大国崛起奠定坚实基础。

　　本篇一共包括四章。第六章立足于数量分析、现实案例与主要挑战,全面回顾了中国过去的功能监管探索实践,分析加快推动中国金融功能监管改革的历史必然性。通过首次界定中国式金融运动式治理悖论,分析深层次制约因素,并构建中国金融监管有效性指数,进行了富有价值的实证分析。第七章回顾了新时期中国金融综合监管改革的主要思想与探索历程,指出综合监管实践对于理论的新发展。第八章以167份调查问卷为基础,了解业界人士对于我国金融综合监管改革方案的看法。第九章对进一步完善改革方案提出了八个方面的建设性政策意见。

第六章
全球功能监管实践对中国的借鉴意义

一、中国"金融运动式治理"悖论

长期以来,我国存在独具中国特色的"金融运动式治理悖论"现象。一方面,金融监管部门在不断地部署名目多样的"专项行动"、"专项整治"、"专项执法",针对暴露出的问题积极作为。另一方面,"运动式治理"成为一种习惯,在当前金融业治理工具选择中持续盛行,又在一定程度上延迟了对于金融监管体系变革的深度思考,加大了治理范式转变的难度系数,进一步催生出更多待治理的金融问题和风险。

鉴于此,我们有必要对"金融运动式治理"的传承路径、作用机理以及对国家金融治理现代化的影响进行深入的探究。

(一)"金融运动式治理"的传承路径

改革开放之后,行政领域中针对突出社会问题的"运动式治理"得到了延续和保留。各种"严打"、"集中整治"、"专项行动"等在当今的治理中仍然是使用频率颇高的治理工具。

金融专项治理活动已经成为中国金融领域的常态性活动。2015 年以来,银监会先后开展"打击银行卡非法买卖专项行动"和"打击治理电信网络新型违法犯罪专项活动";证监会部署"证监法网专项执法行动"、"券商场外配资专项现场检查"、"股权众筹专项检查"以及"维护股市稳定"专题工作。2016 年 2 月,国务院发布《关于进一步做好防范和处置非法集资工作的意见》,要求对非法集资大案要案依法打击。2016 年 3 月,保监会出新规叫停 1 年期以下万能险。2016 年 4 月,国务院组织 14 个部委召开电视会议,在全国范围内启动有关互联网金融领域的专项整治,为期 1 年。2016 年 4 月,三大期货交易所又联手采取专门措施为商品期货降温。

（二）"金融运动式治理"模式长期存在的原因

"运动式治理"在金融领域之所以不断地老树开新花，其中缘由是多方面的，最根本的是中国常态治理与监管能力的不足。

首先，"运动式治理"的方式是对金融风险问题的回应性宣示。一些金融问题是长期积累下来的痼疾，很难在短时间内药到病除，社会民众身受困扰，关切度很高。比如非法集资问题，事关广大民众财富损失与身心健康，社会关注度极高。这时候采取的运动式治理方式，可以展示对这些问题的高度关注与重视的态度，是对民众需求的一种回应。

其次，这种方式是集中力量下猛药，短期绩效明显。"运动式治理"常常通过政治动员的方式来发起，集中多部门人力、物力和财力，短时间内强势作为。"运动式治理"的暴风骤雨必然收到明显的短期效果，回应了舆论压力，迎合了对任期内绩效、短期绩效的追求；同时，还要看到的一点是，"运动式治理"可以弥补常态治理能力的不足。当正常的制度、机制不能奏效时，运动式治理可以打破体制机制局限，通过临时机制来缓解问题，起到打补丁的作用。

再次，存在显著的路径依赖。在公共管理理念和工具广为传播的今天，"运动式治理"在中国金融治理工具箱中仍然占据着重要的地位，当金融领域出现要解决的重大风险议题时，"运动式治理"成了熟悉的、驾轻就熟的选择。

（三）"金融运动式治理"对监管体系现代化形成伤害

尽管"运动式治理"的盛行有其存在的理由，但是，"运动式治理"与国家金融监管现代化的内在追求是相悖的。它会对金融监管体系现代化造成五个方面的伤害：

第一，"金融运动式治理"的滞后性可能造成无可挽回的财富损失，有悖现代治理的高效追求。"运动式治理"常常是集中多方资源，以高强度的投入争取迅速见效。一方面，对交易所的清理整顿、对互联网金融的治理都是风险已经积累到一定程度时才"出手"，未来还将面对金融科技（Fin Techs）快速发展等因素带来的巨大挑战。从2014年7月"e租宝"上线至2015年12月被查封，"钰诚系"相关犯罪嫌疑人以高额利息为诱饵，虚构融资租赁项目，持续采用借新还旧、自我担保等方式大量非法吸收公众资金。警方初步查明，"e租宝"实际吸收资金500余亿元，涉及投资人约90万名，遍及全国各省市，平均每人近6万元。泛亚交易所430亿巨额骗局亦让全国20多个省份22万投资者血本无归。

第二，"金融运动式治理"强调"全民动员"，形成较高的政府部门操作成本。

在后续阶段"出手"意味着政府体系的"全民动员",势必形成较高成本。"运动式治理"是只看结果不看成本的粗放型治理,而成本考量是现代政府治理的基本理念与追求。"运动式治理"减不下去,治理的成本就很难真正减下去。

第三,"金融运动式治理"常常是短期、临时的集体行动,缺乏稳定的组织、机制、资源支持,缺乏系统性,导致制度变革速度减缓。虽然可以猛药见效,可以弥补常态治理能力的不足,但无法达到长治的效果。假如"运动式治理"成为"常态",那么治理体系的系统性将经常性的受到破坏,体系与制度变革受到影响。

第四,"金融运动式治理"会侵蚀规则与法律的权威,与依法治理背道而驰。依法治理是国家治理现代化和金融国际化的路径选择,而"金融运动式治理"往往伴随着从重、从严的惩治思维,同样的违规行为,与常态相比,在"运动式治理"期间会受到更为严厉的惩罚,容易导致"一刀切"式误伤。这种惩治思维与法治思维中的公平理念是相冲突的。法规具有了弹性,也就失去了权威。"运动式治理"是"人治"的选择。

第五,"运动式治理"助长市场投机心理与行为,有碍现代金融治理长治、稳定的目标诉求,导致金融风险此起彼伏,形态不断变化。"运动式治理"的集中作为、短期行为特征,使违规者感觉过了这阵风就会雨过天晴,助长违规者的侥幸和投机心理。专项行动期间,违规者停止违规行为往往就能逃过惩罚。等专项行动过去后,违规行为又故态萌发、死灰复燃。例如,过去经常对非法集资和灰色配资进行运动式突击检查治理,但目前依然是治理的重点问题之一。

据最高人民法院数据,2015 年,全国破坏金融管理秩序罪、金融诈骗罪、传销犯罪案件大幅上升。新收非法吸收公众存款罪案件 4 825 件,增长 127.38%;妨害信用卡管理罪案件 844 件,增长 50.45%。新收集资诈骗罪案件 1 018 件,增长 48.83%;骗取贷款、票据承兑、金融票证罪案件 1284 件,增长 44.43%;保险诈骗罪案件 422 件,增长 33.54%;信用卡诈骗罪案件 11 782 件,增长 12.28%。新收组织、领导传销活动罪案件 1 493 件,增长 30.74%。

借款合同纠纷案件、涉金融案件大幅增长。2015 年,新收民间借贷纠纷案件 1 536 681 件,增长 41.48%;金融机构同业拆借案件 9 873 件,增长 10.8%;企业之间借款案件 12 278 件,增长 3.87%;其他借款合同纠纷 802 738 件,增长 24.09%。涉金融案件大幅增加。其中,融资租赁合同纠纷案件 18 503 件,增长 61.61%;信用卡纠纷案件 169 045 件,增长 74.28%;保险、典当、担保合同纠纷案件的增幅均在 15% 以上。

以上现象与数据都表明,尽管在当前阶段开展专项治理有其必要性,但单独的"金融运动式治理"并不能收到长期根治的效果,无益于金融治理现代化长治目标的达成。

一审借款合同纠纷收案数量(万件)

图11　2005—2015 年一审借款合同纠纷收案情况

(四)"金融运动式治理"的转变路径

我们不可能以"运动式治理"的方式来追求"法治"、简政放权改革的理想。党的十八届四中全会提出的依法治国方略实质是国家治理范式转移的一种政治宣誓。那么,如何实现治理范式的转变呢?立刻、完全禁止"金融运动式治理"是不可能做到的,也不是一项理性的选择。合理的策略应当是对公共事务和议题进行分类,不同的问题采用不同的治理模式。一类是经常发生和出现的公共议题,比如非法集资、监管重叠、监管套利、普惠金融、信息共享、金融基础设施建设、市场协同发展等等。就对这类问题需要建标准、建制度,实施常态治理,着力制度的实施。假如以"金融运动式治理"来应对经常发生的金融问题,结果只能雨过地皮湿,治标不治本。此类问题应禁止采用"金融运动式治理"。

另一类金融问题属于偶发性、应急性议题,比如次贷危机传导、对冲基金恶意做空等突发事项。此类金融议题可以组成临时机构,整合不同部门,集中各类资源,以"金融运动式治理"的方式加以应对。但这类公共议题解决的如何,基础还在"常态治理"。比如,金融基础设施完备、人们投资知识日常普及扎实,临时应对就会相对容易。所以,分类应对的策略实质上是一种渐进转变的路径。

随着金融制度的健全和切实执行,常态治理的能力必须要日渐加强,偶发性、应急性金融问题才会随之减少,从"运动治理范式"向"常态治理范式"的转变也才会随之而来。

二、中国金融监管有效性指数构建及实证

(一) 编制金融监管有效性指数的意义

构建金融监管有效性指数主要有两个意义。一是为世界各国正在进行的金融监管改革提供理论依据与政策建议。针对 2008 年国际金融危机,各国都正在或即将进行金融监管体制改革。现有理论对金融监管体制的比较研究多采用定性的分析框架,其基本思路是通过对不同监管体制之间的优缺点分析来做出评价。不过,定性分析很难对金融监管改革的效果进行评价并得出有说服力的结论,且缺乏前瞻性,这使得各国金融监管研究往往滞后于金融业的发展,导致金融监管改革呈现"危机导向型"特征。二是科学评价金融监管改革的需要。2000 年以来,美国由于金融监管的疏漏,最终引发了席卷全球的金融危机。为此,美国于两年后颁布了《多德—弗兰克法案》,该法案是否起到了大家期待的效果,目前还没有一个有效的定量评价方法。因此,对一国的金融监管有效性进行评价,为金融监管改革提供依据和参考,也是非常迫切的需要。

有鉴于此,本书通过构建金融监管有效性指数,对金融监管体制进行定量研究,进而为金融监管改革提供理论依据,并发挥对金融监管改革的引导作用。同时,通过金融监管有效性指数动态监测一国的金融监管质量,在金融监管水平大幅下降时提出预警,进而使得金融监管改革更具前瞻性。

(二) 金融监管有效性指数的理论基础

目前理论界较为常用的衡量金融监管有效性的模型主要有两类:金融监管成本—收益模型和成本有效性分析模型。

金融监管成本—收益模型认为,金融监管都存在有效边界的问题,如果金融监管位于有效边界上或附近的一个区域内,那么它就可以产生正的综合效应;如果金融监管超过了有效边界或区域,或者离边界很远,那么金融监管就很有可能会产生负的综合效应。长期以来,各界一直在努力寻找能够有效分析金融监管效率,界定金融监管有效边界的量化方法。成本—收益分析法是目前研究这一问题时运用最多的方法。

实际上,金融监管的成本—收益分析的结果就是金融监管的效率问题,即用最低成本实现监管收益的最大化。但它的主要问题是在现实中要计算监管的收益以及由于没有实施监管而造成的损失是徒劳的,因为这种收益和损失是假想

中的,只具有理论上的意义而难以量化。同时,各国的金融监管还受到其他因素的影响,无法全部由监管的成本和收益来反映。成本—收益分析只是在理论上论证了如何寻找优化本国的金融监管,在实际操作中缺乏执行性。

鉴于成本—收益模型的缺陷性,随即替代产生了成本有效性分析模型。这种方法的基本想法就是在无法确定监管项目的具体收益大小时,可以用目标的完成程度取而代之,并计算出该收益与付出的成本之间的比例。如果能够同样有效地完成目标,成本较小的方案要优于成本较高的方案。因此,可以用有效程度与成本之比的最大化,替代原有的成本—收益分析下收益与成本的最大化目标。在这种分析方法下,虽然金融监管的收益仍难以量化,但由于其运用目标完成的程度(即监管的有效程度)替代了金融监管的收益,因此较为巧妙地避免了金融监管收益难以确定的难点,从而在总体上能运用其来判断金融监管是否有效。但它存在的问题是:一个国家金融监管目标往往是多重的,目标完成程度的衡量较为困难,目前还没有较为成熟的量化分析方法。

鉴于以上两种方法的固有缺陷,本书在发展成本有效性分析的基础上,提出金融监管有效性衡量的新方法:金融监管有效性指数分析方法。

(三) 金融监管有效性指数的构建框架

从监管目标来看,世界三大监管组织都制定了各自领域的监管规则。银行监管和保险监管较为强调安全性和公平性,而证券监管强调效率性和稳定性。之所以银行监管和保险监管不加入效率性指标,主要因为效率性和公平性、稳定性存在矛盾,特别是银行业,由于它是系统性风险的主要传播体,所以各国一般较少提及金融效率问题。但由于发展经济是各国的首要目标,而一个有效率的金融体系是经济发展的必要因素。因此,总结起来金融监管的目标总体应该包含三个:稳定性、效率性和公平性。

稳定性是指金融监管要确保金融系统的安全,避免金融风险的集聚、扩散和蔓延;效率性是指金融监管要确保金融系统的效率,促进金融系统的发展;公平性是指金融监管过程中要强调对金融消费者的保护,确保公平对待金融消费者。以上三个目标主要针对金融市场不完备性的三个方面。虽然金融监管主要有三个目标,但处于不同的层次,其中公平性目标应从属于稳定性目标和效率性目标,因为公平性涵盖于稳定性和效率性目标之内,如果一国金融业未实现公平性,从长期来看,该国金融业的安全性和效率性都会受到损害。根据金融监管的目标,可以构建一套金融监管目标实现程度的指标体系。

从监管成本看,参考英国金融服务局对监管成本的划分方法,并结合我国银行业监管实践,可从直接成本、间接成本和扭曲成本三个方面考察银行监管成本。①直接成本是由政府或监管当局所耗费的各种经济资源,这类成本主要用于制定监管规则以及实施监管、设立监管机构、救助问题机构等方面,具体包括立法成本、执法成本和处理问题机构的成本。间接成本是指被监管机构从事或执行监管机构要求的活动所引起的成本。这些成本在没有监管的情况下不会发生。扭曲成本一般具有隐性特征,短期内难以观察和衡量,此类成本主要包括生产者福利损失、消费者福利损失、道德风险、监管腐败及反腐败成本等多方面。

根据数据可得性和监管实践体会,可以通过构建下表所示的指标体系来量

表 6　金融监管有效性指数的分析框架

变量	一级指标	二级指标	简称	指标类型
分子:监管目标有效程度	稳定性(确保宏观经济稳定,维护金融系统安全,避免金融风险的集聚、扩散和蔓延)	1. 通货膨胀率(%)	CPI	逆向指标
		2. 国内生产总值增长率(%)	GDP	正向指标
		3. 银行不良贷款率(%)	NPL	逆向指标
		4. 股市涨幅(%)	SI	适度指标
	效率性(确保金融系统的效率,促进金融系统的发展)	5. 银行存贷比(%)	LDR	适度指标
		6. 银行资产利润率(%)	ROA	正向指标
		7. 银行收入成本比(%)	RC	逆向指标
		8. 股票交易额占 GDP 比重(%)	SAG	适度指标
	公平性(强调对金融消费者的保护,确保公平对待金融消费者)	9. 全国一审借款合同纠纷收案数量(万件)	LCD	逆向指标
分母:监管成本	直接成本(立法成本;执法成本;处理问题机构成本;宏观审慎管理成本)	10. 中央和地方一般公共预算金融监管事务支出金额(亿元)	ZFC	逆向指标
		11. 宏观审慎管理相关资产额(央行资产负债表部分项目合计,亿元)	CLC	逆向指标
	间接成本(总间接成本;增量间接成本)	12. 其他存款性公司间接成本(亿元,按资产余额0.5%计算)	IDC	逆向指标
	扭曲成本(生产者福利损失;消费者福利损失;道德风险;监管腐败及反腐败成本)	13. 贪污贿赂立案数(件)	TWL	逆向指标

资料来源:根据相关研究文献提炼整理。根据理论分析及监管实践体会,保险业指标不直接纳入分子,但在分母中均有所含括。宏观审慎管理相关资产的估算值＝对其他存款性公司债权＋央行其他资产,可反映央行在维持金融稳定方面的支出。

---

① 孟艳:《我国银行监管成本的量化研究》,《审计研究》2007 年第 4 期。

化监管目标有效程度与监管成本。这套指标体系包括 6 个一级指标和 13 个二级指标。一般来说,金融体系的稳定性将直接影响宏观经济的稳定,因此引入代表宏观经济稳定的通货膨胀率、国内生产总值增长率和银行不良贷款率指标来代表金融体系的稳定性。而金融业效率主要包括银行的效率和股票市场的效率,所以引入银行存贷比、银行资产利润率、银行收入成本比和股票市场交易额占 GDP 比重指标来代表金融业效率。考虑到监管有效对于纠纷的早期预防作用,可借用全国一审借款合同纠纷收案数量来表征公平性。成本指标的选取难度较大,根据宁缺毋滥、共识较高的原则,选用中央和地方一般公共预算金融监管事务支出金额、央行宏观审慎管理相关资产额来表征直接成本。对间接成本的计算,刘明志(2003)通过比较发现国有大型商业银行非利息支出与总资产之比平均上升了 0.5%—0.6%,而且证明这种变化不是经济周期变化引起的,而是金融监管造成的。据此推算,监管成本与金融机构资产存在一定的比例关系。故采用其他存款性公司资产余额乘以 0.5%计算间接成本。选用最高人民检察院公布的贪污贿赂立案数来表征扭曲成本。

(四) 中国金融监管有效性指数分析

当前,中国金融监管已经箭在弦上,研究中国金融监管有效性指数对于改革方案设计具有重要的借鉴价值,是金融监管指数应用的极好范例。

1. 原始数据的描述性统计

根据上述指标分析,在中国统计年鉴、中国人民银行及银监会统计数据中选取了中国 2010—2015 年金融业相关数据,运用 SPSS 软件对数据进行主成分分析,得到方差解释程度表和成分矩阵,再根据累计方差大于 85%的原则,选取前 3 个因子代替所有 13 个因子进行估计。然后,将标准化的原始数据矩阵与贡献程度向量相乘得到各主成分得分,最后将各主成分得分按照其方差贡献率加权平均得到综合得分,即中国的金融监管有效性指数。

需要解释的是,主成分分析法(PCA)比层次分析法(AHP)更适合金融监管有效性指数研究。因为,主成分分析法能较好地反映地区经济发展的综合情况,而层次分析法由于定权时存在主观因素,以及没有将经济变量的重复信息去除,导致其分析结论偏差较大。在处理相关度较高的经济变量综合指标问题时,用主成分分析法是一个相对更优的方法,能够更加清晰地了解地区经济金融发展综合状况,有效指导政策设计。

表7　二级指标原始数据一览

二级指标	2010	2011	2012	2013	2014	2015
通货膨胀率(%)	3.3	5.4	2.6	2.6	2	1.4
国内生产总值增长率(%)	10.60	9.50	7.70	7.70	7.30	6.90
银行不良贷款率(%)	1.14	1.00	0.95	1.00	1.25	1.67
股市涨幅(%)	−14.31	−21.68	3.17	−6.75	52.87	9.41
银行存贷比(%)	64.50	64.90	65.31	66.08	65.09	67.24
银行资产利润率(%)	1.03	1.30	1.28	1.27	1.23	1.10
银行收入成本比(%)	40.20	33.40	33.10	32.90	31.62	30.59
股票交易额占 GDP 比重(%)	133.44	87.09	58.90	79.60	116.74	330.79
全国一审借款合同纠纷收案数量(万件)	102.2	106.5	127.9	148.7	175.4	236.2
中央和地方一般公共预算金融监管事务支出金额(亿元)	637.04	649.28	459.28	377.29	502.24	514.29
宏观审慎管理相关资产额(亿元)	16 631.31	17 290.28	21 730.12	22 028.91	28 226.09	40 561.92
其他存款性公司间接成本(亿元)	4 808.04	5 689.34	6 684.31	7 623.76	8 610.15	9 957.78
贪污贿赂立案数(件)	22 503	22 390	23 445	25 434	28 947	35 460

资料来源:根据中国统计年鉴、中国人民银行及银监会统计数据整理。

2. 原始数据的标准化(正向化和无量纲化)

由于指标单位和性质的不同,无法直接进行横向比较,因此需要将这些不同质的指标进行标准化处理。原始数据的标准化包括指标正向化和无量纲化处理两方面。在多指标的评价中,有些指标数值越大,评价越好,这种指标称为正向指标;有些指标数值越小,评价越好,这种指标称为逆向指标;还有些指标数值越靠近某个具体数值越好,这种指标称为适度指标。根据不同类型的指标需要将逆向指标、适度指标转化为正向指标,此过程称为指标的正向化。指标正向化过程既可以在无量纲化前处理也可以在无量纲化时处理。逆向指标可以选用公式 $X'_i = (X_{max} - X_i)/(X_{max} - X_{min})$。其中,$X_{max}$、$X_{min}$ 分别为指标的最大与最小值。适度指标方面,叶宗裕认为正向化可以采用指标值减去适度值的绝对值的

相反数。①公式为 $Y_{xy} = -|X_{xy} - M|$ 。其中 Y_{xy} 为正向后数据，X_{xy} 为原始数据，M 为适度值。指标的无量纲化则是通过标准化处理，将不同的指标通过数学变换转化为统一的相对值，消除各个指标不同量纲的影响。常用的无量纲化包括：标准化法、均值法和极差正规化法。这里采用最常见的标准化法进行无量纲化处理。

3. 主成分分析

部分传统性、纳入导向目标的传统指标（如通货膨胀率）表现较佳，达到了预定目标，着实不易。纵向来看，中国正规金融监管的水平是逐年提高的。

但综合来看，受非传统、未完全纳入导向目标体系的指标影响，中国金融监管有效性指数是呈下降态势。近六年的峰值是1.88，出现在2011年，随后出现了一路下滑态势，在2014年首次出现负值，2015年大幅降至近六年最低值。这种数值的下滑与直观感受是一致的，反映了在非法集资、互联网金融和热钱游资等问题的挑战面前，传统的分业监管模式已经力不从心，难以有效应对。从监管对象看，对于依赖高杠杆和短期批发融资的非银行金融机构监管仍显不足。这不仅在于对非银行金融机构的数据统计和研究不足，还在于非银行金融机构和其他金融机构及整个金融体系的相互关联非常复杂，尚缺乏有效的金融风险模型进行分析预测。非法集资、互联网金融、热钱游资、地方政府融资平台成为金融领域重大不稳定因素。一些领域存在"准入无门槛、行业无标准、监管无部门、制止无措施"的"四无"现象。

实际上，这种监管有效性一路下滑的走势在美国也曾出现过。根据学者研究，2000—2009年美国的金融监管指数总体呈下降趋势，其中2000—2006年，美国金融监管指数表现为区间震荡格局，2006年之后便大幅下降。对应这期间美国金融业的表现，2001年网络股泡沫破灭，加之后来的安然公司财务造假、世界通信公司财务欺诈、施乐公司财务虚报案件，极大地打击了美国投资者的信心，影响了美国的金融监管质量。2002年，美国通过的《萨班斯—奥克斯利法》加强了对上市公司的监管，并强化了美国证监会的监管职能，使得美国的金融监管指数有所提高。2007年，由于受到次贷危机的影响，美国的金融监管指数不断下滑，说明美国的金融监管已经完全不能适应其金融业的发展要求，于是2009年美国通过了《多德—弗兰克法案》，希望能够加强和

---

① 叶宗裕：《对主成分综合评价方法若干问题的探讨》，《浙江师范大学学报（社会科学版）》2006年第6期。

改善美国的金融监管。①

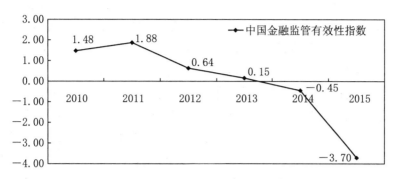

图 12　中国金融监管有效性指数

三、中国金融监管体系面临的现实挑战

（一）主要挑战

主要挑战之一：推进监管框架改革

现行监管框架的本质特征是分业设置、相对独立、机构监管、资源分散，造成许多问题，引发了加快推动金融监管改革的呼声：

一是金融市场管理分割。目前中国的金融市场分割较为普遍，最突出的表现是存在功能类似的多个市场，各自划分势力范围，或同一市场的监管权争夺激烈，部门利益平衡延缓改革进程，实质性创新政策难以推出。②如 2010 年 9 月，为有效盘活信贷资源，人民银行指导银行间同业拆借中心推出全国银行间市场贷款转让平台，2010 年 10 月，银监会以规范银行业金融机构信贷转让业务为由，造成该业务实质停滞。2014 年 8 月，银监会推出功能类似的银行业信贷资产登记流转中心，形成信贷转让市场分割局面。

二是政策资源重复浪费。由于人民银行、银监会两个不同的部门同时制定信贷政策，行业主管部门会分头和两个部门合作，客观形成竞争关系，争相就不同行业（如房地产、水利、铁路、光伏、文化、农业、服务业等）不同领域（如循环经济、绿色

---

①　张鹏等：《金融监管指数构建及其对美国的检验》，《国际经济合作》2012 年第 2 期。

②　卜永祥：《金融监管体制改革研究——监管体制问题的现实表现》，财新网 http://www.opinion. caixin.com，访问日期：2016 年 2 月 29 日。

信贷、小微企业、扶贫等)出台政策,导致政策资源重复浪费,信贷政策缺乏延续性和稳定性。如 2009 年 5 月,为贯彻落实中央精神,人民银行、财政部、银监会、保监会、林业局联合出台了《关于做好集体林权制度改革与林业发展金融服务工作的指导意见》,2013 年 5 月,银监会又牵头国家林业局出台了《关于林权抵押贷款的实施意见》,结果使得很多地方在落实时无法认定应参照哪个政策执行,造成实施层面实质性停滞,影响了中央关于推进集体林权制度改革部署的有效推进。

三是监管发展职责混淆。分业监管情况下的行业竞争使部门"监管"和"发展"职责混淆。如,为了给几经清理整顿后无所作为的信托业找业务,对其发展影子银行采取了放任态度。证券业发现这个机会后,也放手让证券公司、基金公司开展资产管理等通道业务,最终导致影子银行无序扩张,形成较大风险。又如商务部监管的融资租赁公司、商业保理公司数量快速增长,监管质量难以跟进,引发"e租宝"等重大风险事件。

四是提高宏观管理压力。监管部门带着机构搞发展、自建市场,阻碍了真正统一市场的形成,导致一些机构游走于各个市场钻空子、进行监管套利,不利于统一市场下发挥市场在资源配置中的决定性作用,也不利于宏观调控的实施与传导。如利用信贷资产支持证券跨市场发行,推动中央国债登记结算有限责任公司直联上海证券交易所,市场普遍认为这是在现有的市场之外建立了一个场外市场。又如在全国统一的货币市场和债券市场运行高效的情况下,推动商业银行进入其他交易场所,再造一个新的货币市场和债券市场。

主要挑战之二:加强跨国金融协调

随着中国经济体量的增长、经贸一体化的加深以及人民币国际化的推进,如何参与和加强跨国金融监管与政策协调成为迫切挑战:

一是加强跨国货币政策协调。从 2007 年以来主要国家央行资产负债及货币总量的变动情况看,各国货币政策已经呈现较大差异,取向出现明显分化,推动国际资本大规模流动和套利,容易加剧金融市场的动荡。因此,如何加强主要经济体货币政策的协调成为国际经济金融的重大课题。

二是加强金融风险联合研判。在全球金融危机爆发后,长时间实施强烈扩张性货币政策和财政政策,进一步扩大货币投放和产能建设,会不会在抑制眼前的金融动荡和经济衰退的同时,积累更加严重的危机因素,引发更加严重的全球金融危机和经济危机?货币扩张可能产生哪些副作用?需要各国加强风险联合研判,共同应对可能爆发的金融风险。

三是加强风险跨国传导研究。对中国经济金融而言,去杠杆可能带来的真正考验刚刚开始,今后面临的挑战将更加突出。对此,不仅中国需要高度警惕,提前做好最坏打算,对未来经济目标和宏观政策应该如何把握,中国金融改革和发展应该如何推进等早做规划和准备,同时也应该引起全球范围的高度关注,加强国际间宏观审慎与货币政策的沟通协调和经验分享,共同努力应对可能的严峻挑战。

主要挑战之三:实现市场全面覆盖

现行金融监管与协调机制无法有效覆盖各类机构和业务,需要建立一个全面覆盖的金融监管框架:

一是许多线下机构没有纳入监管。在一般工商企业中,有很多企业从事与金融相关业务,却没有纳入有效的监管体系。包括:以一般工商企业为核心的金控集团类机构(名称或经营范围中包含"金融集团"或"金融控股"等相关字样)、投资咨询服务类企业(名称或经营范围含"财富管理"、"投资咨询"、"资产管理"等理财相关字样)、股权众筹服务类企业(名称或经营范围含"股权众筹"、"众筹"等众筹相关字样)、交易场所管理类企业(名称或经营范围含"交易中心"、"交易所"、"电子交易中心"、"交易平台"等交易所相关字样)、非融资担保相关企业、新型非法集资模式相关企业等。

二是许多跨界业务创新没有纳入监管。以 HOMS 为例,其前端有 P2P、理财等的参与,中间又有信托安排,末端还有股票市场的配资,各环节究竟应该由谁监管、各监管部门如何形成合力都面临巨大挑战。分业监管体制下按"谁的孩子谁家抱"的理念,习惯于在自己的领域的"一条龙监管",对自己不管人管机构的市场或行为则不去监管,往往导致一些创新行为要么就是非法经营,要么就得千辛万苦拿牌照,使我国的创新难以走出"一放就乱、一管就死"的怪圈,也给一些不法分子留下套利空间。比如很多产品在分段式监管环境中不穿透就是合法的私募,一穿透就变成了违规的公募。

三是互联网金融没有有效纳入监管。一方面,目前的互联网金融行业蓬勃发展,出现三大派系:互联网巨头系、传统企业系和创业公司系,八大巨头:蚂蚁金服、平安集团、腾讯金融、京东金融、宜信集团、百度金融、万达金融、联想金融。截至 2016 年初,中国互联网相关上市企业 328 家,市值规模约 7.85 万亿元,已经相当于中国股市总市值的 25.6%。另一方面,互联网金融监管规则明显滞后。互联网金融日益打通产业链和行业分界,呈金控集团化发展趋势,对传统监管模式带来最直接冲击。仍有许多监管意见面临较多争论,出台较为困难,其中有些文件已数易其稿,出台时间仍不乐观。例如,国务院法制办的《非存款类放贷组织条例(征求意见稿)》。

四是监管的自我压抑倾向较强。表现为,各监管部门都倾向于只管拥有牌照的机构,对于无牌经营机构视而不见。这一问题在互联网金融的监管方面表现得尤为明显。2015 年 12 月以来,"e 租宝"事件、鑫琦资产等互联网金融风险事件频发是内外因叠加的必然结果。从外因看,信息技术快速发展推动互联网对金融的过度渗透,互联网对舆论的塑造与掌控导致监管放任;从内因看,风险源于"谁的孩子谁抱走"的监管理念、缺乏全局性穿透式风控的监管机制和画地为牢的分业监管体制。

五是影子银行活动监管面临较大压力。根据金融稳定理事会(FSB)定义,影子银行是指任何在正规监管的银行体系之外,可能引发系统性风险和监管套利等问题的信用中介机构和信用中介活动。在任何国家,对于金融业设定一定的准入和管理要求都是合理的。没有准入要求,在监管资源方面将投入巨大成本。事实已经证明,要及早建立准入要求的全覆盖。

主要挑战之四:推动信息互联共享

分业监管虽然表面上无所不包,但一个金融机构同时受几个监管机构政出多门的"混合监管",不仅成本增加,效率降低,监管者与被监管者间容易产生争议,而且某些被监管者可以钻多个监管者之间信息较少沟通的漏洞,通过利用不同业务类别间转移资金、转移风险,人为地抬高或降低盈利等方法,以达到逃税、内部交易甚至洗黑钱等目的。而分业监管有效性的降低,迫切要求改革金融监管模式,增加各监管部门的相互合作,尽快完善信息共享制度。

主要挑战之五:完善业界共治体制

探索建立以行业协会自律为基础的业界共治体制是金融现代化的根本需求:

一是我国金融行业协会的独立性较弱。在代表性国家中,只有英国的行业自律性组织隶属于政府金融监管机构,其他国家均独立于政府监管机构。金融行业组织独立于政府监管机构使之拥有较强的独立性,因而在执行监管的过程中可以减少政府对其干预,从而有效发挥行业自律性组织的监管作用。虽然英国的金融行业组织隶属于政府监管机构,但是由于英国是一个重视行业自律的国家,并且其原来的政府金融监管机构——金融服务局(FSA)是一个私人性质的独立机构,所以其行业自律性组织——证券期货协会(SFA)的独立性也毫不逊色。

二是我国金融行业协会功能与国外存在差距。在一些代表性的国家。如美国、英国、日本和韩国,只有日本的金融行业协会为纯粹民间性质,其他国家的行业协会均具有官方或半官方性质。金融行业协会的这一特征,使得其制订的规则和所执行的监管具有正式性和权威性。并且法律一般都赋予了金融行业协会可以依法对市场违规行为处罚和对会员之间的争议进行仲裁的权利,金融行业协会已经日趋成为西方金融市场的主要监管主体。

三是政府监管与行业自律关系有待理顺。在 2008 年国际金融危机爆发后，世界各国都开始从强调金融自由化的行业自律转向政府监管与行业自律并重。但两者关系仍有待理清理顺。例如，英国、韩国、澳大利亚的期货业和证券业拥有同一个自律性组织，而美国则分开设立。日本在这一问题上比较特别，既建立交易所自律组织，又建立经纪商自律组织，分别对交易所和经纪商进行自律管理。

主要挑战之六：优化监管协调机制

2013 年 8 月，经国务院批准，由人民银行牵头建立金融监管协调部际联席会议机制。截至目前，共召开了 11 次会议，涉及 49 项议题，在促进金融服务实体经济、防范金融风险、维护金融稳定方面发挥了积极作用，但是整体而言，金融监管协调机制有待完善：

一是需要协调的议题太过广泛，任务繁重。按照中编办的批复，金融监管协调机制主要是协调"货币政策与监管政策、监管政策之间、交叉性金融产品协调、防范系统性金融风险、金融信息共享"等五个方面。由于金融市场高度融合、交叉性金融产品层出不穷，需要协调的任务是非常繁重的，协调机制不可能穷尽所有与各成员单位职能相关的议题。而且各部门在提出议题时，还有可能避重就轻，不把一些可能存在分歧的议题提出来。由于监管信息分割，监管协调机制办公室也没有研判系统性金融风险隐患的条件。

二是缺乏落实机制，导致协调成效缩水。总体上，"一行三会一局"是讲大局的，监管协调联席会议提出的绝大多数议题都能达成共识，但是一些涉及职能分工、体制机制的不易形成共识，如关于债券市场基础设施的监管问题、金融业综合统计、互联网金融监管涉及中央监管部门和地方政府的监管分工问题等。最近互联网金融暴露的风险，根源在于没有实行穿透式监管，没有落实既定的职责分工。

三是协调单位有待增加。由于中国金融体系的复杂性，仅有"一行三会一局"参与的监管协调框架存在缺位情况。实际上，近期召开的国务院处置非法集资部际联席会议上就有 15 个部委（局）参与，才能形成工作合力。监管协调机制应当根据需要，就相关议题吸收相关部委参与决策讨论。

综上，金融监管协调机制存在固有缺陷，改变不了目前的问题，根源在于分割和多头的金融管理体制。下一步的金融监管体制改革，如果还是在现有机制上修修补补，不能解决当前金融监管面临的突出问题，更为严重的风险还会陆续暴露出来。即使是在更高层面建立这种协调机制或稳定委员会，也容易造成矛盾上移，权责不分，延长决策链条，加大协调成本，会把中央政府当成金融监管最终责任人,提高金融机构和社会公众对政府救助的直接依赖。中央政府应该将精力集中在金融发展战略、重大金融改革、国家金融安全等的决策上,而不是协调具体的金融事务。

主要挑战之七:理顺央地职责关系

一是建立权责相适应的地方金融管理框架。在中央文件规定中,地方政府往往被赋予对于本地金融安全、金融稳定和金融消费者保护守土有责。例如,《国务院关于进一步做好防范和处置非法集资工作的意见》(国发〔2015〕59号)提出,省级人民政府对本行政区域防范和处置非法集资工作负总责,要切实担负起第一责任人的责任。银监会《网络借贷信息中介机构业务活动管理暂行办法》中提出,各地方金融监管部门具体负责本辖区网络借贷信息中介机构的机构监管,包括对本辖区网络借贷信息中介机构的规范引导、备案管理和风险防范、处置工作。但地方金融监管在措施、手段方面的缺陷不容忽视。

二是理顺地方金融发展与监管关系。目前全国各级政府都设立金融办,地方金融办或金融局本应是维护当地健康金融秩序的裁判,目前却都纷纷赤膊上阵成了"运动员"。从各地金融办官方网站关于金融办的职责描述来看,虽然都有"管"的职能,如配合国家金融管理部门做好金融监管相关工作,负责小额贷款公司、融资性担保机构设立审批即监管等,但更多职责是"办",如推进本市(地)企业融资工作,协调金融机构为本市(地)经济发展服务,研究制定本市(地)金融业发展总体布局规划等。在实践中,许多地方金融办"管办难分",把主要资源都集中到了"办"而不是"管"。要让地方金融办不错位,真正履行金融监管的职责,担当其起维护一方金融安全、金融稳定和保护消费者权益的责任,就必须从职能设定、人员保障、经费保障、专业培训、工具匹配等方面进行全方位改革,理顺中央与地方金融监管职责划分。要实行发展职能与监管职能分开,省级及以下政府主要负责本省银行、证券、保险等金融机构发展,监管权应集中在中央监管部门。地市级及以下政府负责小贷公司、融资担保等准金融机构发展,监管权应集中在省级政府金融办(局),如此类推。

三是关注区域性金融风险演化为系统性危机的路径。从目前互联网金融风险个案、部分地区城市商业银行不良率明显上升的情况看,已经具有跨区域风险传染的苗头,为防患未然,应有可行的风险管控预案,特别是既要防止国家兜底和刚性兑付,又要安排必要的救助介入机制。

四是整合所在地中央金融监管力量,形成合力。针对金融业综合经营趋势、监管盲区较多、非法集资和金融犯罪行为猖獗的现状,有必要整合各地中央金融监管力量,发挥专业性管理队伍作用,带动地方金融监管队伍建设,完整信息共享、监管资源共享机制,提高联合防范、共同打击的效果。

(二)"钱荒"与功能监管改革

1. 2013 年经历两次"钱荒"

2013 年 6 月和 12 月,中国金融市场两度经历"钱荒",银行业流动性不足,引起市场震动和各方关注。

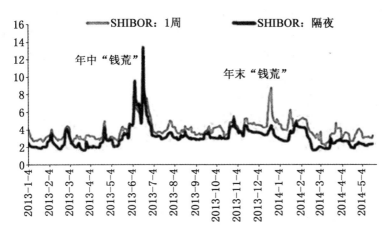

资料来源:Wind 资讯网。

图 13　2013 年两次"钱荒"发生过程

年中"钱荒"过程回放

2013 年 6 月的第一周,一些金融机构由于贷款增长较快,尤其是票据业务增长过快,导致头寸紧张。在 24 家主要银行中,有半数银行的新增贷款甚至超过此前一个月的新增贷款,当月前十天的信贷投放就近 1 万亿元。6 月 7 日,市场传闻光大银行对兴业银行同业拆借到期资金因头寸紧张毁约,导致兴业银行千亿元到期资金未收回,两家银行资金面告急。[①]光大银行、兴业银行虽然双双出面辟谣,但包括隔夜、7 天期、14 天期、1 月和 3 月在内的 Shibor(上海银行间同业拆放利率)全线上扬,其中,隔夜拆放利率大涨 135.9 个基点至 5.98%。资金交易系统出现历史最长延时,市场出现大面积违约。

6 月 19 日,由于流动性紧张,大型商业银行加入借钱大军,导致部分银行机构发生资金违约,银行间市场被迫延迟半小时收市,震动整个金融市场。6 月 20

---

① 《银行钱荒　金融多米诺风险逼近》,《中国经营报》2013 年 6 月 22 日。http://finance.eastmoney.com/news/73826,20130622300041945.html。

日,资金市场几乎失控而停盘,Shibor 全线上涨,隔夜拆放利率更是飙升 578 个基点,达到 13.44%,比同期 6% 左右的商业贷款利率高出一倍,创下历史新高;银行间隔夜回购利率最高达到史无前例的 30%;与此同时,各期限资金利率全线大涨,"钱荒"进一步升级。

按照以往惯例,每当市场资金面紧张时,央行总会及时"出手",通过降准、降息或定向逆回购等方式释放流动性,平抑市场,商业银行已经习惯于央行在市场资金紧缺时的出手相助。然而这次央行一反常态,不但没有启动逆回购、短期流动性调节工具 SLO 等,反而在 6 月 20 日继续发行 20 亿元央票回笼资金,使得本来就非常紧张的资金面加剧收缩,也让市场担忧情绪瞬间达到顶点。

6 月 25 日,Shibor 涨跌互现,但波动幅度明显缩小。同日,央行发表声明,称近日已向一些符合要求的金融机构提供流动性支持,并将适时调节银行体系流动性,平抑短期异常波动,稳定市场预期,保持货币市场稳定。同时表示目前银行间市场利率进一步回落,商业银行备付金充裕,股市暂时见底反弹,流动性危机暂时告一段落。

年末"钱荒"过程回放

2013 年临近年末,市场资金紧张再度加剧。12 月 19 日,银行间市场利率全线上涨,Shibor 7 天回购加权平均利率上涨至 6.47%,再创 6 月底以来新高,市场对新一轮"钱荒"的担忧情绪再度袭来。

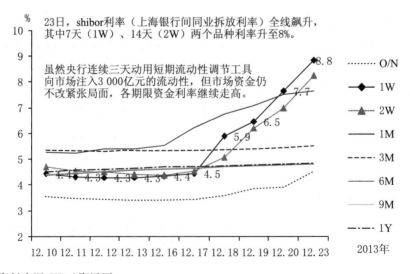

资料来源:Wind 资讯网。

图 14　2013 年 12 月银行间市场利率走势

12月19日下午,中国银行间市场宣布交易系统延迟半小时至17:00收市,而这一幕在6月也曾上演,这样的举动无疑引发更多猜想。19日下午4时55分,央行通过官方微博向市场表示:"已据市场流动性状况通过公开市场短期流动性调节工具(SLO)向市场适度注入流动性。如必要,将据财政支出进度情况,继续向符合条件金融机构通过SLO提供流动性支持。未来,将视流动性余缺情况灵活运用SLO调节市场流动性。"

此次央行也并没有采用逆回购工具,而是使用了公开市场常规操作的补充工具SLO。按央行过往惯例,实施SLO操作后一个月才会予以宣布。由此可见,央行对银行系统流动性出现波动时调控态度的改变,不再做兜底式保证,而是相机灵活而动,从引导市场预期角度施以援手。

2."钱荒"深层原因探析

"钱荒"危机影响面广而且是短时期内连续发生,必然有其深层次原因。从微观市场主体看,近年来,随着经营环境、业务模式、资金来源等变化,金融机构流动性风险管理面临的挑战日趋增大,潜藏的一些问题相应显现。从宏观角度看,央行对于货币市场波动原因的分析精准度明显增强,对症下药更为明显。"钱荒"的出现,既是受外汇市场变化、节日现金投放、补缴准备金、税收清缴、一些监管政策放大资金需求等多种外部因素叠加影响之外,更反映出来自金融机构本身的深层次原因,诸如在流动性风险控制不力和资产负债管理方面存在一定不足,甚至存在将表内资产不当转入表外的现象。

一是流动性风险管理意识出现偏差。一些金融机构偏重营利性指标轻视流动性管理倾向突出。经受不住诱惑短期套利的冲动较强,抑或出于提高资金使用效率、实现利润目标的考虑,希望通过扩张贷款等增加盈利,金融机构在权衡流动性、安全性、盈利性三者关系时,容易轻视流动性风险,"早投放、早收益"的行为惯性仍然存在。预期政策可能变动时,倾向于先投放贷款抢占份额,如遇考核和信息披露的重要时点,冲高贷款的动机则更加强烈。这在市场流动性发生波动的情况下,容易受到冲击。

二是同业业务投向和流动性管理能力薄弱,管理工具缺乏多样性。流动性风险管理作为全面风险管理的一部分,还未形成从理论到实务的体系化发展,多数金融机构存在流动性管理能力薄弱,在风险管理工具上简单依靠同业业务的倾向。同业业务是金融机构管理流动性、提高资金效率和增加收益的重要渠道,也是开展差异化经营的重要方面,对推动金融市场发展和金融产品创新具有积极意义。但在前期流动性较为宽松、货币市场短端利率保持较低水平的情况下,一些机构利用同业业务规避监管,对同业等短期批发性融资过于依赖,"短融长放"的业务扩张较快,这在强化监管、流动性出现波动时脆弱性凸显。

三是存在业务创新利用法律空白的问题,创新为金融发展带来生命力,但创新也带来诸多监管和法律的问题,金融监管往往在业务创新面前"束手无策",为绕开信贷管理系统,一些金融机构在票据业务、信贷业务中开展业务创新,将表内业务转入表外管理,导致监管数据失真,引起流动性管理偏差,一旦遇到监管收紧,大量表外业务重新转入表内管理,也是导致流动性出现"危机"的元凶之一。

3."钱荒"对于金融综合监管的启示

只有微观层面的审视必然是不足的,我们更需要从金融监管机制改革的角度进行更高层次思考。2013年的"钱荒"可以说是银行流动性风险以非传统方式的爆发,是对银行乃至整个金融监管体制的一次实战压力测试。"钱荒"暴露出来的问题推动着金融监管制度的深层次改革。

一是需要完善金融宏观审慎管理体系。在流动性紧张时期,大型银行如何行动看似是个体自主决策行为,实则必须纳入金融宏观审慎管理体系进行引导,完善报价和带头沟通行为,发挥大型银行在特殊时刻的市场稳定器作用。

二是需要完善流动性管理指标体系及其统筹运用。应当建立一套完善的系统流动性管理指标体系,增强管理体系的前瞻性、动态性。同一套流动性指标被不同监管部门认可和采用时,往往会产生计算口径和指导标准方面的冲突问题。这一问题在存贷比、流动性比率等指标的运用中最为明显,应当加以克服。

三是需要加强混业资管业务的穿透式监管。面对日益复杂的混业资管产品,为了提高监管有效性,必须推动宏观审慎监管层面、微观审慎领域的穿透式监管。但是,目前的资管监管格局总体上呈现两大特征,一是跨领域监管难以协调开展联合检查,二是微观监管对容易引起系统性风险的违规行为重视程度不够。

跨监管协调方面,不要说跨三会的监管协调,即便是同一个监管体系,跨区域的联合检查也较为少见。跨监管检查方面,比如银监会和证监会下属不同类型资管和同业业务高度融合,产品交叉组合嵌套,但穿透不同监管当局的产品核查其底层资产非常困难,不论从知识结构、数据可得性、还是对方监管的配合协调来看都是不小挑战。这种情况金融同业非常了解,所以才催生了大量规避监管的通道业务(当然很多通道业务也是起到风险隔离作用,不完全是规避监管目的)。

再看微观监管的相对局限性。这里存在一个典型的"认知差",即微观层面来看,不论是金融机构个体还是地方监管当局很难将一个市场普遍的通行做法,但处于灰色地带的业务认定为是潜在系统性风险源。比如理财资金池问题、期限错配问题等。从微观监管当局角度,主要是防范个体金融机构风险,只要这家金融机构自身流动性管理不要出大的问题并无大碍。虽然个体都在走资金池模式且流动性可控,但不意味整个金融系统风险可控。一旦市场整体纠偏,单靠个体金融机构提高利率募集资金并不能解决问题只会引发更多的恐慌,最终需要央行为市场注入流动性解决。

"年末钱荒"与"年中钱荒"相比,央行在调控时点及手段上进行了调整,实际上是在敦促银行业改变过去粗放增长、依赖增量、绑架央行的模式,进一步主动调整其资产负债结构,降低期限错配风险,加强自身的流动性管理。从后续央行推出的宏观审慎框架看,显然央行将致力于更广泛的介入金融机构的行为监管,统筹协调金融基础设施运行,统筹协调金融监管,不仅仅局限于传统货币政策角色定位。

四是需要提高金融机构的监管合规意识。这里的合规不仅是符合传统监管部门之规,也要根据业务属性主动合其他监管或主管部门之规。

金融机构需要进一步加强自身流动性和资产负债管理,使经营行为与稳健货币政策和支持经济结构调整的要求相一致。具体而言:一是要提高流动性管理的主动性,跟踪研究国际上关于流动性管理分析框架和监测工具的进展情况,在内部考评、系统建设、压力测试等方面提早准备。二是加强分析宏观政策调整和金融市场变化对流动性的影响,做好流动性安排。三要进一步提高流动性管理的精细化程度和专业化水平,保持合理的超额备付以满足各种资金需求,保证正常支付结算。四是按照宏观审慎要求,合理安排资产负债总量和期限结构,把握好信贷等资产投放进度,提高负债的多元化和稳定程度,减少存款"冲时点"行为,加强同业业务期限错配风险防范。

(三) 2015 年资本市场剧烈波动与功能监管改革

1. 2015 年资本市场剧烈波动过程回顾

2014 年 7 月开始,我国股市出现了一轮过快上涨行情,至 2015 年 6 月 12 日,上证综指上涨 152％,深成指上涨 146％,创业板指上涨 178％。股市过快上涨是多种因素综合作用的结果,既有市场估值修复的内在要求,也有改革红利预期、流动性充裕、居民资产配置调整等合理因素,还有杠杆资金、程序化交易、舆论集中唱多等造成市场过热的非理性因素。

过快上涨必有过急下跌。随后的市场走势验证了这个道理。2015 年 6 月 15 日至 7 月 8 日的 17 个交易日,上证综指下跌 32％。大量获利盘回吐,各类杠杆资金加速离场,公募基金遭遇巨额赎回,期现货市场交互下跌,市场频现千股跌停、千股停牌,流动性几近枯竭,股市运行的危机状况实属罕见。

股市回调不是一步到位,而是经历了三次短期大幅回调过程。第一次是2015年6月12日沪指见顶5 178点,随后发生暴跌,在标杆融资退潮引发的平仓盘推动下,股指一路暴跌至7月9日的3 373点,随后在管理层强力救市、停发新股、限制减持等多项措施的扶助下,沪指企稳回升。第二次是7月24日沪指摸高4 184点,触及半年线的重压回落。此后,复牌股的补跌加剧了爆仓盘和平仓盘,股指连续重挫,在8月26日跌至2 850点的低位,开始第二波反弹。第三次是2015年12月23日,沪指见顶3 684点开始缓慢回落。不久在2016年初遭遇熔断之痛,A股持续暴跌,在新年第一周内四次达到熔断点,两次停止全天交易,此后管理层果断叫停熔断机制。但股指跌势依然未止,沪指2016年1月创下了22.65%的本世纪最大单月跌幅,并且在1月27日创下2 638点的低点。

如果任由股市断崖式、螺旋式下跌,造成股市崩盘,股市风险就会像多米诺骨牌效应那样跨产品、跨机构、跨市场传染,酿成系统性风险。正是在这个背景下,有了后来一系列稳定市场的举措。

2.2015年资本市场剧烈波动原因探析

由于一场罕见的异常波动,2015年的中国股市注定将会被历史铭记。这暴露了背后的什么问题?学者们进行了具有启发意义的深度思考。前香港证券及期货事务监察委员会主席梁定邦认为,中国金融的系统性风险信息没有得到及时采集与运用,大数据监控与现场检查系统实效不是很全面,金融发展超出现有金融法规的管辖范围,投资者没有得到全面有效保护,这是今后金融监管改进的四大方向。①管涛、黄瑞庆、韩会师在中国金融四十人论坛(CF40)的课题报告《完善股指期货保持股市健康发展》指出,2015年的中国股市异动,其实跟以往的A股历次暴跌没什么本质区别。A股市场总是在乐观的投资情绪下,股票市场经历了一波大幅上涨,市盈率上升至80倍一带附近,导致估值严重偏离基本面,最终在价值规律下,价格以急剧下跌的方式完成估值修复的过程。过度投机下的市场价格可能是一个扭曲的信号,容易误导市场相关主体。对此,一方面市场机制可以通过自我修复予以惩罚,另一方面政府部门也可以实时监控,主动调节和防范。

证监会也对资本市场剧烈波动的经验教训进行了深刻的总结反思,认为资本市场剧烈波动的原因大致可以概括为,不成熟的交易者、不完备的交易制度、

---

① 《梁定邦谈中国金融监管体系存在的四大问题》,《今日财富》2016年8月22日。

不完善的市场体系、不适应的监管制度，正是四"不"共振成为股市风波肇因。并提出要研究和处理好四大关系：

一要处理好虚拟经济与实体经济的关系。虚拟经济是虚拟资本以增值为目的进行独立的权益交易活动，股票所代表的实际资产已经被投入企业的生产经营过程去创造价值，而股票本身又在市场流通转让，当作交易对象进行买卖，股票价格合理反映企业的经营价值和盈利前景是市场有效配置资源的前提，可见，实体经济是虚拟经济的基础。发展虚拟经济有利于实现资源跨时空流动，扩大企业股权融资，促进企业并购重组，优化资源配置，支持实体经济发展，但股票价格一旦严重背离企业价值，就会形成泡沫，泡沫过大总是要破灭的。因此，发展资本市场，必须牢固坚持服务实体经济的宗旨，着力发挥好市场配置资源和风险管理等功能，遏制过度投机，决不能"脱实向虚"，更不能"自娱自乐"。

二要处理好发展与监管的关系。监管部门要承担促进市场发展的任务，注重发展的规模、效率与质量，这是监管部门"两维护、一促进"职责的应有之义。但是，市场发展越快，就越要严格监管。股市异常波动警示我们，监管部门必须强化监管本位，牢固树立从严监管、一以贯之的理念，紧跟市场发展变化，保持监管定力，只有严格监管下的发展才是可持续的发展，才是高质量的发展。在我国特定的市场环境下，还必须特别关注资产价格虚高的风险。

三要处理好创新与规范的关系。创新是市场发展的不竭动力，也是增强证券基金期货经营机构竞争力的根本途径，但创新必须加强风险管理，与风险管控能力相匹配。对产品服务的创新，不仅要评估论证自身存在的风险，还必须分析对市场全局的影响；不仅要以客户需求为导向，还必须严格落实投资者适当性管理、账户实名制管理、信息系统接入管理等基础性制度，切实维护客户合法权益；不仅要考虑经营机构的经济效益，还必须要有相应的监管机制与手段跟上。要高度关注单一业务、单一产品、单一机构的风险外溢问题，制定完善系统性风险的跟踪、监测、预警、处置工作机制。创新应是全方位的，不仅是产品业务创新，还应当包括经营机制与内控机制的创新，还有监管体制机制的创新。

四要处理好借鉴国际经验与立足国情的关系。发展我国股市需要学习借鉴境外市场的有益经验，但必须从我国实际出发，准确把握我国市场的特点与规律，不照抄照搬。同时，要善于借鉴国际经验，对境外市场行之有效的做法，要知其然，更要知其所以然，真正做到以我为主、为我所用。不仅要借鉴国外产品创新的经验，也要借鉴其有效监管的经验。

3. 如何防止股市风波重演？

在深入反思的基础上，证监会提出要借鉴功能监管理念，全面推动监管制度

改革的一系列探索举措：[①]

一是强化一线监管，提高监管有效性。

强化交易所、中国结算、期货市场监控中心的市场交易行为监察监控，落实违法违规行为的发现责任。从大数据监管、全视角监控要求出发，打造独立运转、功能强大的市场交易一线监管部门。加强期现货市场实时数据的交换共享，统一归集数据信息，实现跨市场监察。

加强对公募基金流动性监管，进一步完善监管规则，建立公募基金流动性风险综合防控机制。对私募基金等"类金融机构"在"新三板"挂牌和融资活动，要深入研究并加强监管。加大对利用"举牌"搞利益输送、老鼠仓等违法违规行为的查处力度。加强对会计师事务所、律师事务所、资产评估机构等证券服务中介机构的监督检查，督促其提高执业质量。落实随机抽查检查对象、随机抽取检查人员、检查结果公开的"两随机、一公开"制度，定期开展常规性检查。

完善证监会机关、派出机构、交易所、协会、其他会管单位的协作联动监管机制，细化工作对接流程，实现对上市公司、非上市公众公司、证券基金期货经营机构、私募基金管理机构的全方位监管协同。充分发挥派出机构贴近一线的优势，重视从现场检查、非现场监管等过程中发现的风险苗头、隐患，形成通畅的信息上报、反馈工作机制。在风险处置过程中，重视信息传递和共享，发挥全系统的工作合力。对注册地和业务管理总部不在同一地的证券基金期货经营机构、私募基金管理机构，要加强派出机构之间的监管衔接和检查配合，重大事项明确牵头单位。加强信息沟通和案例推广，着力解决对同一监管对象的重复监管和重复检查、同一类违法违规行为监管尺度不一的问题。

二是推进联动监管，完善跨部门协作机制。

加强跨市场联动交易管理。建立期货与现货、场内与场外、公募与私募等多层次资本市场的统一账户体系，实现跨市场交易行为的统一识别和监控。加强对资本市场与其他金融市场之间、境内外资本市场之间"共振"影响的评估研判。

完善多部门联合惩戒机制，推动资本市场诚信建设。要认真落实多部门联合签署的《关于对违法失信上市公司相关责任主体实施联合惩戒的合作备忘录》和《失信企业协同监管和联合惩戒合作备忘录》，对被证监会及其派出机构依法予以行政处罚、市场禁入的上市公司及其控股股东、实际控制人、持股5%以上的股东、上市公司收购人、重大资产重组的交易各方，以及这些主体的董事、监

---

① 参见肖钢在2016年全国证券期货监管工作会议上讲话，和讯网，http://futures.hexun.com/2016-01-16/181845471.html，访问日期：2016年3月5日。

事、高管人员等责任主体,严格实施联合惩戒,让失信者"一处失信、处处受限"。

加强对投资者适当性管理和开户审查的监管,确保客户身份信息的真实性。加强证券期货账户管理,严格落实账户实名制,坚决查处各类转借账户以及开立虚拟账户、子母账户和"拖拉机"账户等违规使用账户的行为,坚决取缔各类非法证券期货业务。加强对证券基金期货经营机构信息系统外部接入的管理,确保交易指令必须在公司自主控制的系统内全程处理,其他任何主体不得对交易指令进行发起、接收、转发、修改、落地保存或截留。

三是健全监管制度,促进市场平稳运行。

针对市场交易创新,必须继续推动健全资本市场监管法律制度体系,及时填补监管制度漏洞,提高制度有效性。

完善程序化交易监管制度。针对我国程序化交易中存在的突出问题,细化证券公司、期货公司为经纪客户提供程序化交易系统接入的规定,完善证券基金期货经营机构在自营、资管、公募基金管理中采用程序化交易的监管要求,维护公平交易环境。

完善杠杆融资监管制度。进一步完善证券公司融资融券业务逆周期调节机制,合理控制业务规模,促进融资和融券业务均衡发展。依法管理、严格限制杠杆比例过高的股票融资类结构化产品,禁止证券基金期货经营机构为民间配资提供资金和便利。加强对各类股市杠杆融资的风险监测、识别、分析和预警。

完善期货市场交易监管制度。制定实控关系账户管理细则和异常交易监管规则,研究完善认定标准及自律监管措施。规范发展股指期货市场交易,合理控制交易持仓比例和期现成交比例,有效抑制过度投机。

完善资产管理业务监管制度。整合完善证券基金期货经营机构资产管理业务管理办法,统一业务规则,明确监管标准。制定出台统一的证券基金期货经营机构资产管理业务自律规则,强化对资管产品备案、风险监测的自律管理。

四是强化监管执法,加强监管案例宣传。

要把监管制度规则立起来、严起来,切实做到法规制度执行不漏项、不放松、不走样。事中监管要抓早抓小、抓实抓细,坚决遏制苗头性、倾向性问题,不能因未出现大的风险就放过。事后监管要依法从严处罚,严厉打击各类违法违规行为。

建立健全上市公司信息披露制度规则体系,推进简明化、差异化、分行业信息披露。完善上市公司股权质押信息报送和披露规则。完善大宗交易减持信息披露规则,增加具体受让人信息。完善停复牌制度,缩短停牌时间,减少随意停复牌现象。统一上市公司行政监管措施实施标准。加强非上市公众公司监管,落实现场检查工作规程。强化"新三板"挂牌公司制度规则执行和自律管理要求。

建立健全债券市场风险防控体系、监测指标体系、债券台账和报告制度。加强债券回购风险管理，明确结算参与人责任，控制投资主体杠杆倍数，引入和完善债券估值，加强质押券折扣率动态管理。推动建立市场化、法治化的信用违约处置机制。

开展互联网金融风险专项整治，规范互联网股权融资活动，摸底排查风险隐患，严厉查处违法违规行为，妥善处理风险案件。规范私募投资基金运作，组织力量排查以私募基金名义搞非法集资、利益输送等问题和风险，及时查处纠正。

推进各类交易场所清理整顿工作，重点配合有关方面做好清理整顿和风险处置工作。抓好贵金属类交易场所专项整治措施落实。严厉打击非法证券期货活动。

持续打击违法违规行为，保持高压态势。抓紧出台线索发现、证据认定有关制度规则和标准。进一步优化稽查局、稽查总队、专员办、交易所和 36 家派出机构的稽查执法职能定位和分工协作机制，建立健全以调查组为基础单元的组织管理制度和质量内控体系，加快形成定位准确、分工合理、特点鲜明、优势互补的多层次稽查执法体系。优化专项执法的组织模式，严厉打击重点改革领域和市场各方高度关注的违法违规活动。以破解取证难题、提高执法效率为重点，强化与通信、反洗钱等部门的外部协作，务实优化行刑衔接。

五是强化监管保障，加快监管基础设施建设。

推进中央监控系统建设。抓紧完成中央监控系统需求框架设计并投入建设，建成稽查案件线索及数据分析平台。连通沪深交易所和中金所监控系统，实现证监会机关对期现货市场交易情况的实时查询、数据下载和处理等功能。

强化信息采集和分析研判。强化一线单位对市场信息、数据、案例、政策执行以及建议意见的报送，切实发挥中央监管信息平台、中央监控系统的信息集成作用。加强系统内、行业内形势分析和信息交流工作。

做好证监会权力和责任清单编制试点。按照国务院统一部署，全面梳理现有权责事项，分门别类，没有法定依据的，予以取消，确有必要保留的，按程序办理。拟取消和下放的权责事项，要建立第三方评估机制。保留的行政权责事项，要按照透明、高效、便捷的原则，制定行政权力运行流程图，切实减少工作环节，提高科学化、规范化水平。

证券基金期货经营机构、上市公司、私募基金等都是市场主体，与市场同呼吸、共命运，必须以强烈的社会责任感和勇于担当的精神，勤勉尽责，为资本市场健康发展作出积极贡献。

（四）互联网金融专项整治与功能监管改革

1. 为何启动互联网金融专项整治

2013 年 P2P 网贷行业迎来爆炸式增长。2015 年新增网贷平台 1 500 多家，各类机构纷纷涌入。金融资本亦蜂拥而至，当年获得风投青睐的平台近 70 家，一些平台动辄融资上 10 亿元人民币，行业陷入几近疯狂的境地。"e 租宝"非法吸收存款 500 多亿元，涉及投资人约 90 万人。自 2012 年 7 月起，以徐勤为实际控制人的"中晋系"公司先后投资注册 50 余家子公司，并控制 100 余家有限合伙企业，以"中晋合伙人计划"的名义变相承诺高额年化收益，向不特定公众大肆非法吸收资金。截至 2016 年 2 月，中晋合伙人投资总额突破 340 亿元，总人次超13 万，60 岁以上投资人就超过 2 万。

由于行业发展过快，各类机构良莠不齐，非法集资、诈骗跑路等风险事件频发。2015 年全年问题平台达 896 家，占比为 35%，是 2014 年的 3.26 倍。北京网贷行业协会的统计数据显示，北京市近 600 家网贷机构，其中 200 家属于问题机构，全国现状与北京的情况基本吻合。

政府部门采取了一系列整治行动。2015 年底，"e 租宝"被深圳警方以非法吸收公众存款立案侦查。2016 年 4 月 14 日，国务院组织 14 个部委召开电视会议，将在全国范围内启动有关互联网金融领域的专项整治，为期一年。同月，"中晋资产"被上海警方查封，20 余名核心成员在机场被截获。

2. 互联网金融发展乱象背后的深层原因

为什么带着"互联网＋"光环的互联网金融会走到被专项整治的局面？其背后又有哪些深层次原因呢？

一是许多人没有认识到互联网技术运用于金融服务并没有改变金融的本质，对各类金融产品的本质属性缺乏准确的了解，对金融的法律红线缺乏敬畏之心。

二是现有的金融产品设计没能满足不同风险承受能力投资人的需求，因而出现了一些有市场但不合规的产品，运作不当给市场带来风险。

三是金融监管跟不上市场发展，缺乏应有的引导和警示。因而，必须加大金融改革的力度，适应社会需求，维护市场秩序，保护投资人权益。

3. 互联网金融监管改革的大方向

互联网金融专项整治是一场革命，也是一次探索功能监管的历史契机，从功能监管角度提出了许多新的探索命题，这些命题目前还没有现成答案，但是对于探索大方向的共识正在形成：

一是积极探索分业监管基础上的综合监管改革举措。互联网金融深化了金融业综合化和混业化经营趋势，而现有监管体系是分业监管模式，以机构监管作为基础，呈现出混业经营趋势和分业监管体系的制度性错配。但综合监管有其现实难点，如何克服这些难点仍存疑问。因此，分业监管不可能完全消弭，最可能的路径是在分业监管基础上实施综合监管改革。2015年7月，央行等十部委发布《关于促进互联网金融健康发展的指导意见》，提出按照分类监管原则，各类业态分由不同的金融监管部门负责，正是体现了在分业监管基础上推动综合监管的大思路。2016年10月，国务院办公厅公布了《互联网金融风险专项整治工作实施方案》对互联网金融风险专项整治工作进行了全面部署安排。将2016年9月份国务院有关互联网金融整治文件列入。

从功能监管理念出发，可以考虑尝试一些前沿性探索举措：一是克服监管当局的地盘意识，按实质重于形式的原则，明确产品法律关系和功能属性，实行功能监管。让银行理财产品归位公募基金，用数量储架方式进行发行。二是完善中央地方双层金融监管体制，吸收存款、公开发行证券、办理保险的金融机构和信托公司归中央监管。不吸收公众存款的一些金融服务机构可以归地方金融监管局监管。中央银行负责对地方金融监管机构的协调指导。三是规范金融产品名称，所有金融产品无论线上线下在销售时都必须表明产品的金融属性，存款、贷款、基金、债券、股票、集合投资计划、资产产品计划等所有的产品必须明示产品的名称。四是严格管理公司的名称，凡含有金融、理财、投资、投资咨询、财务、担保、财富管理、资产管理、融资租赁等字样的公司，必须通过备案程序方可对外营业。同时，对这些公司进行负面清单监管，即不得非法集资；不得非法公开发行证券；不得办理超出200个合格投资人范围的资产管理业务；不得无许可销售金融产品；不得从事投资咨询顾问服务。这些都是属于要有金融牌照的机构才能干的事情。五是加大违法行为的处罚力度，建立有奖举报非法金融活动的激励机制。六是打破刚性兑付，树立风险自担的意识。以维护稳定的名义迁就投资人，由政府负责部分偿付责任，只能助长非法集资活动。

二是前瞻性地设计监管框架。这几年国内的实践证明，互联网金融花样翻新很快，常常是监管政策尚未落地，行业便会迅速"变种"。比如陆金所提出要打造"一站式理财服务平台"、积木盒子表示转型为"综合智能理财平台"、人人贷明确"个人金融信息服务平台"发展方向，很多P2P平台也陆续将原有的P2P业务逐渐剥离。互联网的本身是开放性平台，产品设计和服务创新具有无限性和极速性。但是，市场创新速度远远超出政策制定部门对市场的掌控，政策制定如何兼顾行业最新变化,已经成为行业规范治理的一项现实难题,必须前瞻性地设计监管框架。

互联网金融在注重用户体验和追求极致效率的过程中,容易忽视金融安全与风险控制,偏离金融的本源。因此多数业界人士提出要厘清互联网金融的本质,科学搭建监管框架,前瞻性设计政策体系并准确评估政策影响。重新审视互联网金融的监管思路和基本原则,尤其需要结合金融监管体制改革,重新搭建适应互联网金融属性的监管架构。目前机构分类监管的思路,使得不少互联网金融企业仍没有被纳入从事金融行为的监管范畴,应当针对互联网金融的“业务”和“行为”制定统一、开放、透明的监管规则,从“管机构”向“管业务”转变。

三是探索新机制,充分发挥行业协会市场的自律作用。2016 年 3 月 25 日,中国互联网金融协会正式挂牌成立,由中国人民银行、银监会、支付清算协会、证监会等牵头组建。业界认为,这打破了金融分业监管的格局,有利于通过自律管理打破行业监管壁垒,推动形成统一的行业服务标准和规则,引导互联网金融企业规范经营。

4.《网络借贷信息中介机构业务活动管理暂行办法》:功能监管的最新实践案例

2016 年 8 月 24 日,期待已久的《网络借贷信息中介机构业务活动管理暂行办法》(以下简称《办法》)以银监会、工信部、公安部、国家网信办联合发文形式正式公布。该文以维护互联网金融稳定、保护消费者权益、提升互联网金融效率为宗旨,在制定过程中广泛征求了 31 个省(区、市)政府金融监管部门、国家有关部委及第三方评估机构的意见,对各方意见进行充分吸收考虑,修改完善。

《办法》在以下几个方面,较为全面体现了功能监管的基本理念:

一是监管的思路和监管模式具有重大的创新。采取无条件备案制度,否定和抛弃了牌照监管的思路,放弃了事前监管的传统思路的理念和办法,而采取信息披露、第三方银行存管、投资者保护等一系列制度的设计,虽然放弃了事前的牌照监管,但强化了事中事后的监管,放弃了静态的门槛式的监管,更多采取了动态的灵活的事中事后的监管的方式,在监管思路转变方面迈出了重要一步。

二是监管实施中央和地方“双负责”的监管机制。P2P 是创新的金融业态,监管上也必须予以一定的创新,任何一方难以独力监管,要发挥多方机构的监管力量,形成监管合力。银监会采取了非常创新的监管方式。主要包括银监会系统和地方金融办系统进行分头监管的机制。行为监管和机构监管相互协调配合,银监会系统主要负责行为监管,地方金融办主要负责备案等机构监管。这对于以往的监管机制是非常不同的、非常创新的,为其他互联网金融监管提供了模板。

三是实行负面清单制度,为金融创新提供了空间。这也是监管的一个重要创新,这次采用了十三个负面清单,主要包括:为自身或变相为自身融资;自行或委托、授权第三方在互联网、固定电话、移动电话等电子渠道以外的物理场所进行宣传或推介融资项目;开展资产证券化业务或实现以打包资产,证券化资产信托资产,基金份额等形式的债权转让行为;与其他机构投资、代理销售、经纪等业务进行任何形式的混合、捆绑、代理;虚构、夸大融资项目的真实性、收益前景,隐瞒融资项目的瑕疵及风险,以歧义性语言或其他欺骗性手段等进行虚假片面宣传或促销等,捏造、散布虚假信息或不完整信息损害他人商业信誉,误导出借人或借款人;向借款用途为投资股票、场外配资、期货合约、结构化产品及其他衍生品等高风险的融资提供信息中介服务;从事股权众筹等业务。

四是推动建设动态信息披露制度。强调了借款人和平台的信息披露义务,分别对借款人和平台提出了不同的要求,尤其强调了动态披露。

五是强调投资者保护制度建设。《办法》明确了投资者资金和平台资金破产隔离,也对投资者保护提供了更多的措施。《办法》征求意见稿中原来明确禁止风险补偿金的措施,但是正式稿中删除了,这就是说明平台还是可以做一些类似业务,为 P2P 未来的业务创新留出一定空间。

第七章
综合监管改革是功能监管理论的
中国实境探索

综合监管是带有中国特征的新概念,与功能监管既有一定联系,但又有所区别。本书认为,综合监管的内涵不能仅仅理解为统一监管或不完全统一监管,而应该从综合性出发多视角理解其内涵。综合监管的综合性体现在以下方面:

一是从金融监管主体上体现综合性。在金融混业经营日益发展的情况下,完全的分业监管无法防范金融风险,需要成立统一的金融监管主体或在分工明确的基础上加强各监管主体之间的协调。因此在金融监管主体安排上,统一监管、不完全统一监管和分业监管下的加强监管协调都是金融综合监管可以探索的模式。

二是从金融监管模式上体现综合性。这就是要将宏观审慎监管与微观审慎监管有机结合起来。宏观审慎监管与微观审慎监管的区别主要显现在不同的监管目标以及由此而采取的不同监管措施上。宏观审慎监管的目标是防范系统性风险,维护金融体系的整体稳定;而微观审慎监管的目的在于控制个体金融机构或行业的风险,保护投资者利益。但两者之间必须加强统筹协调和信息共享,形成监管合力。

三是从金融监管过程上体现综合性。这就是在金融监管中要将事前、事中和事后监管结合起来。根据国际经贸新规则的要求,今后的监管应从重"事前审批"转变为"事中和事后监管",因此金融综合监管也应该体现这一要求。

四是从金融内容上体现综合性。不过度夸大监管架构改革的重要性,强调探索内容的全面性和体系化,从分工重构、政策协同、监管协调、金融消保、立法支持、架构调整、信息共享、业界共治八个探索方向全面推进相关探索。

一、新时期中国金融综合监管改革的主要思想

党的十八大以来,以习近平总书记为核心的新一届中央领导集体发表了一

系列重要讲话,提出了许多富有创见性的金融治理新思想、新观点、新论断、新要求,散见于多次讲话、各报道和文件中。总结好新一代中央领导集体关于金融工作的思考并深刻理解其精髓,对于创造性发展功能监管理论、推进新时期金融综合监管改革工作都具有重要意义。

思考1:全面深化金融改革至关重要,重在加快推进并落实

习近平作为《中共中央关于全面深化改革若干重大问题的决定》(以下简称《决定》)起草组组长,向党的十八届三中全会作说明时指出,经济体制改革仍然是全面深化改革的重点。金融是现代经济的核心,金融改革必然在经济体制改革中处于基础和关键地位。

《决定》关于金融改革的内容主要集中在第 12 条,①即完善金融市场体系。归纳总结,主要有以下几项:一是完善汇率形成机制;二是加快推进利率市场化;三是加快实现人民币资本项目可兑换;四是允许具备条件的民间资本依法发起设立中小型银行等金融机构;五是推进股票发行注册制改革;六是建立存款保险制度。前三项一直是我国金融改革和开放的核心内容,利率市场化由十八大报告的"稳步推进"变为《决定》的"加快推进",人民币资本项目可兑换从十八大报告的"逐步实现"变成《决定》的"加快实现"。后三项是今后需要重点推进落实的改革任务,与前三项也密切相关。

习近平高度重视全面深化改革工作,亲自担任中央全面深化改革领导小组组长,截至 2016 年 10 月 11 日已主持召开二十八次小组会议,他主要有以下要求:

一是"重在落实"。他先后强调,把抓落实作为推进改革工作的重点,真抓实干、蹄疾步稳、务求实效。聚焦、聚神、聚力抓落实,做到紧之又紧、细之又细、实之又实。凡事都要有人去管、去盯、去促、去干。要真枪真刀推进改革。强化督促考核机制,实行项目责任制,主动出击,贴身紧逼。早在 2013 年 11 月下旬在山东考察时,习近平就指出,党的十八届三中全会已经胜利闭幕,一分部署,九分落实。

二是"重在解决问题"。他强调改革要坚持从具体问题抓起,着力提高改革的针对性和实效性,着眼于解决发展中存在的突出矛盾和问题,把有利于稳增长、调结构、防风险、惠民生的改革举措往前排。

---

① 柳鸿生:《金融改革发展的新论断新部署》,载和讯网,http://bank.hexun.com/2015-03-16/174073934.html,访问日期:2016 年 5 月 5 日。

三是重大改革要确保质量。他指出,要突出具有结构支撑作用的重大改革,把握好重大改革的次序,优先推进基础性改革。重大改革方案制定要确保质量。

四是统筹协调衔接好各项改革。他提出要明确改革政策各个环节的衔接配合关系。中央有关部门要认真组织好规划的实施工作,统筹衔接关联改革,搞好统筹协调,使相关改革协同配套、整体推进。

五是强化督查和检查。他要求建立健全改革举措实施效果评价体系。不仅要重视改革施工方案质量,更要考核验收改革竣工结果,没有完成或完成不到位的要问责。开展对重大改革方案落实情况的督察,做到改革推进到哪里、督察就跟进到哪里。

六是运用法治思维和法治方式推进改革。他提出全面深化改革需要法治保障,全面推进依法治国也需要深化改革。切实提高运用法治思维和法治方式推进改革的能力和水平。

七是推动改革顶层设计和基层探索互动。他鼓励基层群众解放思想、积极探索。

思考2:清醒认识影子银行等问题,加快探索金融综合监管改革路径

2013年10月,习近平在印尼巴厘岛出席亚太经合组织工商领导人峰会上表示,对需求下滑、产能过剩、地方债务、影子银行等问题和挑战保持清醒认识,对外部环境可能带来的冲击高度关注,并采取稳妥应对举措,防患于未然。要防范风险叠加造成亚太经济金融大动荡,以社会政策托底经济政策,防止经济金融风险演化为政治社会问题。

习近平高度重视推动金融综合监管改革。2016年3月,习近平参加十二届全国人大四次会议上海代表团的审议时指出,深化经济体制改革,核心是处理好政府和市场关系,使市场在资源配置中起决定性作用和更好发挥政府作用。要讲辩证法、两点论,"看不见的手"和"看得见的手"都要用好。关键是加快转变政府职能,该放给市场和社会的权一定要放足、放到位,该政府管的事一定要管好、管到位。要深化行政审批制度改革,推进简政放权,深化权力清单、责任清单管理,同时要强化事中事后监管。习近平要求上海"把防控金融风险作为底线,开展综合监管试点"。在2016年9月召开的G20杭州峰会上,习近平进一步提出围绕"构建创新、活力、联动、包容的世界经济"主题,推动"加强政策协调、创新增长方式"、"更高效的全球经济金融治理"等重点议题展开讨论。

思考3：加强金融法治建设，完善金融生态环境

党的十八届四中全会首次以专题形式在中央全会上研究全面推进法治等重大问题。法治作为一种社会调整方式，意味着社会运行，包括经济、政治、文化等各领域的社会运行，都处于法律的调整之下。金融是经济体系的一个子系统，自然也属于这一方式调整的范畴。法治金融建设是"法治中国"建设的重要内容。

2015年10月，习近平在英国议会发表讲话时，提出了"中华法治"概念，为中国金融法治探索指明了方向。首先，金融法治建设是社会主义市场经济体制建设的内在要求；其次，金融法治建设是我国金融业对外开放的必然选择；第三，金融法治建设是防范金融风险的根本保障。

金融法治建设是一项系统工程，包括金融法律法规建立健全、贯彻实施等完整过程，需要监管部门、金融机构、各类金融交易主体以及社会公众的共同参与。金融法治建设当前要重点推进四个体系建设：一是金融监管法律体系建设；二是金融创新法律法规体系建设；三是金融机构合规体系建设；四是金融消费者权益保护法规体系建设。

思考4：鼓励互联网金融创新

2014年6月，习近平在上海主持召开外籍专家座谈会。美国籍金融专家、上海陆家嘴国际金融资产交易市场股份有限公司董事长计葵生作了"互联网金融创新"主题发言。他分析认为，中国能够建立起比其他国家更高效、低成本、快速的新直接资本配置体系。中国将有机会在未来十年中引领世界金融创新。他建议国家在防范和控制风险的前提下允许试错，在法律和政策层面让前海、上海自贸区等在内的各个试验区进行更广泛的试验。习近平鼓励计葵生在互联网金融创新方面"多加思考、多做贡献"。这被解读为习近平对互联网金融创新的肯定和鼓励。

思考5：推进国际经济金融体系改革，提升新兴市场国家代表性和发言权

2013年4月，习近平在博鳌亚洲论坛开幕大会上表示，要稳步推进国际经济金融体系改革，完善全球治理机制，为世界经济健康稳定增长提供保障。同年9月，他在二十国集团(G20)成员领导人俄罗斯圣彼得堡峰会前与金砖国家领导人非正式会晤。他表示，金砖国家要协调行动，共同提升新兴市场国家在全球经济治

理中的代表性和发言权,推动落实国际货币基金组织份额改革决定,制定反映各国经济总量在世界经济中权重的新份额公式,同时改革特别提款权货币组成篮子。

思考6:共建国际金融组织,为经济互利互赢创造条件。积极推进金砖国家开发银行建设

2013年3月,习近平在第五次金砖国家领导人峰会上强调,金砖国家要加强在联合国、二十国集团、国际经济金融机构等框架内协调和配合。积极推进金砖银行、外汇储备库等项目。2014年11月,习近平在出席G20布里斯班峰会前夕,与金砖国家领导人再次重申要抓紧落实建立金砖银行和应急储备安排。

金砖银行旨在为金砖国家、其他新兴市场和发展中国家的基础设施和可持续发展项目筹集资金,作为对全球增长和发展领域的现有多边和区域金融机构的补充。而应急储备安排则负责在成员国出现资本外流、债务危机等金融紧急情况时提供援助资金。英国《金融时报》评价称,金砖银行将成为1991年欧洲复兴开发银行成立以来设立的第一个重要多边贷款机构。

率先倡导亚洲基础设施投资银行(以下简称亚投行)并积极推动落实。2013年10月,习近平在雅加达同印度尼西亚总统苏西洛举行会谈时表示,为促进本地区互联互通建设和经济一体化进程,中方倡议筹建亚投行,愿向包括东盟国家在内的本地区发展中国家基础设施建设提供资金支持。经过一年多沟通努力,2014年10月,包括中国、印度、新加坡等在内21个首批意向创始成员国财长和授权代表在北京签约,共同决定成立亚投行。2014年11月,习近平主持召开中央财经领导小组第八次会议,研究丝绸之路经济带和21世纪海上丝绸之路规划、发起建立亚投行和设立丝路基金。他强调,要以创新思维办好亚投行和丝路基金。发起并同一些国家合作建立亚投行是要为"一带一路"有关沿线国家的基础设施建设提供资金支持,促进经济合作。设立丝路基金是要利用我国资金实力直接支持"一带一路"建设。要注意按国际惯例办事,充分借鉴现有多边金融机构长期积累的理论和实践经验,制定和实施严格的规章制度,提高透明度和包容性,确定开展好第一批业务。亚投行和丝路基金同其他全球和区域多边开发银行的关系是相互补充而不是相互替代的,将在现行国际经济金融秩序下运行。

在国际交往中,注重通过金融来加强经济互利互赢。2014年7月,他在对委内瑞拉进行国事访问期间,中国与委内瑞拉签署40亿美元石油换贷款协议。在同墨西哥总统培尼亚会晤时,他希望抓紧磋商设立中墨投资基金。2016年8月,习近平出席推进"一带一路"建设工作座谈会时提出,要切实推进金融创新,创新国际化的融资模式,深化金融领域合作,打造多层次金融平台,建立服务"一

带一路"建设长期、稳定、可持续、风险可控的金融保障体系。

二、中国金融功能监管探索回顾

目前,我国中央层面金融监管协调工作已走上"制度化、规范化、日常化"运行的轨道。早在 21 世纪初,伴随着分业经营、分业监管体制的形成,我国在中央层面即开始了金融监管协调机制的研究与探索。2003 年 12 月修订的《中国人民银行法》中明确要求"国务院建立金融监督管理协调机制,具体办法由国务院规定"。2007 年第三次全国金融工作会议将完善金融监管协调机制作为专题进行了研究。2008 年以来,国务院建立了一行三会金融工作旬会制度并成立了应对国际金融危机小组。2012 年第四次全国金融工作会议以及"十二五"规划纲要再次明确提出要完善金融监管协调机制。2013 年,国务院同意建立由人民银行牵头,银监会、证监会、保监会和外汇局参加的金融监管协调部际联席会议制度,并批复了《金融监管协调部际联席会议制度》。此外,银监会、证监会、保监会的监管联席会议制度、国务院旬会制度等都是对有效监管协调与合作的有益探索。2014 年,国务院印发《关于界定中央和地方金融监管职责和风险处置责任的意见》(国发〔2014〕30 号),明确界定中央和地方金融监管职责和风险处置责任。

中央监管部门间的协调机制建设取得一定进展,但主要集中在某些领域和部门,与发达国家在全面性和探索深度方面存在一定差距。主要进展体现为:一是探索对综合经营的有效监管方式,努力减少监管套利空间。对于金融机构经营实体直接开展的跨业经营合作(如代销基金、保险和托管)、直接的跨业交叉经营(如债券承销)、股权交叉投资,银监会、证监会、保监会等部门逐步形成一套相对有效的职责划分与协调合作的方式,暗合了功能监管理念的要求和做法。二是强化审慎监管理念,提升机构监管的覆盖范围和监管有效性。面对金融机构的综合化经营,监管部门采取了风险提示、出台专项政策、强化并表监管等举措,将风险监管的覆盖范围扩大到银行经营的各类业务,既包括传统业务,也包括新兴创新业务,全面监测度量整个集团的风险情况。三是探索机构监管与功能监管的协调与合作机制,减少监管套利与监管真空。银监会与保监会签署了《关于加强银保深层次合作和跨业监管合作谅解备忘录》,成立了业务创新监管协作部门,在内部统一创新业务的监管标准,强化了功能监管与机构监管的协调配合。

地方层面探索进展相对缓慢,面临许多实际困难,仍处于摸索阶段,加快探索迫在眉睫。从协调内容看,中央层面金融监管协调主要涉及六项内容。其中第一项(货币政策与金融监管政策之间的协调)、第二项(金融监管政策、法律法规之间的协调)涉及政策制定与解释权,地方层面只能负责问题搜集与上报功能、第三项(维护金融稳定和防范化解区域性系统性金融风险的协调)、第四项(交叉性金融产品、跨市场金融创新的协调)、第五项(金融信息共享和金融业综合统计体系的协调)在地方层面面临巨大挑战。地方层面主要承担个案处理和风险预警职能,无力实现向制度变革的提升。从纵向传导看,中央监管层面已经建立了由人民银行牵头的金融监管协调部际联席会议制度,但地方金融监管协调机制尚未建立,造成地方政府部门与中央金融监管部门之间缺乏有效的信息交换、资源共享和联防联动,中央对地方金融管理部门缺乏常规化的业务指导,金融监管、风险处置和政策协调配合往往"一事一议",并没有形成常规化、制度化的机制保障。

从各兄弟省份的实践来看,目前还处于分头摸索阶段,尚无统一的功能监管经验。以网贷公司管理为例,北京强调建设"首都金融安全监测平台",发挥产品登记、信息披露等职能。重庆暂停担保公司、小贷公司、P2P 等一类网贷公司的注册登记,工商局对凡涉及金融业务的公司一律按照"先证后照"的老方式审批,不搞"先照后证"。江苏成立省互联网金融协会,制定《江苏省 P2P 投资人投资指南》,并指定江苏交易场所登记结算有限公司对全省 P2P 网络贷款平台资金进行统一托管,以保证专款专用,确保资金安全运营。浙江成立省互联网金融协会,联合发布"P2P 网贷评价指标体系"。

上海自贸试验区自建立以来,在完善金融监管方面进行了一些初步探索。一是积极探索金融行业对外资准入的负面清单管理。允许符合条件的外资金融机构设立外资银行,符合条件的民营资本与外资金融机构共同设立中外合资银行,在条件具备时,试点设立有限牌照银行。试点设立外资专业健康医疗保险机构。二是逐步简政放权,简化流程,便利金融机构和企业办事。对人民币境外借款、跨境人民币双向资金池等业务取消事前行政审批,实行事中事后监管模式。对区内银行分行级以下(不含)的机构、高管和部分业务准入事项由事前审批改为事后报告。取消在沪航运保险营运中心、再保险公司设立分支机构,以及支公司高管人员任职资格的事前审批,实施备案管理。取消对外债权债务有关审批手续或者下放至银行办理。三是探索创新事中事后监管模式,支持金融机构创新。四是积极探索宏观审慎的本外币境外融资管理模式。五是加强本外币全口径的跨境资金流动监测,积极探索构建开放经济下的金融安全网。六是积极探索国家金融管理部门在沪机构之间以及与上海市相关部门之间的协调互动机制。

总的来说,上海在金融监管方面进行了有益探索,一定程度上顺应了金融发展趋势和实体经济的需求。但与当前形势发展的要求和金融活动的特点相比,还存在很多不足。对某些金融行为和金融活动的监管存在真空和不到位情况，对跨行业、跨市场的交叉性金融创新业务，例如资产池理财产品、证券投资信托基金等，监管职责不够明晰、不够有效。

三、综合监管实践对功能监管理论的新发展

功能监管从提出到现在已走过 20 多年的探索历程，可以结合丰富的实践案例推动理论的进一步发展。结合中国国情以及现代金融发展最新进展，可从以下角度切入，加深对功能监管理论的再认识形成符合国情的综合监管理论，尽最大可能优化金融监管改革方案。

一是对于国情因素的新认识。功能监管应更多考虑一国国情因素，在设计监管与协调框架时应符合本国金融发展实际。每个国家的国情都是相通的，但又不是完全共同的，在政策设计时要实现从通例到特例的转变。必须认识到，如今关于全球功能监管的探索框架是权威的，但未必是全面的，是针对自己国家所迫切需要的。例如，在西方国家，由于其法律体系与中国的巨大差异，一些影响变量可以忽略不计，英国行业协会体系的强大，美国好讼文化的盛行，都对功能监管模式的选择与改造存在较大影响，但在中国等非西方国家却无法回避如何补牢短板的问题。具体而言，一国金融国情至少包括行政组织体系、金融开放度、持牌机构体系、民间金融情况、互联网金融发展、监管架构与资源分布、重大风险案件、金融市场体系、中介服务体系、货币政策框架等因素。应在了解金融国情的基础上，进行差异化和阶段化设计。

很多人一提到功能监管就会以美国为参照，但我们应当注意到美国的功能监管实际上是其特殊国情下的特殊安排，是对其国内双层（联邦与州）、多头复杂监管体制妥协的产物，在讨论中需要对美国的功能监管探索的部分举措进行特殊处理。美国的伞形监管体制吸收了功能监管的一些理念，是符合美国基本国情的。深入评估发现，尽管美国监管框架整体符合功能监管理念，但其追求同一或类似业务接受同样或类似监管的原则在实践中并没有得到很好的贯彻，目标的实现程度不高。特别是在不断的金融创新中，银行、证券、保险以及其他金融业务边界日益模糊的情况下，伞形监管安排下的监管套利与监管真空越来越突出。中国在框架设计中必须更多考虑可操作性问题，必须坚持实践与理论有别、过去与现在有别、本国与他国有别的基本原则。

二是对于"互联网＋"因素的新认识。功能监管理论需要深入分析互联网金

融组织的功能创新与监管疏漏,从大数据监管、行业协会监管、混业经营监管、穿透式监管等方面提出具有指导性的监管框架。"互联网＋"背景下,很多未纳入监管体系的机构通过低成本、跨区域扩展,业务规模和影响迅速扩大,成为对区域性乃至系统性金融安全构成影响的风险源。在传统机构监管框架下,受监管资源限制,会设置较高准入门槛,机构数量相对有限,地域分布较为均衡,跨区域展业不太有限。但在"互联网＋"背景下,大量法人机构集中在一个区域,区域分布不均衡,跨区域展业现象频繁发生。"e租宝"、中晋等以金融创新为名行庞氏骗局之实,导致互联网金融风险事件频发。从外因看,互联网金融无序发展源于信息技术快速发展推动互联网对金融的过度渗透,互联网对舆论的塑造与掌控导致监管放任;从内因看,互联网金融风险源于"谁家的孩子谁抱走"的金融压抑式监管理念、缺乏全局性"穿透式"风险监控的监管机制和"画地为牢"式分业监管体制。加上适逢商事制度改革,内外部多重因素的叠加,导致互联网金融风险在当前呈燎原之势,出现此起彼伏。这些新的因素在功能监管理论提出之初是没有考虑到的,影响着功能监管的探索路径和架构搭建。

三是对于监管体系内涵与外延的新认识。在理论提出之初,学者显得过于强调理论本身,对于非监管因素或者广义监管缺乏足够认识。实际上,这里的监管应当是广义监管的概念,要实现从狭义监管到广义监管的转变。除了考虑监管架构调整及力量加强之外,还要重视引入市场化监管因素,形成监管机构、金融消保、行协自律、市场约束间的四位一体、互补互促关系。在设计金融监管与协调方案时,必须充分引导和借助各种市场化力量,市场约束机制如资信评级、差评、信用激励约束等,对于补充金融监管资源不足具有重要意义。

四是对于改革目标的新认识。改革不是目的,解决问题才是目的。在设计改革方案的过程中,可能面临较大阻力与改革成本,方案设计者需要在诸多方案之间进行权衡,但这种权衡不应造成对改革目标的忽视乃至忘却。在设计改革方案时,应当始终坚持关注中国面临的急迫性问题和长期性问题,坚持问题导向,加强理论研究和问题探讨,最后才能形成更有针对性的金融监管与协调改革方案。

五是对于横向统筹、纵向统筹的新认识。功能监管理论提出时更多考虑的是平面性政府模型,对于一国金融监管体系的纵向性没有过多涉及,但纵向设计问题却是实践中无法绕过的重要问题。目前在实践中还未清晰找到最佳实践案例和最佳共识原则。英国是个地理小国、行政层级没有那么复杂,选择了超级央行模式。美国是联邦国家,行政架构相对复杂,选择了伞形监管架构。中国地方金融出现蓬勃发展,要求功能监管探索更加重视纵向设计,必须思考不同层级金融监管与金融发展关系,必须考虑不同行业间监管套利行为的普遍性及其危害性。

第八章
现有改革方案的业界认知及态度调查

当前,各方就中国金融监管改革提出了许多方案,进入讨论视野的方案包括:方案一,保持现有的"一行三会"格局不变,加强立法与协调;方案二,成立金融监管协调委员会;方案三,简单合并"三会"为国家金融监管总局;方案四,"央行+行为监管局"(超级央行方案),即将"三会"的审慎监管职能并入中央银行,同时成立独立的行为监管局;方案五,"央行+审慎监管局+行为监管局",即由央行负责宏观审慎政策制定、执行和系统重要性金融机构、金融控股公司和重要金融基础设施监管,"三会"合并组建新的监管机构负责系统重要性金融机构以外的微观审慎监管,并成立独立的行为监管局。其中作为方案四的"超级央行"方案最受关注。支持者认为,这种"央行+行为监管局"的方案既符合现代宏观审慎政策框架的要求,又契合国际"三个统筹"的趋势。

本书以"超级央行"的改革方案为讨论蓝本,召开了专题座谈会,并开展了专题问卷调查,获取 167 份有效样本。从调查问卷看,专家们对于功能监管探索的必要性认可较高,但对于现有改革方案的内容、全面性仍然存在较多争论。

一、中国金融改革发展的认可度

一是对金融体制改革成效的认可度较高。调查数据显示,28.57%的受访者认为 1993 年国务院出台《关于金融体制改革的决定》以来,我国的金融改革取得重大实质性突破,金融管理体制现代化程度明显提高;44.16%的受访者认为改革取得较大进展,但部分领域管理体制仍旧不顺;20.78%的受访者认为改革有一定的进展,但整个金融市场管理框架与市场发展不相适应;6.49%的受访者认为改革只在部分领域取得进展,许多领域金融管理体制改革严重滞后。

二是认为当前金融宏观调控取得一定成效。调查数据显示,74.68%的专家学者认为取得一定效果,但同时认为金融宏观调控体系仍然需要进一步完善;另有7.14%的专家学者认为取得显著成效,金融宏观调控体系已基本完善;还有

17.53％的专家学者认为成效很差,金融调控体系需要加快建立。

三是认为近年来我国金融领域案件频发的主要根源是治理结构不完善。针对为什么近几年会频频发生金融腐败案件的问题(多选题)？高达70.13％的受访者认为机构监管理念的内在不稳定性,无法实现全面覆盖、自主覆盖、动态覆盖目标是重要原因之一;68.83％的受访者认为内部治理结构不完善是重要原因之一;65.58％的专家学者认为监管体系不健全是重要原因之一;44.81％的受访者认为从业人员的道德风险有重要影响。

四是关于我国当前的金融监管与协调体制,有80.52％的受访者认为仍然属于分业监管模式,只有5.84％的受访者认为已经具备综合监管特征,12.99％的受访者认为当前我国金融监管与协调体制处于中间状态,兼具分业监管与综合监管特征。

五是对于当前具备推动进一步改革时机的认可度较高。调查数据显示,21.43％的受访者认为时机已经成熟,条件业已具备;65.58％的受访者认为时机基本成熟,条件基本具备;只有7.79％的受访者认为时机尚未成熟,条件还不具备。

二、综合监管改革驱动因素分析

一是对于各项改革驱动因素的认可度较为一致。从调查结果看,业界最为专注的四项现实挑战依次为,"长期存在政策打架、市场分割等监管重叠、监管冲突情况,市场调控与发展受到监管因素制约"、"宏观经济面临转型压力,导致银行业出现周期性行业不良贷款危机"、"长期存在股市配资、楼市配资等监管空白、监管弱化情况,监管部门无力实施穿透式监管与处置"以及"互联网金融发展方向出现偏差,非法集资风险事件频发",其关注度分别为64.29％、61.69％、57.79％和53.25％。此外,国际化因素也较受关注,"人民币国际化过程中,需要建立与国际接轨、更加现代化的金融监管与协调体系"选项的认可度达到46.75％。

二是对于功能监管理论的认可度超过九成。29.22％的受访者认为功能监管理论对于我国金融改革非常具有指导价值,64.94％的受访者认为功能监管理论对于我国金融改革具有一定指导价值,两者合计占比为94.16％。

三是对于金融改革内容有着"核心明确、内容多元"的期待。从调查结果看,业界最为关注的四项改革内容依次为,"推进监管框架调整,合并部分部门,探索金融大部制改革"、"加强宏观审慎管理政策、货币政策和金融监管政策协同"、"明确现有监管主管部门的职责分工,实现全面覆盖"以及"加强金融监管立法,出台类似美国金融服务现代化法案的文件",其占比分别为68.83％、62.34％、54.55％和46.1％。此外,对加强监管部门行动协同、推动金融信息共享的认可度分别达到 39.61％和 36.36％。对金融消保改革的认可度不高,只有 9.09％。

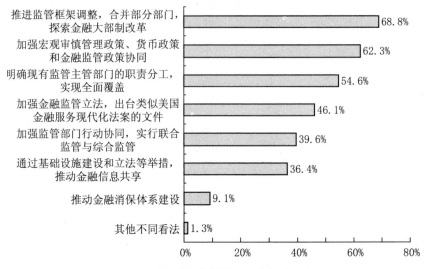

图 15　对金融改革最核心内容的认可度

四是当被问及"哪个国家的金融综合监管改革方案对于中国最具借鉴价值"时,熟悉度产生了重要影响。从结果看,美国、英国、德国、日本的认可度依次为64.9％、46.8％、29.9％和 25.3％。在金融话语体系中,实际存在着某种程度的"美国经验崇拜论",国内对于美国经验的研究要远远多于其他国家。有专家指出,美国伞形监管模式的形成有其特殊国情因素,既不是全球最佳实践案例,也非美国人心目中最理想的状态,成效与预期也存在一定差距。中国存在较为特殊的金融国情,决定了应当结合中国实际,并博采众长,设计最适合中国的综合性方案。

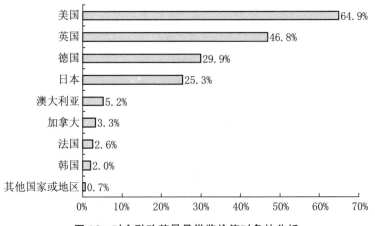

图 16　对金融改革最具借鉴价值对象的分析

三、金融监管改革备选方案评价

一是在诸多改革方案中,"超级央行"方案最受关注。从调查结果看,"超级央行"方案(央行合并三会)、"高级央行"方案(央行提高半级,三会保留)、"平级央行"方案(维持现有架构,制定法规调整现有职能设定与工具运用框架)的认可度分别为 57.14％、30.52％和 11.69％。

二是受访者认为在我国保持中央银行的相对独立非常必要并且可行。调查数据显示,75.97％的专家学者认为借鉴国际经验,在我国保持中央银行的相对独立性非常必要,而且是可行的;20.13％的专家学者认为在我国保持中央银行的相对独立性非常必要,但在现有的格局下不可行;3.9％的专家学者认为在我国保持中央银行的相对独立性意义不大,并且在现有的格局下也不可行。

三是针对地方金融办存在的必要性与履职中面临的最大困难,调查数据显示,30.52％的专家学者认为有必要,但很难明确职责并获得相适应的人员、工具保障;33.77％的专家学者认为有必要,但易受地方利益集团负面影响,加剧监管套利现象;还有 35.06％的专家学者认为意义不大,应考虑以某种方式并入中央金融监管体系。

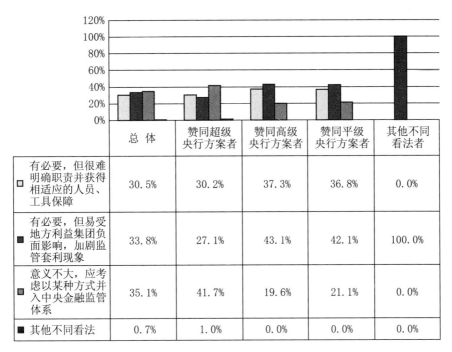

	总 体	赞同超级央行方案者	赞同高级央行方案者	赞同平级央行方案者	其他不同看法者
□ 有必要,但很难明确职责并获得相适应的人员、工具保障	30.5%	30.2%	37.3%	36.8%	0.0%
■ 有必要,但易受地方利益集团负面影响,加剧监管套利现象	33.8%	27.1%	43.1%	42.1%	100.0%
▨ 意义不大,应考虑以某种方式并入中央金融监管体系	35.1%	41.7%	19.6%	21.1%	0.0%
■ 其他不同看法	0.7%	1.0%	0.0%	0.0%	0.0%

图 17　对于地方金融办改革方向的讨论

四是对于加快金融监管改革对于金融业发展的作用,调查数据显示,63.64％的受访者认为有实质性的促进作用,能根本解决金融领域的制度问题;36.36％的受访者认为有促进作用,但作用不明显,不能解决金融领域的制度问题。

必须指出,受访专家们对于中国金融综合监管改革的认识与评价既有较强的主观性,也处于动态调整中。从优化金融监管改革方案设计、减少改革阻力出发,全面客观听取各界观点很有必要,以上调查结果提供了一个较好的"窗口"。

第九章
对改革方案与路径的进一步思考

一、中国金融监管与协调改革的方向与原则

中国金融监管与协调改革应当坚持以下方向和原则：

2015 年 11 月，习近平就《中共中央关于制定国民经济和社会发展第十三个五年规划的建议》起草的有关情况，向中共十八届五中全会作说明中表示，要坚持市场化改革方向，加快建立符合现代金融特点、统筹协调监管、有力有效的现代金融监管框架，坚守住不发生系统性风险的底线。"统筹协调监管"第一次明确成为中国金融监管体制的改革方向。

改革应当坚持的基本原则包括：

第一，在金融法治建设的原则下，探索综合监管和功能监管的新机制。十八届三中全会提出了"全面依法治国"等四个全面总体要求，为了保证和促进中国金融改革与发展的全面深入，需要努力推进金融法治建设。"十三五"规划纲要提出要"强化综合监管和功能监管"，从顶层设计层面上考虑，需要从"组织法"等视角对国务院金融监管协调机制(小组)的地位进行明确和规范，以法律制度框架明确具体抓手(金融信息和数据)的统一协调管理并通过"诉讼法"等确立国家级金融法院这一专属法院的设立以及运行机制。

第二，立足国情。世界上没有任何一种监管模式是最优的，监管模式的有效性取决于各国的国情，还存在着路径依赖的问题。任何一个监管体制，都不可能推倒重来，只能在原来的监管体制下不断地总结经验教训加以完善。但是在完善金融监管体制的过程当中，金融的逻辑和监管的理念必须是清晰的，要准确地划清政府与市场的边界。在这样三个前提下，结合各国的具体实践，才能够提出一个好的监管体制改革方案。

第三，按照机构监管与功能监管相结合、宏观审慎管理与微观审慎相协调的原则，构建与现代金融市场相适应的监管框架。机构监管着眼于微观审慎，关注机

构的准入条件、风险控制和市场退出。功能监管着眼于金融产品设计、交易的合规性，相同法律关系的产品，遵循相同的监管原则，由同一监管机构实行统一监管。

第四，建立可动态、全面覆盖的监管新框架。要密切跟踪新技术环境下金融机构的组织形态变化，加强监管网络动态调整能力建设。同时，统一对金融产品本质的认识。目前一定程度上的监管真空和监管混乱并存与我们对很多金融产品本质的认识不统一有很大关系。2015年证券市场的场外配资行为，没有得到有效监管，一个重要原因就是对证券定义认识的不一致，因而难以实行统一监管。长期以来我们对理财产品的本质认识，没有获得统一，造成了理财市场银证保三家分割监管，带来了监管的真空和市场的混乱。

二、稳妥推进金融大部制改革

（一）对现有讨论方案的分析

如前文所述，目前各方就中国金融监管架构提出的改革方案大致有五套：方案一，保持现有的"一行（内设外汇局）三会"格局不变，加强立法与协调；方案二，成立金融监管协调委员会，形成"一会＋一行＋三会"格局；方案三，简单合并"三会"为国家金融监管总局，形成"一行＋一总局"格局；方案四，"大央行＋行为监管局"，即将"三会"的审慎监管职能并入中央银行，同时成立独立的行为监管局；方案五，"大央行＋审慎监管局＋行为监管局"，即由央行负责宏观审慎政策制定、执行和系统重要性金融机构、金融控股公司以及重要金融基础设施的监管，"三会"合并组建新的审慎监管局负责系统重要性金融机构以外的微观审慎监管，并成立独立的行为监管局。其中，方案五（又称"超级央行"方案）最受关注。

本书认为，以上五种方案都具有一定合理性，各有所长，但不足之处同样明显。实际上，这些方案都没有获得压倒性共识。

方案一强调的是加强现有监管机构之间的外部协调，虽然改革成本较低，但外部协调的实际成效备受质疑，容易陷入"空转"局面。

方案二强调新设顶层协调机构，被许多专家认为属于重复建设。在"一行三会"之上，原本就有国务院进行协调，该方案没有解决任何问题，反而会重复增加协调成本，降低协调效率。

方案三提出的"一行一总局"架构比现有监管框架更有效率，"三会"合并后的协调效率显然要高于"三会"并列的协调效率。但是，该方案没有解决宏观调控有效性、系统性风险识别和防控能力问题,金融监管仍分裂于"一行"和"一会"之间。

方案四可基本构建起宏观审慎管理体制的主体框架。但是,该方案并没有真正理清"大央行"的内部治理架构,没有构建货币政策、宏观审慎管理和微观审慎监管"三位一体"金融管理体制。

方案五提出的"大央行＋审慎监管局＋行为监管局"监管架构既符合现代宏观审慎政策框架的要求,又契合国际"三个统筹"(即统筹监管系统重要金融机构和金融控股公司、统筹监管重要金融基础设施、统筹负责金融业综合统计)的趋势。但对于监管职能的归类较为简单,未涉及对地方金融队伍的整合,牵涉的部门调整压力太大。

(二)中央层面金融综合监管改革建议

金融监管体制改革最核心的方向是增强央行的统筹职能,围绕央行与其他部门关系、中央与地方关系、目标与工具关系,设计一个符合中国国情的金融监管新框架。为此,本书提出了一个新的参考方案,可形象概括为"大央行＋证监会＋地方金融监管局"方案,中央层面的主要改革内容包括:

一是进一步整合"一行三会"的监管职能,在现有分工格局基础上合并同类项,把各金融管理部门的准入监管以及系统性、重要性金融机构(含金融控股公司)监管等相关职能予以合并,证监会仍承担对证券市场及证券投资活动的监管职能。这与美国等发达国家的实践方向基本一致。

二是推动央行内部的改革。把央行职能清晰区分成四大块,分别为货币政策与人民币管理局、金融审慎监管局、消费者保护与行为监管局、外汇管理与反洗钱局。有关司局、工具与职能根据这一框架进行重构。

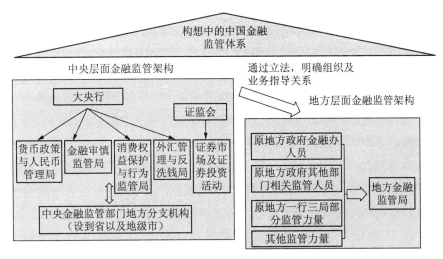

图18　构想中的中国金融监管体系改革方案

三是根据中国国情设置行政级别，便于后续工作推进。具体而言，央行建议为正部级单位，金融审慎监管局等四个内设局为副部级单位，但央行主要负责人由国务委员及以上级别兼任，其中金融审慎监管局、外汇管理与反洗钱局主要负责人由正部级副行长担任。

四是确立央行主导地位，加强货币政策与金融监管、金融基础设施建设的政策协调。危机之后，各国的中央银行加强了对金融机构的审慎监管，系统重要性机构的监管，基本上都集中在了中央银行的监管之下，原因就在于中央银行是最后的贷款人，是市场流动性的最后的提供者，如果他事先不了解金融机构的情况，如果没有对市场金融信息的全面掌握，难以及时有效地做出决策，或延误时机，或措施不当。因而，在金融监管体制中确立中央银行的主导地位，不是行政级别的高低问题，而是由金融业的功能决定的。未来的金融监管体系必须以中央银行为主体，构建宏观审慎管理框架，更好地协调货币政策、金融稳定、金融监管与外汇管理关系，解决货币调控传导不畅问题。

为了有效化解金融风险，需要统一宏观审慎与微观审慎的监管，并加强对金融基础设施的监管和组织实施金融业综合统计，建立集中统一的金融基础设施（如货币支付清算、结算系统，金融产品登记、托管、清算和结算系统，等等）和金融业综合统计体系（以及中央金融监管大数据平台），解决系统性金融风险识别和预警能力不足问题，有助于实现实时监管。

五是根据改革方向修订现有法规，完善改革的法律保障体系。金融综合监管改革是一项牵涉面广、难度大、目标远大的历史使命，也是一项系统工程。因此，必须遵循依法治国的根本理念，全面梳理现有相关法规，拟定法规修订任务及推进日程表，调动各方力量，有序推进整个改革进程。

上述方案的重点不在于简单归并，而在于整合优化，以结构编成调整应对新挑战。其主要优点在于：一是可以完全构建起货币政策、宏观审慎管理和微观审慎监管"三位一体"的金融管理体制，可以更好地协调货币政策、金融稳定、金融监管与外汇管理关系，解决货币调控传导不畅问题。二是可以建立集中统一的金融基础设施（如货币支付清算、结算系统，金融产品登记、托管、清算和结算系统，等等）和金融业综合统计体系（以及中央金融监管大数据平台），解决系统性金融风险识别和预警能力不足问题。三是可以避免监管真空，弥补监管空白，杜绝监管盲区。四是可以纠正现行体制下监管机构部门意识和行业保护倾向，统一监管标准并防止监管套利。

三、探索创新中央与地方分层监管体制

（一）地方金融监管体系力量弱、管理散、任务重

目前，我国地方金融监管力量较为薄弱，难以有效承担中央赋予的各项任务。以上海为例，目前 16 个区中大部分已经设立了金融工作主管部门。从目前设置来看，有些设立了独立的金融办，有些将金融办作为财政局、发改委、经委等内设部门，还有少数未设立金融办。其中，独立设立金融办的有 4 个区，分别是：浦东新区金融服务局、黄浦区金融办、杨浦区金融办、虹口区金融服务局；将金融办内设于其他部门的有 11 个区，其中宝山、奉贤、长宁、徐汇、青浦、金山、松江等 7 个区内设于发改委，普陀、闵行等 2 个区内设于财政局，嘉定区内设于经委，静安区金融办与投资办合署办公；崇明区未设立金融办，相关工作由区财政局承担。

（二）推进地方金融监管建设迫在眉睫

地方金融监管机构在中央监管机构不管、管不到或管不好的行业与领域，相对于中央金融监管部门或机构，具有其独特优势。

首先地方金融办是代表地方政府的专业机构，在协调和整合地方监管执法资源（如协调工商、公安、司法等）方面比中央监管机构或部门更具有优势；其次地方金融办在获取监管执法所需线索和信息上相对于中央监管机构或部门具有更强的优势，它们具有更多和更畅通的信息渠道，有更密集信息网络采集到相关信息和掌握有关线索；三是地方金融办管辖范畴不受分业经营、分业监管的限制，是综合性金融监管机构，可以采取更为灵活原则为基础和风险为基础的监管，相对于中央分业监管的监管就或部门，具有更开阔的监管视野和全局意识，更容易发现那些处于监管缝隙、游离于监管边缘和蓄意规避中央金融监管灰色地带存在的违法问题和危害，因为可以不受分业监管的限制与约束，启动监管执法更加便利，可以更加积极主动；四是相对于当地公安、工商等治安、工商执法部门，地方金融办在金融监管执法上更专业，可以有效弥补它们在金融监管执法上专业知识不足的短板。

（三）搭建双层金融监管体系的思路

我们认为,中国面积广、市场分层、主体众多、创新活跃,为了有效监管,应更加重视搭建分层的监管架构。双层金融监管体系总思路为:构建"统一领导、分工明晰、责权一致、协调配合、运行高效"的双层金融监管体制。中央管大中型机构,地方管小微型机构;中央管全国,地方管区域;中央管公众类,地方管非公众类。对地方管理的部分,由中央负责制定方针政策,指导监督地方执行,地方负责制定实施细则和操作办法,具体组织实施。统筹中央和地方两个积极性,通过合理调整、划分中央和地方的金融监管职责权限,适当增加和扩大地方金融监管责权,加快建立"相对独立、充分授权、双线管理"的地方金融监管队伍。当前的主要改革任务包括:

一是建立双层金融监管架构。中央金融监管部门借鉴美联储形式,一般情况下只设立到省及地市级层面。同时,整合现有地方金融队伍,成立"省——市（区）——县"三级专业管理的地方金融管理局。管理上实行双线管理体制,业务指导、法规制定、数据统计等方面主要接受中央金融监管部门指导,办公场所、人员任命、工资待遇等方面跟随地方相关规定。这样设计的好处在于,降低中央部门增设机构的难度,便于把金融监管网络覆盖到更广的市区、县及以下行政层级。

二是进一步明确中央和地方金融管理的边界。按照完善地方金融管理体制的基本原则,建议从系统重要性、涉众、经营范围三个因素来考虑进一步明确中央和地方金融管理的边界。第一是系统重要性因素,对于具有系统重要性影响的金融机构应由中央进行统一管理。第二是涉众因素,对于涉及公众领域,影响众多中小投资者利益（例如公众存款、公开发行证券等）的金融机构应由中央进行统一管理。第三是经营范围因素,开展跨区域经营的金融机构应由中央进行统一管理。因此,除这三个条件之外的,不涉及公众领域、规模较小、不会导致系统性金融风险以及地方更易获得监管信息的金融机构,与地方经济发展关系密切,原则上可在国家金融管理部门的指导下,交由地方政府进行管理,使得地方政府承担更多促进其发展的职能。

具体而言,地方金融部门的监管对象主要包括以下几类,一是原有地方金融办管理的小额贷款公司、融资性担保公司;二是原由其他部门管理的融资租赁公司、带有金融功能的各类交易场所、典当行、拍卖行、保理公司等机构以及单用途

表8　构想中的金融机构监管职能分工关系

监管对象 （含法人分支机构及持牌专营机构）	监管类型		是否双层监管
	中央监管	地方监管	
银行业金融机构 / 银行	央行	村镇银行由地方监管	是
信托公司、金融资产管理公司、金融租赁公司、财务公司、汽车金融公司、消费金融公司、货币经纪公司等	央行		
第三方支付机构	大中型机构由央行监管	小型机构由地方监管	是
征信机构	大中型机构由央行监管	小型机构由地方监管	是
其他银行业金融机构	大中型机构由央行监管	小型机构由地方监管	是
保险业金融机构 / 产险公司	央行		
寿险公司	央行		
再保险公司	央行		
养老险公司	央行		
健康险公司	央行		
其他保险业金融机构	大中型机构由央行监管	小型机构由地方监管	是
证券业金融机构 / 证券公司及其子公司	证监会		
基金公司及其子公司	证监会		
期货公司及其子公司	证监会		
证券期货交易所	大中型机构由证监会监管	小型机构由地方监管	是
证券期货登记结算类机构	大中型机构由证监会监管	小型机构由地方监管	是
其他证券业金融机构	大中型机构由证监会监管	小型机构由地方监管	是
类金融机构 / 金融控股公司	央行	小型机构由地方监管	是
小额贷款公司、融资性担保公司等		由地方监管	
融资租赁公司、典当行、拍卖行、保理公司等		由地方监管	
股权众筹机构、P2P网贷机构等		由地方监管	
其他新型金融机构		由地方监管	
金融基础设施	央行		

预付卡等业务;三是原由中央金融管理部门监管的中小型第三方支付机构;四是管理职能不尽明确的新生金融机构,如股权众筹机构、P2P网贷机构、私募股权投资基金等;五是承担辅助监管职能的相关地方行业协会。

三是加强中央对地方的专业指导。理顺地方金融与中央部委的管理对接关系,重点探索对于地方金融部门实施条线结合式管理,在中央层面进一步明确国家部委对于地方金融办的指导职责。对于地方金融监管的机构,由地方政府实施日常监管的准金融机构,需要进一步加强中央对地方的专业指导,加强中央与地方的协调配合。

以小额贷款公司为例,近年来,各地政府在人民银行、银监会2008年出台的指导意见基础上进行了各种制度突破,行业也在融资渠道、融资比例、业务模式、产品等方面进行了种种尝试。在探索创新的同时,也发生了非法集资等问题,不利于社会稳定。目前各地做法不一,缺乏统一指导。建议以中央跨部门协调小组或其他方式,统一国家相关部门意见,制定和完善统一的监管制度和经营管理规则,在制度、业务等方面对地方给予更多指导。

此外,对于小额贷款公司、融资性担保公司等准金融机构,地方政府主管部门还缺乏行政处罚权,对于违反规定的公司多采用约谈、督促整改等柔性手段进行管理,约束效果有限,建议完善法律法规,由中央金融监管部门进行合理授权,赋予地方政府必要的行政处罚权,提高监管有效性。

五是进一步完善中央和地方共同防范金融风险工作机制。金融业具有涉及面广、参与人数多、社会影响大的特点,因此,金融风险的防范与处置既需要国家金融监管部门的统一部署,也离不开地方政府的配合和参与。建议进一步明确中央和地方各自防范金融风险的主要类型,如:对于系统性金融风险,应主要由中央金融监管部门开展防控工作,地方政府予以配合;对于区域性金融风险,可以在中央金融监管部门的指导下,由地方政府牵头开展防控工作。同时,鉴于金融风险的高度关联性,应进一步建立健全中央与地方之间信息交流机制,为地方应对系统性金融风险提供指导和预警,避免区域性金融风险的扩散和升级。

四、加快完善金融立法机制

从功能监管视角来看,目前的金融法律法规中部分规定落后于实践,部分规定过于原则、可操作性不足,一些领域存在法律空白,可考虑从以下方面进行完善:

一是在上海、北京等金融中心城市设立专门的金融法院与执法队伍。借鉴最高人民法院设立巡回法庭和成立知识产权法院的成功经验,设立独立建制的金融法院已经是大势所趋,其必要性是由我国当前金融案件司法审判中仍存在的一些痼疾所决定的。其一,虽然目前法院已经有了专门的金融审判庭,但按照目前规定,金融审判庭审理的案件中,一般当事人一方须为金融机构,这使得大量涉及上市公司违法的证券类金融案件被排除在了金融庭的审理范围之外,必须由一般的基层法院审理。上市公司诉讼的特殊性在于,上市公司案件的受害人通常人数众多且遍布全国。云南绿大地等案件表明,此类案件审判的专业性和法律适用标准的统一性不仅打了折扣,且在现实中极易受到地方保护主义的干扰和影响。其二,金融案件的审判对于金融市场的稳定具有极为重要的意义。随着日新月异的金融创新步伐加快、金融混业趋势加强,我国的金融立法严重滞后于金融市场和产品的发展,这使得司法解释和司法审判在很大程度上承担了实际上的创制法律规则和审判标准的任务,但当前金融案件管辖权的分散,使得受案范围缺乏统一标准,审判水平参差不齐,审判结果也难以保证公正,这种不确定性不利于金融市场稳定预期的形成。充分发挥专业法院和判例的优势,保持对金融创新的密切关注和跟踪,对于疑难类、创新类金融案件的统一化审理,会对金融市场的稳定和健康发挥至关重要的作用。

二是修订与功能监管理念不符的规定。根据功能监管理念重新定义监管对象、监管职责,同时加强机构立法与行为立法。例如,在《证券法》的修改过程中,是否调整证券范围,将企业债券、中票和短期融资券等原本在银行间债券市场发行、"有债券之实,而无债券之名"的债券纳入证券法管理范围。类似修订牵涉的影响面太大,必须纳入金融监管与协调机制改革的整体安排中统筹考虑。

三是提高金融立法效率。重点是缩短立法滞后期长度。美国的金融立法经验值得其他国家借鉴。其联邦金融监管的立法权在国会,主要法案包括《联邦储备法》、《银行控股公司法》以及金融行业发展方面的法案如《格拉斯·斯蒂格尔法》、《1999 年金融服务法》、《多德—弗兰克法案》等。相关监管机构在各自职责范围内依据上位法制定部门监管规章,并汇总收集在《美国的联邦监管法典(Code of Federal Regulations,CFR)》内,法典共分 50 个部分,对应不同的联邦监管内容。其中,有关金融监管的规章包含在第 12 部分(银行及银行业)和第17 部分(商品及证券交易)。法典每年更新一次并按季度发布更新内容。其中第 1—16 部分在每年的 1 月 1 日更新,第 17—27 部分在每年的 4 月 1 日更新,第 28—41 部分在每年的 7 月 1 日更新,第 42—50 部分在每年的 10 月 1 日更新。与美国相对独立的立法议员发起模式不同,中国的金融立法更多地是由监管部门发起,容易出现监管者刻意回避、协调不畅、立法难、速度慢等现象。

四是增补新机构新业务的监管法规。近年来,以支付、理财为代表的互联网金融业态蓬勃发展,现行的金融法律制度体系显示出较大局限性,传统的自上而下的金融创新发展模式和金融管制理念客观上制约了各类金融创新的活力,部分法律规定的滞后对金融创新形成法律障碍。因此,必须秉持开放包容的金融管理理念,尽快修改不合理的法律制度,为金融机构创新金融产品和服务提供空间、预留空间。同时,新的法律法规又要体现规范管理、防范风险的理念,确保金融创新业务健康发展,促进金融更好地服务实体经济。

五是推进金融行业协会领域立法。金融监管改革的重要内容之一是让行业协会更多参与,厘清监管与市场自律的边界,即哪些行为可以由市场自律,哪些行为要由监管当局界定准入门槛。应当推动行业协会立法机制建设,完善自律组织和自律管理的法律框架,明确行政管理与自律管理之间的职责划分,加强市场自律管理规则建设。

六是提高交叉领域立法质量。长期以来,我国金融业发展坚持分业经营的原则,相应地,金融监管主要实行分业监管、机构监管的模式。但随着金融创新发展,金融业综合经营的趋势日益明显,交叉性金融工具和业务不断涌现,金融业各子行业的边界越发模糊。尤其在互联网金融等新型的金融业态中,不少产品和业务涉及多个领域,难以简单划分到传统的分业经营的框架中。因此,要从业务类型角度出发,对同类业务采取相同监管标准,避免监管套利。构建金融控股公司监管制度框架,加强对金融控股母公司和集团整体的监管。理顺调整现有法规中就同一业务存在不同监管标准的情况,减少监管套利行为的发生。

七是加快地方金融管理领域立法。目前,一些地方已经开始地方金融管理立法相关探索。例如,2016 年 3 月 31 日,山东省十二届人大常委会第二十次会议审议通过《山东省地方金融条例》,在全国率先明确辖内从事 7 项经营活动的地方金融组织,应当按照规定向地方金融监管机构提出申请,取得相关业务许可。今后,应加快明确地方金融管理职责,中央金融管理部门和地方部门各司其职,加强协作,共同促进金融发展,维护金融稳定。

八是完善金融稳定领域立法。现行《中国人民银行法》将维护金融稳定列为立法目的之一,明确规定人民银行负有维护金融稳定的职责,并规定为维护金融稳定而可能采取的检查监督权,该理念在 2003 年修法时无疑是具有前瞻性的。但十多年后的今天,我国的金融格局已经发生了巨大变化,当年简单勾勒出的制度框架已无法保证央行履行维护金融稳定职责的需要。主要问题在于,法律规定过于原则和抽象,对诸如系统性金融风险的监测识别、系统性风险处置、问题金融机构的救助、金融稳定再贷款制度等事关金融稳定的重要事项没有明确的规定，也没有制定出有效的金融稳定工具和监管措施，可操作性不够强，在实践中难以有效实施。因此，需要加强金融稳定相关立法进程。

九是加强宏观审慎政策立法。2008 年国际金融危机的教训充分表明，盯住通胀的货币政策和关注单一金融机构经营状况的微观审慎监管无法有效防范整个金融体系的系统性风险，迫切需要构建宏观审慎管理制度框架，从宏观角度关注并解决金融系统中顺周期性、风险传染、系统重要性机构等问题，以维护金融系统的整体稳定。世界主要国家及地区在金融危机后普遍赋予了中央银行宏观审慎管理职能或明确规定中央银行在宏观审慎管理中的核心地位，并在法律中明确赋予中央银行履行宏观审慎管理职责所必需的权力。目前《中国人民银行法》及其他金融法律法规中并没有明确我国宏观审慎管理的主管部门、管理的外延以及管理工具。这使得构建我国金融宏观审慎管理体制以及人民银行推进相关工作缺乏法律支持，亟待加强宏观审慎领域立法进程。

十是探索涉外金融领域立法。当人民币成为 SDR 篮子货币的同时，就提出了如何将各种类型涉外主体纳入中国金融立法范畴的新问题。只有提供符合国际原则的金融立法保障，才能让人民币真正成为一种国际储备货币。

五、深入改革准入管理制度

推进金融改革的核心之一是建立符合功能监管理念的牌照管理制度。可考虑从以下方面着手：

一是整合现有监管架构。现行监管架构存在一些不符合逻辑之处，成为监管套利空间大量存在的温床。最典型的案例是租赁业被认为划分成金融租赁和融资租赁，实际上两者在业务内容上并没有本质区别，只是大股东与监管部门的差异。正因为监管尺度差异太大，资本都倾向于申请设立融资租赁公司，倒逼银监部门放宽监管政策。应加快推进行业管理框架整合。

二是推动准入管理向业务牌照制转型。与中国有巨大差异，美国是没有工商局的，业务活动监管部门分得比较细，如消费品安全委员会、食品安全检验局、国际贸易管理局、专利商标局等，重视业务准入管理而非机构牌照管理。这一监管制度显得更为严谨。中国当务之急就是遵循功能监管理念，从机构牌照制向业务牌照制转型，理顺工商登记与金融业务行政许可关系，先业务许可后工商登记。只有这样，才能有效纠正机构牌照制造成的监管竞次及监管盲区问题。

三是改变目前按机构设置处室的监管架构。从金融监管部门的内部架构看,基本上是按照机构类型分设处室,与功能监管理论存在一定偏差。应当考虑进行相应整合,体现功能监管理念。

六、大力加强金融基础设施建设

从美国情况来看,2008 年全球金融危机的导火索——美国雷曼兄弟公司的破产倒闭及其诱发的连锁反应,是促使美国金融监管当局痛下决心改革微观金融数据体系、弥合"数据缺口"的重要原因。危机爆发前,雷曼兄弟公司曾在全球50 多个国家和地区拥有数千家有独立法人地位的子公司。然而,美国金融监管当局对这些子公司所从事的极其复杂的衍生品交易无从知晓,甚至连其交易方的信息亦知之甚少。面对如此巨大的数据信息缺口,美国金融监管当局和市场主体在雷曼兄弟公司倒闭后,都无法判断该公司的风险敞口。而当时许多金融机构正是出于对这种"交易对手风险"(Counter-party Risk)的忌惮,才大幅收紧流动性。从这个意义上说,数据缺口导致了市场恐慌并最终诱发了危机。

从互联网金融风险集中爆发事件反映出我国金融监测预警体系的四个突出问题:一是"一团和气",许多部门都已事先监测发现了互联网金融领域蕴含的巨大风险,但不愿出面点破,担心戳破泡沫、被动承担监管职责、伤害部门间"和谐"关系;二是政绩倾向,部分改革推进速度过快,存在"单兵突进"情形,由于配套改革举措尚未到位,诱发风险并迅速集中暴露;三是数据分割,只能看到局部数据和非实时数据,无力形成全局判断,监测专业性不强,影响处置进度;四是舆论失位,商业媒体易被市场主体影响,形成不了理性思考和客观评价。有鉴于此,建议从以下方面大力推动国家金融监测预警基础设施建设:

一是搭建国家级监测预警平台。目前各地已有一些较好的探索案例,可在系统总结的基础上搭建国家级监测预警平台。例如,北京 2015 年年初正式上线打击非法集资监测预警平台,委托北京金信网银公司研发,全方位排查北京市各地区和各行业企业,实现了全面覆盖。上海也在探索搭建新型金融业态监测预警平台。实际上,金融风险往往具有全国性特征,各地重复建设存在专业性不强和资源浪费等问题,有必要在各地经验基础上搭建国家级监测预警平台。

二是探索与监管适当分离的监测体系。核心目标是建立多元性、独立性、专业性、双向性、前瞻性兼具的金融风险监测标准。金融行业分类较细,没有建立大部制管理架构,导致监管职能不尽明确,尤其是新业务、新机构、交叉地带监管职责不尽明确。在此长期性背景下,为了实现"不留空白点、不留空窗期"的目标,必须让监测、预警与监管适当分离,监测预警部门或平台可以不受自身监管职能限制,对整个社会实施全面监测,并明确相对独立的汇报路径或预警渠道。

七、建设面向未来的金融信息共享机制

长期以来,各国金融数据信息的统计体系如同微观审慎监管框架一样,按照国别、地域或业务领域等不同标准被制度性地割裂开来;不同国家乃至一国内部不同监管部门制定的信息标准差异很大,以至于跨部门以及跨国家的信息整合几无可能。为此,在全球金融危机爆发一年后即 2009 年 10 月,国际货币基金组织(IMF)和金融稳定委员会(FSB)联合向"二十国集团"(G20)财政部长和央行行长会议提交了一份题为《金融危机与信息缺口》(The Financial Crisis and Information Gaps)的报告,将实施宏观审慎监管政策对数据信息整合的需求与统计零散、标准不一的现行微观金融数据体系之间的这一矛盾,称之为"数据缺口"(data gap)或"信息缺口"(information gap),并指出重构现行的微观金融数据体系已迫在眉睫。

在路径选择方面存在两种争论,一种是主要依靠政府力量,建立公共信用信息平台,整合金融信用、社会信用和公共信用,实现一站式查询平台。典型案例是上海市公共信用信息平台的探索。另一种是建立主要依靠市场力量。建立征信领域的大型国企、民企,通过商业利益机制进行整合,政府把精力放在游戏规则制定方面。典型案例是北京打击非法金融活动云平台的探索。从实践来看,前者理论上可行,受到激励缺失、保护不足、追责困难、规模过小、跨区竞争、利益冲突等方面因素限制,能够真正发展起来的案例很少。部门之间的协调难度可能超乎想象。后者看似存在种种弊端,但却存在许多国内外成功案例。例如,Wind 资讯成功建成国内最完整、最准确的金融工程和财经数据仓库,国内绝大多数金融学术研究机构和监管机构都是 Wind 资讯客户。

对于中国而言,同样有必要加快金融数据体系改革,推动金融信息实时有效共享。可考虑以下举措:

一是推动政府数据开放立法。数据开放是信息公开的升级版,其立法目标就是要明确数据的性质、产生、使用、修正和二次开发规则,为市场化力量合理进

入提供支撑。通过立法打破数据围墙。我国百分之七八十的数据掌握在政府手中，如果这部分数据没有对公众开放，大数据时代就很难建设。美国的政府信息公开已经推行了五十多年，而奥巴马政府又对这个法令做了进一步的深化，这就是数据开放。在2009年奥巴马签署开放政府的行政命令后，这些年来开放政府数据已成为了世界性的一个趋势。美国联邦数据平台（Data.gov）上线后，在美洲、欧洲、亚洲等地，开放政府数据已成为政府的一项重要工作。

二是完善现有的信息管理组织体系。在各级金融监管部门内成立金融信息资源共享管理委员会，办理日常信息采集分析交换工作。同时，建立相对独立的金融信息基础设施，设立独立于各部门的中国金融监管信息中心，承担监管信息的全面收集、筛选、管理以及信息系统的开发、维护等工作，从机制上保证信息共享的长期性、稳定性和安全性。

三是建立一体化的金融数据体系。在尊重差异化信息需求的前提下，着手建立统一规范的金融数据标准，分成统计指标、非现场监管指标、现场监管指标三个层次，全面推进金融数据体系的一体化。相关工作可通过设立"金融稳定监管委员会"等类似部门予以推进，最终提高金融体系的透明度、建立具有包容性、动态更新的数据体系。

四是鼓励发展市场化的信息共享平台。这方面有很多成功案例。例如作为互联网金融基础设施，上海资信网络金融征信系统（NFCS）是当前国内最大的互联网金融征信系统，截至2016年1月15日，累计签约机构突破800家，注册地分布于26个省市自治区，业务发生地分布于31个省市自治区，收录客户数已超过491万人，贷款总笔数285万笔，累计查询415万笔，日均查询1.5万笔。市场化平台在金融风险防范中具有独特作用，仍有巨大发展空间。

五是夯实与互联网时代相适应的信息披露制度。信息披露是互联网时代金融业发展规律和本质要求，对投资者保护具有重要影响，是信用评级和风险评估的基础。应以"真实性、全面性、及时性、专业性、规范性"为导向，建立强制性、自愿性相结合的信息披露制度。

八、完善金融事务协调机制

可以从以下方面推进监管协调机制建设：

一是推进以金融监管改革为基础的内部协调机制建设。过去实践证明，行政管理制度的限制，很多问题通过简单的外部协调机制难以有效化解，必须启动行政管理框架改革,把外部协调转变为内部协调,依赖内部协调的强制性予以推进。

二是探索科学的外部协调机制。不管监管框架如何改革,外部协调需求都将持续存在。2007 年次贷危机发生后,美国最终于 2009 年通过了《多德—弗兰克法案》,该法案除了出台一些限制金融业混业经营的条例之外,还设立了金融稳定监管委员会,增加了金融监管机构之间的协调和沟通,在一定程度上顺应了美国金融业混业经营的局面。我国也可考虑出台专门的监管协调机制法规,从技术面、组织面加强保障,针对老问题及时总结形成常规化的协调方案,针对新问题迅速启动应急协调方案。

三是建立中央与地方金融管理部门的协调配合机制。建议成立由地方金融办和中央金融管理部门的分支机构共同组成的金融监管协调平台,发挥充分沟通、信息共享的作用。中央金融管理部门的分支机构应积极配合地方金融办的工作,地方金融办也应加强与中央金融管理部门分支机构的沟通和协调,维护中央金融管理部门分支机构行使职能的独立性,确保国家宏观调控政策在地方有效落实。

四是充分发挥地方政府及其相关部门作用。把地方政府部门纳入金融监管协调机制,有利于发挥好新闻媒体的作用,坚持正确的舆论导向,避免引起不必要的社会恐慌;有利于发挥公安、纪检等部门的作用,维持好社会秩序,避免诱发影响社会稳定的事件;有利于加强地方信用体系建设,为防范金融风险营造良好的金融生态环境。

五是加强国务院层面领导。国务院层面可建立协调机制,建设督导评估制度,确保金融监管协调的有序改革和有效实施。

九、完善金融消费者权益保护体系

2008 年国际金融危机后,英国进行了系统而彻底地金融监管改革,进一步强化了对金融消费者的保护。《2012 年金融服务法案》正式撤销了金融服务局(FSA),将其职能分拆由金融行为局(FCA)和审慎监管局(PRA)两个机构承担,从体制上实现了金融消费者保护与审慎监管职能的分离。金融行为局是一个独立的机构,对财政部和议会负责,其负责整个金融行业服务行为的监管。FCA 的工作内容包括:对全部金融行业约 26 000 家机构的金融行为进行监管;对除受 PRA 监管外的约 23 000 家金融机构进行审慎监管。FCA 的核心目标是金融消费者保护,公平竞争和维护资本市场诚信。同时,金融行为局被赋予了产品管理和干预权、产品和服务推广限制权、实施有利于市场竞争的监管政策等一系列新的权利。英国的金融监管改革对我国完善金融消费者权益保护机制具有重要的启示意义。此外,还有金融申诉专员服务公司(FOS,纠纷处理的操作机构,不负责制定相关法规)、金融服务赔偿计划公司(FSCS)、投诉处理专员办公室(OCC,承担公共职能的公司制企业,接受机构和消费者对金融监管当局,监管金融监管者的行为)、行业协会、仲裁协调机构等配合加强金融消费者权益保护。结合英国等国家经验,提出以下政策建议:

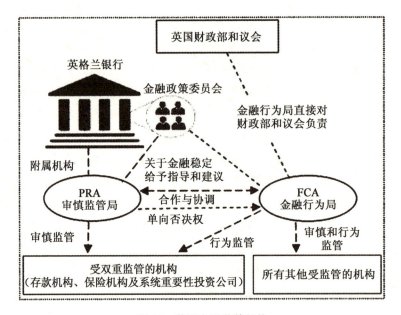

图 19　英国金融监管架构

一是整合现有一行三会金融消费者权益保护机构。从理论上看,金融消费者权益保护虽然纳入广义金融监管范畴,但在目标、工具与主体等方面均与一般监管存在显著差异,不同领域的金融消费队伍应当进行深度整合,形成合力。

二是建立市场化、分工明确的专业队伍。探索类似英国的金融申诉专员服务公司(FOS)、金融服务赔偿计划公司(FSCS)、投诉处理专员办公室(OCC)、行业协会、仲裁调解机构等机构,探索激励与约束机制。

三是明确金融消费者的权利。制定相应的规章制度让员工明确金融消费者的权利,包括知情权、选择权、拒绝不合理要求等方面的权利。金融消费者的权利应细分为产品类、服务类、其他类别等,明确购买产品和接受服务的事前、事中、事后权利。同时,还应通过有效渠道确保金融消费者明了自身的权利,以便有效行使和维护权利。为保护金融消费者的知情权,制定相关政策前应广泛征求各界包括金融消费者的意见,可以采用召开听证会、见面会等形式,确保政策出台前金融消费者参与到政策的制定中来,使得银行和消费者行使对等的权利。

四是明确金融消费者保护的渠道和方法。在明确金融消费者保护的部门的前提下,由相关部门对保护的渠道加以整合。应做到事前普及教育、事中及时提示、事后诉求畅通的保护渠道,让金融消费者在接受金融产品和服务前明了自身的权利;在接受金融产品和服务时,确保银行机构及时对可能危害金融消费者权利的事项进行提示;在问题产生后,有专门机构和渠道接受金融消费者的投诉,并且确保投诉的渠道畅通、反馈及时,在问题出现争议时由第三方进行调解。

五是构建多维金融消费者教育网络,提升金融消费者自我保护能力送金融知识下乡,让金融消费者有学习的平台。建立消费者金融教育专栏并及时更新材料内容,定期组织开展"金融知识进社区"、"农村金融教育培训"等多种形式的活动,开展长期有效的金融消费者信息支援。出版对金融服务消费者教育以及提供比较金融产品特性的宣传物,提高消费者自我保护能力。

六是进一步完善信息披露制度,健全金融消费者保护组织。要求金融机构必须做到全面、准确、及时和持续披露其产品和服务信息。在风险管理部门设立专门的金融消费者保护机构,通过直接有效的组织机构,在金融消费者教育、消费风险提示、反映金融消费者合法权益、处理金融消费者投诉等方面发挥积极作用。

上海创新篇

　　探索开展金融综合监管改革,不仅是中央层面的事情,也是地方层面需要深入思考、对接摸索的重要命题。近年来,上海从实际出发,在这方面进行了一系列备受关注的率先探索,取得了许多宝贵经验,有力推动了上海国际金融中心建设以及上海自贸试验区金融开放创新。

　　本篇包括四章,归纳整理了近年来上海开展的探索实践。既有金融改革创新的案例总结,也有试点方案设计的思考。第十章分析了上海金融综合监管改革的理念与具体思路。第十一章对金融综合监管改革的五个分领域实践案例进行了深入总结。第十二章是对上海自贸试验区金融服务业负面清单探索的思考。第十三章是对上海自贸试验区金融领域安全审查方案的思考。

第十章
上海金融综合监管框架探索

与金融业创新发展的要求相比,目前金融制度建设仍存在明显不足,集中体现为"五个不适应",即分业监管架构与金融业综合经营趋势不相适应,金融体制机制改革进程与金融业态创新速度不相适应,传统监管协调机制与跨部门、跨行业、跨市场创新不相适应,跨境监管体制与金融对外开放趋势不相适应,地方金融监管能力建设与类金融(新金融)机构数量爆发式增长不相适应。尤其是在"互联网+"背景下,很多未纳入监管体系的机构通过低成本、跨区域扩展,业务规模和影响迅速扩大,成为对区域性乃至系统性金融安全构成影响的风险源。为此,2016年7月,在深入讨论的基础上,上海率先出台了《发挥上海自贸试验区制度创新优势 开展综合监管试点探索功能监管实施细则》(沪府办发〔2016〕26号)(以下简称《实施细则》),为全国金融综合监管改革探路。

一、探 索 背 景

上海开展金融综合监管试点,探索功能监管不仅要体现创新性、继承性,还要坚持问题导向、需求导向,更要聚焦解决当前金融监管面临的核心难题。一是探索建立有利于弥补现有监管模式不足的监管协调机制,体现协同性。进一步加强地方政府部门和金融管理部门之间的协调合作,推进政策协调和行动协同,加强对跨界产品和交叉行为的监管。二是探索建立对机构、产品、业务、人员的全面覆盖的分工协作体系,体现全面性。凡是从事金融业务或变相从事金融业务的行为,都要纳入监管范畴,有效改变类金融(新金融)活动监管不足、无序发展的情况。三是探索从机构管理向业务、产品、活动、行为管理转型,体现功能性。适应综合经营的趋势,从事同一或类似的金融活动,接受大体一致的监管,消除监管重叠,避免监管套利。四是探索建立有效防范金融风险的监测预警体系,体现前瞻性。通过创新信息互联共享框架,全面掌握金融业态发展情况,消除监管盲区和空白点,提高监测预警能力,有效预防区域性、系统性风险。

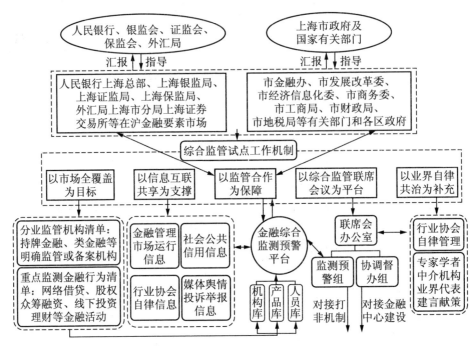

图20　上海金融综合监管探索框架

二、指导思想和主要任务

《实施细则》共分六个方面,一是指导思想和工作任务;二是理顺监管分工,实施全面覆盖;三是深化信息共享,提高分析预警能力;四是推进综合监管,加强监管合作;五是加强行业自律,探索业界共治;六是优化运作机制,搭建综合监管平台。

指导思想是:以党的十八大和十八届三中、四中、五中全会精神为指导,认真落实党中央、国务院决策部署,深刻把握金融业发展态势,发挥上海自贸试验区制度创新优势,以市场全覆盖为目标、以信息互联共享为基础、以监管合作为保障、以金融综合监管联席会为平台、以业界自律共治为补充,坚持市场化和法治化原则,坚持主动一步、跨前一步,坚持机构监管与功能监管相结合,规范金融市场秩序,防范和化解金融风险,促进上海金融业持续健康发展。

主要任务为:一是全面覆盖。强化行业、属地管理职责,消除监管盲区,重点加强对处于监管真空、交叉地带的机构和行为的监管,实现机构、业务、风险、人员全覆盖。二是共享信息。分类别、分层次、分步骤推进信息共建共享与互联互通,完善现有信息平台功能,并探索建设新平台,提升监测分析预警能力,及时掌握市场最新情况。三是加强协调。以金融综合监管联席会为平台,构建更加紧密、综合的协调机制,开展综合监管试点,加强金融管理部门与地方政府相关部门协调,发挥行业协会自律作用,提升事前、事中、事后协作水平。四是补牢短板。加强对违法违规从事金融活动机构的监管,推进涉众型金融产品的规范整顿,促进互联网金融规范发展,加大对非法金融活动的打击力度。

三、探　索　举　措

(一) 理顺监管分工,实施全面覆盖

主要从"全面覆盖经营机构、全面覆盖金融产品、全面理顺监管分工"三个方面,围绕"互联网金融、线下投融资类活动和一般交易场所"三类重点,推动实施全面覆盖:

一是全面覆盖经营机构。国家在沪金融管理部门、市政府有关部门和各区(县)政府等加强合作,分门别类,全面摸排全市各类机构底数,编制监管全覆盖的对象清单,明确或出台与业态发展相适应的监管举措。当前,重点关注面向非特定公众公开销售理财产品、开展高杠杆衍生性金融业务、销售交叉性金融产品、开展跨区域及跨境金融活动的经营主体。

对从事金融相关活动的机构类型进行了梳理,大致可以分为两类43种。第一类是明确监管或主管部门的机构,包括由一行三会及其派驻机构负责准入和日常管理的28种持牌金融机构;由地方政府有关部门负责准入和日常管理,或由行业协会实施备案制管理7种类金融(新金融)机构。第二类是需要重点关注的从事金融相关活动的一般工商企业,共6种。包括:(1)P2P网络借贷活动;(2)股权众筹融资活动;(3)私募股权投资或私募证券投资活动;(4)通过互联网开展资产管理和跨界从事金融业务等活动、以投资理财名义从事金融活动;(5)非融资性担保活动;(6)其他疑似金融活动。

二是全面覆盖金融产品。各行业监管或主管部门创新工作思路,切实加强各类金融产品监管,规范产品设计、宣传与营销行为。市工商局要加强对金融广告信息监测,提升违规广告信息自动预警能力。发挥行业自律组织作用,支持行

业协会建立理财产品登记和信息披露制度。依托中国互联网金融协会和上海市互联网金融行业协会等行业自律组织，重点推进互联网金融产品信息披露平台建设。

重点关注涉嫌违法违规的产品：一是进行大范围、高频度、误导性广告营销，承诺回报明显高于正常水平的投资理财产品；二是类金融（新金融）机构与农民专业合作社、民办教育机构、养老机构等联合开发，以高额回报为噱头的主题投资产品；三是专门面向高龄长者兜售、存在较高风险但风险揭示明显不足的产品；四是名为有限合伙实为非法集资的各类产品；五是涉嫌违规异地经营、超范围经营、无证无照经营机构提供的各类产品。

三是全面理顺监管分工。以合同法律关系和产品属性为基础明确管理部门，统筹配置监管资源，统筹创新监管手段，强化综合监管和功能监管。第一类是对需要经过市场准入许可的行业领域，由准入监管部门负责本行业领域的日常监管；第二类是对无需市场准入许可，但有明确主管部门指导、规范和促进的行业领域，由主管部门牵头负责本行业领域的日常管理；第三类是对没有明确主管、监管部门的行业领域，与金融功能有一定关联、难以准确定性的经营活动，提交上海金融综合监管联席会予以明确。国家在沪金融管理部门要指导督促各金融机构，加强反洗钱、广告宣传、员工异常行为排查等信息共享，为相关行业主管部门和区（县）政府提供资金监管方面的支持。如监管体系改革，则根据新情况调整明确新的职责分工，做好衔接。

当前，重点加强对以下三类机构的监管：

一是加强对互联网金融机构的监管。目前，中国互联网金融的外延不断拓展，在国际上处于领先地位，初步形成了互联网支付、网络借贷中介、互联网理财、互联网银行、互联网保险、互联网证券、互联网基金、网络消费金融、网络征信、众筹、互联网信托、区块链产业等十二类行业。此类机构业务活动建议根据人民银行等十部委《关于促进互联网金融健康发展的指导意见》（银发〔2015〕221号，以下简称《互联网金融指导意见》），明确管理职责，抓紧落实监管责任，现阶段重点是做好网络借贷中介和互联网理财的综合监管。

二是加强对线下投融资类活动的监管。对进入社区、街区开设网点门店公开销售投融资类产品的各类市场主体，名称或经营范围中含有但不限于"投资、资产、资本、控股、股权投资（基金）、财务（财富）管理、投资（财务、财税、融资、金融、金融服务、理财、贷款）咨询、融资租赁、非融资性担保、互联网金融"等字样或类似字样的机构，建议由市政府相关部门指导各（区）县政府，充分利用现有市场监管手段，加大综合监管力度。

三是加强对一般交易场所的监管。按照"归属地"原则,本市有关主管部门和各区(县)政府负责做好各类交易场所清理整顿、规范发展工作,市金融办协调推进。

(二) 深化信息共享,加强监测预警

主要采取以下措施:

一是完善信息共享机制。构建以"一个平台、两份清单、三类数据库、四种信息源"为核心的信息共享框架,推进本市金融领域信息互联互通。落实专项工作经费,借鉴北京市等经验做法,研究建立上海金融综合监测预警平台(现阶段以新型金融业态监测预警平台建设为重点);制定分业监管类和重点监测类监管对象清单;建立机构信息数据库、产品信息数据库、从业人员信息数据库;整合金融管理与市场运行信息、行业协会自律信息、社会公共信用信息、媒体舆情与投诉维权信息,发挥各类市场信息平台作用,通过定期批量互换、专网有限开放、互联网登记共享等方式,推进信息互换共享。

二是丰富信息共享内容。人民银行上海总部以跨境、跨市场、跨行业的金融市场监测为重点,整合金融市场数据信息,加快推进金融业综合统计体系建设。国家在沪金融管理部门与市政府有关部门加强合作,完善金融从业人员信息互换共享机制,实现行政处罚、内部处罚、刑事处罚等职业信息全面记入金融从业人员诚信档案。探索整合金融信用、社会公共信用和市场信用信息资源,及时更新经营异常、严重违法企业信息和非法集资主体(实际控制人、代理人、中间人等)信息,加强新闻媒体、微博、论坛、微信、信访、投诉等渠道信息的归集整理,实现全面共享企业及个人诚信信息。

三是优化共同参与机制。建立社会各方共同参与、互利共赢的合作机制。进一步加强国家在沪金融管理部门与地方政府职能部门之间的信息共享,推进管理信息按需互换。配合上海公共信用信息服务平台建设,拓展信息归集范围,提高信息整合能力,完善一站式综合查询功能。鼓励市场机构扩大信息采集范围,发展第三方数据整合平台,提高查询便利度与市场认可度。支持区(县)政府设立专项资金,通过政府购买服务方式定制非现场监管报告,提升事前监控、事中干预和事后快速反应能力。

四是提高监测预警能力。探索建设分工协作、互联互通的金融风险监测预警网络。发挥上海金融综合监测预警平台作用,充分利用互联网、大数据等现代信息技术,对接市广告监测中心、市网信办网络舆情处、城市网格化综合管理平台、金融风险舆情监测系统等各类信息,全面共享早期异动信息,归集分析多维

信息。借助市场专业力量,通过政府购买服务等方式,完善预警模型,明确预警规则,归集预警线索,提升预警能力,及时预警金融风险。

(三) 推进综合监管,加强监管合作

主要采取以下举措:

一是明确责任分工落实监管责任。在不改变现行金融监管体制和金融管理部门现有职责分工的前提下,针对监管真空和监管弱化问题,加强跨部门协调,确保分工明确,责任落实到位。国家在沪金融管理部门,强化行业监管主体责任,在加强对本行业持牌机构监管的同时,及时关注未经批准涉足本行业、本领域的经营行为和主体,采取针对性的管理规范和打击措施。市政府相关部门加强与国家在沪金融管理部门的合作,加强对行业协会、中介服务等组织的协调管理,引导行业协会加强行业自律。整合市场力量,加强对新业态、新产品和跨领域金融活动的监管协调,共同规范金融市场秩序,防范和化解金融风险,促进上海金融业持续健康发展。区(县)政府组织协调相关部门充分利用现有市场监管手段,强化综合监管,协助防范和处置金融风险,密切关注投资理财、网络借贷等风险高发重点领域,督促主要商务楼宇、科技园区、招商中心落实"谁引进、谁负责"的招商原则,落实源头防控责任。

二是推进监管合作协同。探索加强跨部门监测协作、监管协作与打击协作,完善联动综合执法机制,完善市区两级联合执法机制,提高重点领域、高风险领域现场抽查力度,及时公示抽查检查结果。对一般工商企业,在监管或主管部门的指导下,综合运用信用分类监管、定向抽查检查、信息公示、风险警示约谈、市场准入限制等手段,加强市场监督管理。各区(县)政府探索行政审批与市场监管的适度分离,进一步加强监管资源配置,完善监管队伍建设,提升对类金融(新金融)机构、非持牌机构的综合监管能力。如发现金融风险线索,依法及时开展联合打击。

三是加强诚信激励约束。各行业监管或主管部门加强协作,鼓励各类金融机构推出与客户信用状况和评级相结合的浮动利率、费率融资产品。结合机构诚信经营情况,扩大人民银行征信中心机构覆盖面,提高接入便捷度。国家在沪金融管理部门、市金融办、市工商局加强业务指导,推动金融投诉信息共享,加大现场监管执法与客户投诉信息、机构信用记录关联度,提高对投诉数量较多、性质较为严重机构的检查管理频度,加大事中处理力度,提升预警处置效果。

四是推进互联网金融监管。根据《互联网金融指导意见》精神,加强对涉众型互联网金融业态研究,支持互联网金融规范发展。根据职责分工,联合打击互

联网金融领域的非法集资、非法证券、洗钱等各类金融违法犯罪行为。支持上海资信等规范发展、资质良好的企业建设互联网金融征信平台,完善适应互联网金融特点的征信体系。发展第三方监测评估体系,建立和完善社会力量参与市场监督的工作机制。加强投资者教育,提高投资者风险意识及产品认知、风险识别能力,加强互联网金融消费者权益保护。同一机构开展跨行业、交叉性互联网金融活动时,由市金融办牵头协调相关监管主管部门实施综合监管。

(四)加强行业自律,探索业界共治

一是增强行业自律协作。各行业监管或主管部门加强对相关行业协会的工作指导,完善行业协会间联动机制,加强行业自律经验交流,探索联合自律管理模式。上海各金融行业协会组织充分发挥"贴近市场、反应灵敏"的优势,出台系列行业规范性指引,加强行业自律管理,进一步服务监管、服务行业、服务社会。发挥在上海设立的全国性行业协会作用,促进市场主体自我约束、诚信经营。

二是探索业界共治模式。健全多层次的业界共治平台,遴选具有广泛代表性的专家学者、中介机构、业界代表参加相关监管议题讨论,收集整理业界观点,鼓励谏言献策。发挥业界专家学者专业优势和智库作用,借鉴律师事务所、会计师事务所等中介机构服务经验,鼓励业界代表参与政策制定与成效评估,构建多方参与、运作顺畅、业界共治的管理新模式,与金融管理良性互动,进一步提升综合监管的针对性和实效性。

(五)优化运作机制,建设综合监管平台

《实施细则》提出建立上海金融综合监管联席会(以下简称"联席会"),以加强组织领导和统筹协调,优化监管资源配置,提升协调效率和响应速度。

联席会主要成员单位包括人民银行上海总部、上海银监局、上海证监局、上海保监局和外汇局上海市分局、市金融办、市发展改革委、市经济信息化委、市商务委、市工商局、市财政局、市地税局等部门和各区(县)政府。根据需要,可邀请市有关部门和在沪金融市场、行业协会等参加。

联席会主要承担以下职责:三是协调完善信息共建共享机制,指导信息分析预警监测工作,及早发现、及时预警风险;一是加强政策协调与行动协同;二是加强与国务院金融事务局、一行三会等中央机构的对接,争取支持和工作指导。四是推进行业自律协作,探索业界共治模式。

联席会建立例会制度,由分管金融工作的市领导牵头召集,原则上每季度召开一次,围绕难点重点议题,明确工作职责,议定实施方案。根据需要,可临时

召开。

　　联席会办公室设在市金融办,目前下设两个工作组,分别是监测预警组和协调督办组。监测预警组由监管部门和行业主管部门派员组成,负责组建专业分析团队,指导市场化平台运作团队,探索金融风险预警框架,推动加强监测分析预警,负责上海金融综合监测预警平台建设和日常运营。协调督办组由市金融办牵头,相关成员单位设立联络员,负责根据监测分析建议,组织召开联席会议,提出协调推进建议举措,协调督办相关单位推进实施,编制工作简报,向市领导和成员单位报送协调督办事项及进展信息。

第十一章
上海金融综合监管实践案例

一、浦东新区事中事后综合监管实践案例

要从理论高度深刻认识加强事中事后监管的重要性。李克强总理强调,"我们给市场放权不是放任,而是为了腾出手来加强监管"。实际上,"放、管、服"作为一个系统工程,放是前提,服是支撑,管是核心,管的关键是事中事后监管,只有管得好、管到位,才能放得更开、减得更多。

完善事中事后监管体系成为上海自贸试验区建设《总体方案》和《深化方案》的重要内容。两年多以来,浦东新区(含自贸试验区)推进一系列制度创新,探索搭建事中事后综合监管,以期形成一整套可复制、可推广的制度创新成果。金融业不仅是浦东事中事后综合监管的重要试验田,征信、托管等机构还被赋予"专业辅助监管者"的特殊角色。

(一) 改革总体思路

2016年5月,浦东新区制定了《中国(上海)自由贸易试验区和浦东新区事中事后监管体系的总体方案》,对116个改革事项从诚信管理、分类监管、风险监管、联合惩戒和社会监督方面,逐项制定事中事后综合监管方案和实施细则。

浦东新区事中事后综合监管改革的总体目标是,落实中央和市委、市政府精神,营造法治化、国际化、便利化的营商环境和公平、统一、高效的市场环境,构建权责明确、公平公正、透明高效、法治保障的事中事后监管体系。

基本原则是,坚持法治理念,遵循权责法定,不扰民、不烦民但法度不缺、监管到位;坚持创新导向,率先在事中事后综合监管体系、模式、标准、方式、手段等方面形成一批可复制可推广的经验成果;坚持综合监管,在强化多元共治的同时增强专业监管能力,织就一张事中事后监管的"天网";坚持放管结合,既要简政放权,又要管住管好。

主要任务是,搭建"4+2"为核心的探索目标,"4"是市场自律、业界共治、社会共治和政府监管,旨在构建多元治理格局;"2"是监管体制机制和方式方法的创新,旨在推进一级地方政府监管体系创新。市场自律强调筑牢市场主体自律的第一道防线,强化市场主体责任、创新市场评价机制、发挥金融机构的市场制约作用。业界共治强调推进政府监管和业界共治的良性互动,支持行业协会和商会发展、建立新型业界共治平台。推动社会共治强调发挥第三方专业机构监督作用、发挥公众和舆论的监督作用。完善政府监管强调增强政府各部门行政管理的协同能力,厘清监管职责、强化重点行业(市场和领域)的专业监管、实现监管联动、健全监管标准、加强风险监测预警、完善市场准入退出机制、促进行政与司法衔接。创新监管体制机制的重点是深化大部门制改革、完善综合执法体系。创新监管方式方法强调以"互联网+"和大数据技术为支撑,探索和推进智能监管、协同监管、分类监管和动态监管。

(二)难点问题探索

事中事后综合监管中存在着许多难点问题,没有现成经验可供借鉴,浦东新区在摸着石头过河中创造出许多"新鲜"经验。

1. 审批制度改革后是否意味着监管留白?

取消审批的要求是,能分离的证都要分离出去,并且不留监管空白。自2016年4月1日以来,浦东新区已按照取消审批、审批改备案、告知承诺、提高透明度和可预期性、强化准入管理等五种方式对116个事项进行改革试验,截至目前总体运行平稳。对于仍然存在审批事项的领域,采用"谁审批、谁监管",对于已经取消审批事项的,则采用"谁主管、谁监管",结合104个行业逐一落实。

有专家表示,以前总有部门不想去审批,甚至拖延不给证,就是因为这些部门想着不发证就可以不承担监管责任。现在即使你不审批,责任仍是你的,这也就打破了以往政府监管的缺位、越位现象。

2. 事中事后综合监管的人手从哪里来?

2015年,浦东新区政府与自贸试验区管委会合署办公,探索在一级完整地方政府框架下的全方位、全链条监管体系。目前,浦东新区成立公共信息服务平台,实现"互联网+信用监管+政务服务";成立市场监管局,实现工商、质监、食药监、物价"四合一";成立知识产权局,实现版权、商标、专利"三合一"。据统计,截至目前内设机构39个、行政编制299名,精简率均在15%以上。

为了满足监管方式改革后的新增监管需求,浦东新区积极探索审批与监管分离,通过专业分工解决"监管资源再配置"等举措。以浦东新区卫生计生委为例,一方面从卫生监督所的 162 个编制中专门抽调 15 个编制专职做窗口审批,集中受理个人和企业申请的审批事项;另一方面,卫生监督所不再参与具体审批工作,让绝大部分人员全力以赴投入到监督管理中。

3. 如何打破跨部门壁垒?

为了打破部门间壁垒,浦东新区率先推出"双告知"制度。从 2016 年 1 月 1 日起,到自贸试验区行政服务中心办理注册登记的企业都会收到一张《告知书》。与此同时,自贸试验区的各个行政审批部门也会通过公共信用信息服务平台收到企业登记注册的相关告知信息。这种"双告知"的形式,让以往审批式的"衙门官"坐不住了。因为收到企业"出生证明"的相关部门,必须主动关注、跟进监管。以一家公司申请电影放映经营许可证为例,在发证后 2 个月内,监管部门必须主动上门到现场去巡查,检查电影院是否做到了公司之前承诺的内容,譬如技术指标方面,第一排座位与银幕的距离是否达标,座位间隔是否合理等。若不达标,将要求电影院整改,若整改再不达标,将撤销其经营许可证。柔性管理的同时,刚性约束必须要及时跟上。

浦东新区先期开展的"双告知"内容包括区级层面的 128 个许可事项,涵盖 16 个政府职能部门。截至 2016 年 6 月 17 日,浦东新区市场监管局已向 13 个部门推送覆盖 67 项审批事项的登记信息 6 163 条。对监管部门来说,"双告知"将部门间信息连接了起来,对监管对象的实际情况不再是两眼一抹黑。对企业来说,"双告知"也能及时告知申请人,在领取营业执照后,要及时到相关审批部门办理许可审批,方可开展经营活动,从而避免企业因不知晓相关许可要求而违规经营、盲目投资。

4. 社会诚信体系如何深入推进

社会诚信体系建设是事中事后综合监管的重要支柱之一,在这方面探索尤其需要突破思维惯性、提高主动作为意识。浦东新区市场监管局率先与芝麻信用开展合作,由市场监管局向芝麻信用提供行政处罚、经营异常名录、严重违法失信、罚款逾期未缴纳等多类浦东新区范围内的企业信用信息,首批总计近 6 万条,数据保持实时更新。

目前阶段和芝麻信用之间是信息共享关系,之后的惩戒是芝麻信用和其他第三方之间的合作。比如,若企业纳入了异常关注名单,芝麻信用会把这个信息列入并推送给其他金融机构,企业在做贷款时,银行就可以去查询为什么企业会进入黑名单。而另一个应用更广的浦东新区公共信用信息服务平台也正在搭建中,目前已归集了 26 家单位报送的数据事项 579 项。

（三）事中事后综合监管平台建设

事中事后综合监管平台建设是一项核心枢纽工程,级别高、涉及面广、期望值高、影响深远。2016 年 6 月 21 日,上海市网上政务大厅建设与推进工作领导小组召开第三次全体会议,市委副书记、市长杨雄在会上强调,事中事后综合监管平台建设是 2016 年市政府重点工作之一,各区县、各部门、各单位要大胆探索,敢于创新,主动对照目标任务,不折不扣抓好落实,确保年内基本建成市、区两级综合监管平台,推动政府服务"单一窗口"建设迈上新台阶。

会议确定从四方面推进事中事后综合监管平台建设:一是建设事中事后综合监管平台,优化和规范政府管理服务,必须对各部门的监管职责进行全面清理重构,对传统的执法监管流程进行优化再造,逐一明确每个监管事项的职责主体、监管依据、执法程序,在平台上固定下来,实现来源可查、去向可追、监管留痕、责任可究。二是把信息互联共享摆在平台建设的突出位置,实现网上政务大厅行政审批数据充分共享,法人库、公共信用信息服务平台等提供基础数据支撑。三是着力推动跨部门高效协同应用,补好短板。综合监管平台和网上政务大厅建设要紧跟物联网、大数据、云计算等技术发展步伐,敢用、善用新技术,推动监管服务更精准、更智能。一方面要更多运用物联网手段,提高监管效能;另一方面要借助大数据分析,对潜在的问题和风险进行预测和研判,加快实现监管重点从事后惩处向事前预防转变。四是综合监管平台运行要透明,让政府部门掌握的监管信息"走出去",及时向社会公开监测、抽检、执法、处罚等社会普遍关注的监管信息,方便公众知情监督。同时,把社会组织和第三方机构掌握的、可用于监管的信息"请进来",探索平台与行业协会、商会、专业化服务机构的业务对接,加强与平台型企业合作,充分发挥社会力量在相关专业领域的监督作用。

7 月 18 日,市政府办公厅印发了《上海市事中事后综合监管平台建设工作方案》,提出具体建设方案。方案中明确了事中事中综合监管平台与网上政务大厅、法人库、公共信用信息服务平台的关系。

按照规划,事中事后综合监管平台将分步推进建设。第一阶段(2016 年 8 月底前):制定本市事中事后综合监管平台管理办法,推动跨部门业务衔接,解决监管盲区问题。厘清市级各部门与事中事后综合监管相关的各类数据、应用资源,制订全市统一的监管数据标准、接口规范及编码规则。第二阶段(2016 年 12 月底前):基本完成市级平台与区县子平台建设。建立综合监管业务应用,推动各相关部门协同监管。实现网上政务大厅行政审批、事中事后监管、办事服务三大核心内容。第三阶段（2017 年 6 月底前）：优化完善市级平台和区县子平台，重点推进社会参与综合监管的功能建设。在信息归集、业务数据汇聚的基础上，通过向社会公众提供市场主体数据、政府监管信息，鼓励第三方机构积极参与监督。同时，采集第三方机构的评级类数据，完善政府事中事后综合监管。

事中事后综合监管改革至少在两方面收到了实实在在的成效。一是 2016 年 4 月中旬，上海晶昌酒店管理有限公司赶在最后时限前来办理《公共场所卫生许可证》延续手续。因企业提交的材料中缺失检测报告，且无法及时补齐，按照以往流程，必然会造成许可证失效。根据法律法规规定，许可证一旦失效，企业需停止营业，待重新办理许可后方可经营。

如今，鉴于该企业日常监管结果为良好，故以告知承诺的方式当场拿证，企业后期补交材料，避免了企业经济损失。这充分表明，监管不是政府一方的事，一方去管也管不好，必须顺应呼吁与诉求，采取市场主体自律、社会参与、行业监督等方法。这都是管理理念的变化，要求政府前松后紧，做好"兜底"。

二是"证照分离"产生"加速度"效应。"原来要一两个月才能审核发证，现在当场受理、当场拿证，真没想到能这么快！"来上海市浦东新区市民中心办理电影放映经营许可证的郑平，吃了一惊。他将办证现场的照片发了微信朋友圈，为审批提速点赞。

以前，要想拿下这张电影放映经营许可证，至少要 45 个工作日，前提还得是能顺利提交 12 类申请材料。若遇上材料不齐全、审核不符合要求等意外情况，人要多跑路不算，电影院拿证开业更是遥遥无期。如今，郑平只是现场签署了一份告知承诺书，承诺符合申请条件后，便当场取证，这一切正是浦东"证照分离"带来的"加速度"，有效点燃市场主体的投资热情。

（四）金融城业界治理范式案例

为了营造更高效、更优质的发展环境，在借鉴国际经验的基础上，结合上海的特殊功能定位，市委、市政府决定在陆家嘴金融城开展体制改革试点，率先实施"业界共治＋法定机构"的公共治理范式。2016 年 6 月 21 日，浦东新区人大常委会依据市人大常委会《关于促进和保障浦东新区综合配套改革试点工作的决定》，审议通过了《关于促进和保障陆家嘴金融城体制改革的决定》，支持并保障改革试点在法治框架下有序推进。当年 8 月 25 日，全国首家法定机构——陆家嘴金融城发展局全面运营。同日，全国首个新型业界共治平台——陆家嘴金融城理事会一届一次理事大会顺利闭幕，开始履职。

1. 对伦敦金融城业界共治经验的思考与借鉴

(1) 活力常在的伦敦金融城

英国人说伦敦环城高速公路 M25 以内的地区不属于英国,属于世界。而伦敦人则说,金融城不属于伦敦,属于全世界。

在金融领域,伦敦金融城在人才、商业环境、市场准入、基础设施和总体竞争力五个方面,均高于业内排名"老二"的纽约。这里有 100 多家本国银行和 520 多家外国银行,比全美的银行总数都要多出一倍;目前日平均交易量超过 1 万亿美元,约占全球总交易量的 32%,超过美国和日本的总和;75% 的世界 500 强企业在这里设了分公司或办事处;世界前三大律师事务所把总部设在这里,使之成为国际争端解决中心之一。

2008 年国际金融危机爆发后,纽约华尔街在民主党和共和党之间摇摆,至今还在打政治牌。而伦敦金融城则专注于如何走出危机,现在已成为拉动英国经济恢复的力量,开始大量招聘新员工,忙碌于在建大楼边的吊车臂预示着它的明天。伦敦金融城政府还设立了中国事务顾问委员会,由中国金融界的 9 位知名人士组成,以指导伦敦金融城与中国的交流与合作。

以伦敦金融城为核心的英国金融服务业,2007 年产值占英国 GDP 的比重达到了 8.3%,并为英国提供了百万个就业岗位。2008 年英国金融服务业创造了 505 亿英镑的贸易盈余,而与金融业务密切相关的法律、会计及管理咨询等专业服务业也占据了英国 GDP 的 3.95。即便金融危机兴风作浪,也没有给金融城带来致命打击,2009 年英国金融服务业占英国 GDP 的百分比仅比上年下降了 0.2%。目前这一占比已高达 10%。

(2) 古老传统演绎出独特体制

① 悠久的自治传统。伦敦金融城的雏形,是从公元 43 年罗马人到英国后形成的。罗马人在伦敦建立了方圆 1 平方英里的伦迪尼乌姆,并在泰晤士河上架起了各式各样的桥梁,由此产生了来往的商贾并形成了交易市场,依照罗马的公民议事制管理城市。1066 年诺曼底人征服英格兰以前,伦敦金融城一带的市民已享有各种公民权。伦敦金融城政府的宪章,就是源于市民拥有的公民权。即便是后来形成的英国威斯敏斯特议会,也是基于金融城的政务议事厅发展而来的,因此,真正的"议会之母"并不是有大本钟的英国议会大厦,而是金融城至今保留的政务议事厅。

② 中央的宽松授权。伦敦金融城的自治权,通过英国国王的放权而逐步取得。1192 年,国王约翰赋予伦敦市民选举司法行政长官的权利,从而换取市民对国王的资金支持,以推动国内及海外政策。第一任市长连任 13 年,之后就是

每年选举一次。1215 年,英国王室和金融城的贵族在税收上产生尖锐矛盾,在势均力敌的情况下英王签署《约翰国王大宪章》,不仅把金融城的权利和市长产生的程序法定化,而且限制了国王进行拘捕、罚款的权力。这样,金融城不仅成了英国第一个有自主权的地方政府,而且与英王及其政府之间保持着一定的距离。

③ 特殊的商人自治。伦敦金融城的管理者,包括市长和市政官员,既不是政治家,也不是公务员,而是商业精英和行会代表。只经过商场的多年打拼,经过一系列公开推荐和选举后,富商财阀方可走上伦敦金融城的"领导岗位"。如今为扩大国际民意基础,外国商人只要在伦敦金融城住满 12 个月以上,就可参选市议员。

④ 传承的重商文化。在特殊的体制下,金融城管理者的重商文化得以代代传承:不很关心国家政治,也不介入政党活动,其主要目标是为各种国际商务活动服务,给金融城内的各类金融机构和商务公司提供准确、及时、重点突出的分析报告和商业信息,拓展金融城的商业机会,通过法律修订和政策调整创造最佳经商环境。可以说,金融城自治政府更像一个国际性金融公会,市长可以代表整个英国,在海内外宣扬金融城作为国际金融中心的重要性,并听取世界各地对金融城的改进要求。

⑤ 强大的世界凝聚力。伦敦金融城强大的世界凝聚力,在于其独特的体制安排:远离政治,靠近企业;超脱于政党纷争,专注于经济规律。就连其自治政府的名称,都带有公司色彩,直译成中文就是"伦敦金融城公司"(也有人译作"伦敦市法团",意思是法人团体)。世界各国的政治体制各有千秋,但在经济上几乎遵循着相同的规律。而把经济规律作为管理宝典的伦敦金融城,能够满足各行各业、各种肤色人的需求,因而吸引着全球各地的专业人才和投资资本。

(3) 先进的管理体制决定领先的国际化水平

伦敦金融城在世界金融界的卓越地位并非一蹴而就,而是经过数世纪的积累和体制的完善而形成的。其体制框架没有多少改变,依然遵循着《约翰国王大宪章》的规定,但其服务内容却在不断变化,持续地提升自身在创新、开放、灵活、高效方面的声誉。

金融城自治政府的管理体系主要由四部分组成:市长、参政议政厅、政务议事厅和市政委员会。市长是金融城的首领,并主持各管理机构的工作,包括市参政议政厅和政务议事厅。参事议政厅具有决策权,而政务议事厅则是执行机构。参事议政厅中有两个委员会,协助市长处理日常工作。政务议事厅中则有土地桥梁房产、政策研究、金融、计划和交通、健康和环境、警察、市场、图书馆档案艺术、社区与儿童服务、林木保护、西汉姆公园管理、雇员保护等 20 多个委员会,负责金融城内的各项管理和服务工作。市政委员会则讨论政策主张和人事安排。无论是参事还是议员,都是每 4 年选举一次,而市长则是每一年选一次。

金融城市长是商会和市政委员会协商产生的,程序不少,只有那些德高望重、有丰富实践经验和国际联系的人,才会脱颖而出,以便保证金融城应对世界变化的胆识与效率。

商业行业公会在金融城的管理中发挥着重要作用,不属于金融城自治政府序列,但对市长及市府官员的选拔有很大发言权。在世界上,伦敦金融城是为数不多的保持市政部门和行业协会密切联系的地方。商业行业公会对市政的参与,提升了政府决策的时效性和针对性,确保市政官员是具有专业能力的"行家",但同时,金融城市政委员会对商业行业公会负责人也有提名权,反过来保证了行业协会与政府间的合作关系。金融城的商业行业公会,还是慈善事业坚定的拥护者,为政府和社会承担了很多责任。比如在养老和教育上,商业行业公会的资助十分可观,许多优秀的公立高校和中小学或多或少得到行业公会的资助,金融城各类专业教育培训机构超过 95 万家。伦敦大学有名的金史密斯学院,就是金史密斯商业行业公会捐建的。

高效率的警务服务、独立的法庭、解决商业纠纷和案件的公平和效率,也是伦敦金融城成为"金融首都"的原因之一。金融城的警察系统,不属于大伦敦警察局,而是直属于内政部。现在有 850 名警察和 406 名文职人员,其职责和英国警察一样,但服装是不同的,其最大的特长是在商业欺诈行为的侦破上世界领先,能对付各种经济犯罪,让全世界的金融家感到有安全感。金融城也有自己的法庭,主要解决商业纠纷,以保证商业竞争的环境公平、公开和透明,刑事案件则由英国刑事法庭审理。

金融城市长把其高度国际化的"秘诀"归结为 5 点:首先是能够吸引来自全球的非常懂市场的专业人才,其次是营造令这些人才及其家人倍感满意的工作和生活环境,再次是健全完备的法律法规,第四是稳定的政治环境,最后是以透明度和可信的监管增加投资企业的信心。但实际上,专业而独特的市政管理体制,才是伦敦金融城生机勃勃的真正灵魂。

2. 陆家嘴金融城"业界共治＋法定机构"建设构想

（1）业界共治新型平台

陆家嘴金融城,是国务院于 1990 年批准设立的国内唯一以"金融贸易区"命名的国家级开发区。经过 20 多年的发展,陆家嘴金融城已经形成了以金融、航运服务和商贸为主导,会展、旅游业为补充的产业体系。截至目前,持牌类金融机构 780 家,约占浦东新区的 90％、上海市的 60％;证券、期货、钻石、石油、金融期货等要素市场 13 家;私募证券、股权投资、融资租赁等新兴金融机构 5 000 余家;金融从业人员 20 余万,约占上海金融从业人员的 60％。

随着时代发展,尤其是自贸试验区扩围及金融改革创新的加速推进,陆家嘴金融城借鉴伦敦金融城经验,率先提出建设"业界共治＋法定机构"的战略规划,并开始付诸行动。

"业界共治"指的是上海浦东新区人民政府联合业界发起设立陆家嘴金融城理事会,首届理事会成员 124 家,主要来自重点企业、行业组织、楼宇业主等,突出金融并涵盖航运、商贸、专业服务业等各行业领域,其中业界代表占比九成以上,外资机构占比三成,集合了金融城最广泛的社会力量。作为陆家嘴金融城的公共平台,理事会围绕金融、航运、贸易等产业发展和商业、交通、文化等环境优化议题,开展业界共治,支持金融创新和金融监管创新及海外业务拓展,提升金融城的全球竞争力和影响力。

业界共治理念得到金融机构高度认可。"我们这些机构租住在陆家嘴金融城,从某种程度上说只是'过客',对陆家嘴的功能、业态、环境等如何发展,提些建议,政府可听可不听。"安永大中华区首席财务官郑文彪说,"以前陆家嘴金融贸易区管委会做得还不错,相关领导会上门联系机构,征询意见。我们曾对陆家嘴的饮食配套、二层连廊建设以及丰富文化生活等提出建议,有些建议也确实被采纳了,但我们是无法跟踪落实过程的。"如今,理事会搭建了金融城业界共治和社会参与的公共平台。"有了固定的交流渠道,还可以共同参与决策与治理。"郑文彪说,"安永成为首批理事会常务理事单位后,大中华区主席吴港平就已经开始设想如何改善环境,并筹划联合相关金融机构,帮助贫困大学生实习与就业。"天安财产保险股份有限公司总裁高焕利对理事会的工作效能表示赞同:"我们参加了几次理事会筹备会议,针对人才公寓、海外学习、税收优惠等提了一些建议,现在有的已经在落实了。"

《陆家嘴金融城理事会章程》明确指出,理事会将定期听取和评议发展局年度工作,参与金融城发展规划、改革创新、营商环境优化、品牌推广等重大事项的讨论和决策。理事会的执行机构设在发展局。理事会还将适时设立国际推广、战略规划、产业促进、营商环境、新金融风险防范等若干个专业委员会,非理事单位也可以参加相关专业委员会,从而形成更加开放的公共治理格局。

(2)陆家嘴金融城法定机构建设

"法定机构",指由浦东新区人民政府发起设立上海陆家嘴金融城发展局,作为金融城法定特设的管理服务机构,通过企业化组织、市场化运作、专业化服务的模式,提升推进金融城发展的能力和效率。与原来传统的行政管理机构相比,陆家嘴金融城发展局不列入政府部门序列,在全国率先以企业法人的形式登记注册成立,实行企业化组织。工作部门设置相应实现轻型化、扁平化、国际化,优化综合部门,强化业务部门,搭建专业化的运作平台。与此同时,发展局建立市场化、能力导向的用人机制和薪酬体系,面向全球公开招聘专业人才,打造一支符合国际一流金融城建设需求的专业团队。明确不参与市场竞争、不以营利为目的,则是发展局的鲜明特点,一切为了更好地为企业提供专业化精细化服务。

与传统的行政管理机构相比,发展局不列入政府部门序列,在全国率先以企业法人的形式登记注册成立,实行企业化组织。发展局的工作部门设置,相应实现轻型化、扁平化、国际化,优化综合部门,强化业务部门,搭建专业化的运作平台。同时,发展局建立市场化、能力导向的用人机制和薪酬体系,面向全球公开招聘专业人才。虽是企业法人,但发展局明确不参与市场竞争、不以营利为目的。经费主要来自公共财政,按照公平公正公开的原则,提供公共产品和公共服务。

在金融城26席常务理事会成员单位中,发展局占一席,同时理事会的执行机构也设在发展局,其工作将由理事会定期听取和评议。金融城发展局作为具有法定机构性质的公共管理服务机构,不再是政府部门,而是整合了政府、市场和社会各方资源,由法规明责赋权的更具独立性、灵活性、参与性的法人主体。浦东开发开放以来,一直保持"小政府、大社会"的优良传统。但当前面临区域面积大、人口集聚多、社会治理呈现多元化的现状,政府机关和事业单位规模不可能无限制扩大。此次,陆家嘴对原行政管理体制"推倒重来",设置法定机构,采取企业化组织、市场化运作、专业化服务模式,承担专业性、技术性较强的公共服务职能。根据新加坡、香港的经验,"业界共治+法定机构"的治理模式,可使公共财政资金的使用集中在"刀刃"上,而且服务效率更高。

7年来,浦东新区政府和陆家嘴管委会借鉴伦敦、纽约等地的经验,边探索边建设。这次可以说是在体制机制上真正破题。陆家嘴金融城与开发区不同,不是一个行政区划,而是一个综合服务功能齐全的"城市",产城有机融合。"业界共治+法定机构"的公共治理模式,正使金融城的发展有了"双轮驱动",主动对标国际通行规则,积极向全球推介金融城品牌。

当前,实施陆家嘴金融体制改革,构建更具国际化特点、更符合市场化发展要求的"业界共治+法定机构"的公共治理架构,既是加快转变政府职能的崭新尝试,也是上海自贸区建设、深化浦东综合配套改革的重要举措。对比世界一流的金融中心,陆家嘴还有一定的差距。在上海自贸区成立三周年之际,陆家嘴金融城全新体制的推出,就是要充分对标国际上成熟的金融中心城市、吸引借鉴国际先进治理经验,打造一个法治化、国际化、便利化的营商环境,将为开展金融综合监管创造一个良好的基础环境,业界共治平台本身也将成为金融综合监管探索的重要内容。

二、自由贸易账户跨境资金流动监管实践案例

中国经济正由过去的高速增长进入到提质增效、扩大开放的新阶段,资本项目可兑换进程加快,人民币汇率和跨境资金流动双向波动成为新常态。与此相适应,外汇管理方式正在经历巨大的变革,监管方式由事前向事后监测核查转变。在大幅促进贸易投资便利化的同时,切实防范跨境资金流动风险,是当前我国金融综合监管工作重点和难点之一,自由贸易账户跨境资金流动监管体系建设在这方面做出了重要贡献。

(一) 跨境资金流动监管难点

一是跨境资金流动方向识别难。当前跨境资金流动方向依旧存在不确定性。首先,美国、欧元区、日本经济增长前景各异,处于经济周期的不同阶段,加之英国脱欧等因素扰动,全球政治经济状况呈不均衡、不确定状态。其次,货币政策取向出现差异。经济增速的不均衡导致了主要发达经济体政策取向的差异。美国已经开启加息周期,欧洲央行推出资产购买计划,日本为应对连续的经济萎缩不断加大经济刺激规模,中国货币政策风格由“大水漫灌”向“精准滴灌”切换,各国货币政策协调难度加大。再次,中国经济进入新常态后,世界各国会重新评估中国经济,并采取动态博弈举措,展开投资资金争夺战。上述因素的叠加加大了跨境资金流动研判的难度。

二是跨境资金流动短期波动加剧。一方面,由于受地缘政治、油价波动、货币政策等因素影响,国际金融市场反应敏感,全球资金纷纷寻求更为安全的避风港,加剧了市场的波动。另一方面,由于汇率市场化程度的不断提高,央行退常态式的外汇市场干预,跨境资本受汇率、利率以及市场预期等因素的影响,短期波动加大。国外由于美国经济复苏势头强劲,加之加息预期,带动美元创出新高,正在并可能继续引发跨境资金从新兴市场流回美国。

三是跨境资金流动渠道识别难。国际经验表明,一国从经常项目开放到资本项目开放时间跨度平均为 7 年左右,我国从 1996 年接受基金组织第八款,实

现了经常项目可兑换,至今已有 20 年。随着我国经济金融开放程度的不断加深,规避资本管制的渠道不断增多,维系资本管制的成本也大大增加,异常跨境资金识别难。一方面,企业可以通过低报出口、高报进口,或转移价格等方式进行规避监管;另一方面,企业可以通过资本项目资金借道货物贸易逃避监管。在互联网及金融创新不断发展的今天,企业更是可以通过全球第三方支付网络、在境外买卖国内资产或关联资产等金融创新规避监管。在现有监管框架下,异常跨境资金识别成本较高。

四是跨境资金流动管理政策工具组合及出台时机把握难。由于我国利率和汇率尚未完全市场化,故采用价格型管理工具效果,更多的是采用行政手段进行干预。但是,从发现问题到提出政策解决方案,再到政策发挥效果,往往存在所谓的时滞现象,所以政策工具组合及出台时机把握显得尤为重要。管理实践中,由于我国经济持续增长,资本流入压力大,故在均衡管理的基础上,更多的是侧重于对跨境资金流入进行管理。如在 2007 年,为遏制跨境资金流入过快压力,7月份出台了经常项目联网核查和资本项目贸易信贷管理政策组合,该政策出台时新一轮全球金融危机在国外已经初现征兆,不久便通过实体经济部门传导至我国,跨境资金流动方向也出现逆转,政策出台时机的把握难度由此可见;同样为了应对跨境资金流入压力,2013 年出台了加强银行结售汇综合头寸管理以及专项核查的政策组合。上述政策均在短期内取得了一定效果,但是事后来看,时机把握以及有效性仍待进一步提高,新型市场化管理手段有待进一步改进。

(二)构建自由贸易账户监测管理信息系统

上海自贸试验区金融改革的核心是探索简政放权和负面清单管理,并探索维护金融稳定的新框架、新工具和新举措。取消事前审批后,要控制好各类跨境金融风险,关键是加强事中事后管理,前提是必须建设强大的监测管理信息系统。

原有管理信息系统不适应简政放权的新形势。在原有的管理体制下,经济主体的跨境资金流动需要繁琐的行政审批,事中事后管理依靠的是每 7 天或者 1 个月汇总一次数据的管理信息系统,不能实时、逐笔、逐企业监测金融风险,各类信息主要是汇总式、报告性的。由于有事前审批,原有系统管住风险还是可行的。

上海自贸试验区设立后,管理部门制订并公开跨境资金流动的标准和规则,取消了事前审批。但放开跨境资金流动具有很大的风险。这些风险从个体上讲,主要是资金外逃、洗钱、恐怖融资和恶意逃税的风险;从宏观上看,主要是洗钱大规模流入流出,冲击我国货币政策、证券市场和外债过度膨胀的风险。在资金随时出入、事前不报批的新体制下，原有系统不能适应瞬息万变的金融市场形势和金融环境，要控制风险就必须要有一个强大的监测信息管理系统，不间断地实时监测企业资金是否合理流动。

自由贸易账户是一套规则统一、本外币何以并且可兑换的账户。从事中事后管理和防范风险的角度看，自由贸易账户监测管理信息系统主要具有以下功能：

第一，发现得了风险。能实现对跨境资金流动的每个企业和个人"逐笔交易、一星期7天、每天24小时"实时监测。有了这个系统，不仅能够实时逐笔监测自贸试验区资金在国内的流动，而且能够跨境长臂监测资金在全球的流动，还能够监测跨境资金进出上海金融市场的情况，以及每一笔外汇交易的汇率水平和交易双方信息，防范跨境资金对境内市场的异常冲击。

第二，管理得住风险。系统融管理和信息监测为一体，具有"电子围网"功能，将宏观审慎管理功能内嵌进系统，可以自动计算企业能够从境外融资的上限，超过这个限额时就能自动发行并预警。

第三，能实时宏观预警。系统建立了分级预警和应急处理机制。除了能对单个企业的境外融资实施个体预警以外，在宏观上也知道跨境资金流出流入的总体规模是否超过警戒线，超过警戒线时能够自动报警和预警。收到警报后，可以根据预警的级别做出相应的应对措施。

（三）建设"反洗钱、反恐怖融资、反逃税"监测管理系统

金融业进一步扩大开放后，按照国家公布的跨境资金流动规则，市场主体的资金不经审批就可按规则自由流动，政府职能由注重事前审批专为事中事后管理，政府要管理的风险主要有两块，一块是宏观审慎管理，着重从总量角度维护币值稳定和金融稳定；另一块就是"反洗钱、反恐怖融资、反逃税"，着重从个体角度防范企业和个人出现洗钱、恐怖融资和逃税活动。

从世界范围看，由于各国自贸区管制相对宽松，其被洗钱、恐怖融资以及税收犯罪、贪腐犯罪所利用的风险也明显增加。金融行动特别工作组（FATF）在2010年3月发布了《自贸区洗钱风险研究》，明确提出自贸区存在洗钱脆弱性，并列举了各种利用自贸区进行洗钱和恐怖融资的案例，包括利用虚假贸易进行洗钱、设计结构复杂的交易或公司进行偷逃税犯罪，以及利用自贸区法规政策滞后实施洗钱或税收犯罪等。我国由于有宏观审慎的管理制度，上述风险远没有其他国家严重，但从长远看，随着金融扩大开放，这一问题也需要引起足够重视。

在推进上海自贸区金融改革过程中,人民银行坚持底线思维,积极对接国际通行规则和做法,制定了以风险导向的拒绝客户机制、创新业务洗钱风险评估、跨境业务审查和名单监控为核心的自贸区"三反"制度。根据自贸区资金交易特点,成立跨境资金流动实时监测室,建立自贸区"三反"资金监测系统和可疑交易报告机制,系统对接海关、税务等部门信息,充分运用大数据信息,重点监测涉及洗钱高风险行业、高风险产品和过度利用避税天堂的异常跨境交易等可疑行为,实现对联合国、金融行动特别工作组(FATF)、公安等公布的恐怖分子名单数据库进行筛查的功能,可以有效拦截高风险主体的非法交易行为。同时,服务中央反腐败大局,积极配合做好打击腐败分子跨境洗钱工作。

(四) 完善制度设计,率先建立现代跨境金融安全体系

在自贸试验区现代跨境金融安全网制度设计的总体思路上,人民银行坚持"三个统筹":一是对企业、银行、证券、保险等市场参与者的统筹安排;二是对各个金融市场的开放和风险监测进行统筹安排;三是对全行业的跨境资金流动实行本外币一体化和全口径的监测。正在探索中的制度体系更加全面,更加注重宏观审慎考量,除了自由贸易账户监测管理信息系统、"反洗钱、反恐怖融资、反逃税"监测管理系统之外,还包括以下制度创新点:

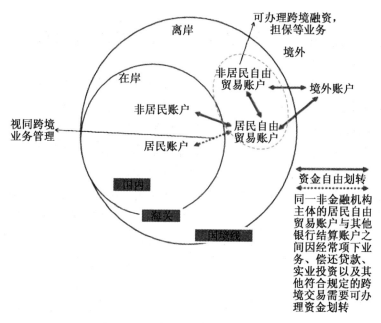

图 21　在岸、离岸与境外账户的资金流动

一是建立日常宏观审慎管理框架。通过发布《中国(上海)自由贸易试验区分账核算业务境外融资与跨境资金流动宏观审慎管理实施细则(试行)》(银总部发〔2015〕8号),设置和调节杠杆率风险转换因子等参数,实现对跨境融资的宏观审慎管理。

二是建立异常时期的总量调控和应急管理工具储备。在跨境资金流动总量控制上,建立了总闸门调控机制应对外部冲击风险,设置了不同等级的预警指标体系以及相应的应对举措。当整个自贸试验区的资金异常流入和资金外流的总量规模触动闸门后,就触动风险预警,可以根据预警级别调整相应的宏观审慎政策参数,甚至采取临时应急管制措施,确保币值稳定和国家金融安全。

在《中国(上海)自由贸易试验区分账核算业务境外融资与跨境资金流动宏观审慎管理实施细则(试行)》中,已经公布了各种调控工具和应急措施,这些措施与工具既包括境外融资杠杆、风险转换因子和宏观审慎调节参数,也包括延长融入资金的账户存放期限、对融入资金征收特别存款准备金、征收零息存款准备金等,当跨境资金异常流入达到一定规模后,就可以启动相应级别的管理措施。

三是在境内实施本外币一体化的管理框架。从长远来看,金融扩大开放尤其是实现资本项目实现可兑换后,资金账户将是本外币合一的,人民币业务和外汇业务将要实现管理体制的协调推进。人民银行立足未来资本项目可兑换的需求,探索建立了本外币一体化的监管模式,成立由外汇管理和跨境人民币业务部门组成的联合监测分析小组,小组成员都可以使用人民币和外汇的各类信息系统进行监测分析,实现信息共享,在政策制定、数据共享、风险管理等方面统一布置,统筹本外币管理系统,统筹本外币业务监管,发挥跨境资金监管的合力。

四是对境外活动探索延伸监测。目前,自由贸易账户监测管理信息系统,已经具有一定的延伸监测能力,能在资金流出境外后,对我国企业和个人的境外资金活动进行跟踪服务。今后,将继续完善管理系统,加强这方面能力,对走出去的资金提供账户服务,实现必要管理。

五是联合相关部门建立跨行业、跨市场的金融综合监测监管网络。建设中的上海金融综合监测监管网络的着重点是上海地区的日常金融活动,其功能是覆盖上海各行业、各市场的金融业务活动,既包括传统的银证保金融行业,也包括互联网金融等新业态。

六是房地产金融宏观审慎管理系统。人民银行正在探索对占上海信贷总量1/3的房地产金融活动实施全方位监测与管理。

（五）创新跨境金融服务行业自律机制案例

在各方联合推进下，2016年4月8日，上海市金融学会跨境金融服务专业委员会（以下简称"专委会"）正式启动。该专委会的宗旨是，针对跨境金融领域中的实务性、操作性问题开展导向性、前瞻性研究，并将研究成果转化为操作方案，在业内推广使用。同时，建立各单位之间的协调机制与自律机制，加强监管机构与市场主体之间的交流与沟通，推动跨境金融业务创新研究，促进跨境金融服务稳健发展。

1. 金融行业自律的国际经验

从国内外经验看，行业自律出现了几个明显的发展趋势：

第一，行业自律体系的精细化、专业化。发展国外金融自律组织有一个共同的特点，体系很健全，不同的组织承担相应的职责。例如，美国已经建立包括人人保险行业协会、财产与责任保险协会、经济代理人协会、再保险协会，担保协会等诸多行业自律组织体系。目前我国还没有达到每个专业线条，每个产品领域都建立相关协会的条件，但在跨境金融服务等形成规模的领域具备加快探索的条件。在组织形式上，"身手敏捷"的专业委员会是个不错选择项。

第二，提高自律的自觉性、全面性。自律文化建设对金融服务业而言是非常重要的，是行业的软实力。在激烈的市场竞争和盈利驱动下，自律工作最关键就是所有的市场主体都形成合规意识，树立自觉自律习惯。必须加强宣传宣导力度，采取更多的有力措施将诚实合规经营的强制性变成从业者主体公司的一种自觉行为和自律意识，加强对行业内部的规范和约束体系建设，统一行业及社会各方面对金融服务的认知和理解。

第三，推进自律服务的创新性、实效性。当前，必须创新自律方式，依法合规开展行业自律。过去提得比较多的是，通过规范市场价格来达到防止恶性竞争规范市场秩序的目的。现在这个情况已经发生了很大的变化，国家明确提出让市场发挥资源配置的决定性作用，反垄断法相关规章规定得很明确，对价格自律提出非常明确的要求。在新形势下如果还沿用以前的价格自律方式，恐怕效率会低，另外跟国家的相关政策法规会产生一些冲突和矛盾。在新的形势下，必须推动自律服务的方式方法创新，将自律工作的重点从市场价格自律转向市场行为自律，进而促进自律工作的依法合规和有效。

第四，提升自律机制的市场化、透明化。一方面，行业协会的运行机制正在发生翻天覆地的变化，日益强调公司化治理，发挥全体会员的积极性，提高服务能力和水平。另一方面，应强调发挥协会的自律组织功能和作用，不断优化行业的生态环境,积极配合辅助监管,为实现行业的持续健康发展贡献力量。

2. 组织架构

专业委员会设会长一名,副会长若干名。会长单位和副会长单位从在上海地区开办跨境业务的金融机构中产生。候选单位任职资格须具备以下条件:在业内具有较高的跨境金融服务能力;具有较高的理论研究能力;希望参与专业委员会工作。会长、副会长由专业委员会成员单位民主推荐,报专业委员会,专业委员会全体成员通过无记名投票方式,经 2/3 会员单位同意通过后产生,并向学会备案。专业委员会的会长负责本专业委员会的工作,副会长协助会长开展工作。专业委员会的会长、副会长的任期为两年。专业委员会的会长不能正常领导专业委员会工作时,应当指定一名副会长具体负责。

理事会由参加跨境专业委员会的全体会员单位组成。负责日常工作开展,召开会议对具体事项进行协商、咨询、评议、讨论等。设多个理事,由各会员单位指定相关人员担任。常务理事在理事会闭会期间行使理事职能,由理事会从理事中选举产生。

秘书处是专业委员会的日常办事机构,设秘书长一名、副秘书长若干名。其他常务工作人员由会员单位委派,少量可向社会公开招聘。邀请人民银行上海总部及外汇管理局上海市分局各指派 1—2 人参与专业委员会的相关工作,担任副秘书长等职。

支持单位是专业委员会的支持及指导机构,包括人民银行上海总部、外汇管理局上海市分局、上海市金融办、上海银监局、上海证监局、上海保监局等监管机构以及在业界具有一定影响力的组织等。

学术指导专家为跨境金融领域的专业人员,在该领域具有权威性,包括但不限于监管机构及会员单位的高级管理人员、高级研究员、高级经济师、首席经济学家等,为专业委员会提供专业的指导与帮助。

工作组由参加跨境专业委员会的全体会员单位选派相关人员组成,可设若干名,负责专业委员会的日常具体工作实施及沟通联络等。

专业委员会会员单位主要由两部分组成:一是属于上海市金融学会会员,且已开办跨境业务的金融机构将自动成为本专业委员会会员;二是上海地区已经开办跨境业务但尚未加入上海市金融学会的金融机构可申请成为本专业委员会会员。专业委员会会员的资格申请与上海市金融学会会员资格申请可同时进行。包括但不限于上海市持牌银行业金融机构、持牌证券期货基金公司、持牌保险业金融机构、依法设立的律师事务所、会计师事务所等在内的各类型机构,承认《上海市金融学会章程》,均可申请加入专业委员会成为会员单位。

会员申请由全体会长单位根据具体申请资质进行审核,包括但不限于在业内具有较高的跨境金融服务能力;具有较高的理论研究能力;希望参与专业委员会工作等,经会长单位确定符合申请条件即可批准。

3. 运行成效

专委会设立以来,在全国率先出台跨境金融服务同业规范——《上海地区银行跨境金融服务展业三原则同业规范》。该规范由专委会牵头,借鉴国际先进经验及参考有关国际惯例,在中国人民银行上海总部、国家外汇管理局上海市分局的指导与支持下,由9家上海地区的商业银行发起,38家开展自由贸易账户业务的商业银行及财务公司基于平等协商原则通过,历时近两年的反复论证,正式发布实施。

规范包括总则、建立客户关系风险控制、跨境交易类型风险控制、基于自由贸易账户的展业三原则、同业权利义务五大部分。将在上海自贸试验区内先行先试,后续将视情况复制推广至全市。

该规范的发布,将促进金融机构合规经营,引导有序竞争,同时赋予商业银行更多自主权,推动本外币跨境金融服务更迅速、更稳健、更高效发展,促进上海国际金融中心建设,维护跨境金融业务市场秩序,优化上海综合信用环境。

2015年,我国跨境贸易人民币结算业务发生7.23万亿元,直接投资人民币结算业务发生2.32万亿元。2015年,以人民币进行结算的跨境货物贸易、服务贸易及其他经常项目、对外直接投资、外商直接投资分别发生63 911亿元、8 432亿元、7 362亿元、15 871亿元。在业务量迅速增长的同时,跨境金融服务的市场化发展机制收到越来越多的关注。跨境金融服务行业自律机制的重要性日益提升,将为有效解决发展中出现的新问题共享智慧,成为推动人民币国际化进程的重要力量。

(六) 跨境资金管理成效评估

上海自贸试验区现代跨境金融安全网不断得到拓展和完善。先后启动了自由贸易账户的本、外币服务功能。同时,通过间接参与模式解决未建设自由贸易账户系统的金融机构利用自由贸易账户开展金融服务的问题,简化自由贸易账户开户程序,进一步扩大覆盖面和便利程度。目前,自由贸易账户能提供经常项下、投资项下和部分资本项目项下的跨境金融服务,如跨境贸易融资、跨境担保、跨境并购、跨境理财等,支持黄金交易国际板和上海清算所推出的自贸区航运指数及大宗商品衍生品中央对手清算业务等,自贸区跨境债券业务顺利启动。

近两年以来,这个跨境金融安全网的风险管理功能经受住了考验,上海自贸试验区没有发生一单风险事件,没有成为热钱流入套利的管道;跨境资金平稳有序,也没有因股市和汇率的波动而出现异常流动。2015年11月25日,李克强总理视察人民银行上海总部时,高度肯定了自由贸易账户的作用,指出:"自由贸易账户改革是更好利用两个市场、两种资源的重要举措……要总结经验,在有条件的地方适时推广。"

至 2016 年 9 月末,已有 45 家金融机构直接接入自由贸易账户监测管理信息系统,其中,中外资银行 37 家、财务公司 4 家、证券公司 2 家,以及上海黄金交易所、上海清算所 2 家市场基础设施机构。开立自由贸易账户近 6 万个,累计办理跨境结算折合人民币 6 万多亿元,涉及 100 个国家和地区,以及 2.4 万家境内外企业。

三、自贸试验区银行业创新监管互动平台建设案例

以上海自贸试验区"金改 51 条"和"金改 40 条"为指南,上海银监局陆续形成"8+11"自贸区监管制度体系,在许多方面直接或间接推动了我国银行业监管体制机制创新。"8"是指银监通〔2013〕40 号文所明确的银监会支持自贸区银行业发展的八项措施。"11"是指为具体落实银监通〔2013〕40 号文和上海自贸区"金改 40 条"相关政策,上海银监局围绕风险防范、简政放权和监管服务,所出台的"十一项细则"。

(一) 推进事中事后监管制度创新

一是创造性建立机构、风险、产品"三位一体"监管治理架构。针对跨行业、跨机构、跨市场、跨境的金融业务及风险演变趋势,上海银监局在现有 9 个机构监管处的基础上,额外增设 13 个跨处室风险监控小组和产品监控小组,形成新型的矩阵式监管治理格局,有效加强对市场各类较为突出和新兴的金融风险与金融产品的持续跟踪研究,并在监管实践中发挥了卓有成效的作用。

从成效看,一方面,这些措施成功化解了 2 400 多亿元钢贸、占全国贸易量 70% 的铜贸等传统信贷领域的区域性风险,保持了上海银行业较低的不良水平,并实现不良贷款"双降"、不良率连续八个月下降的经营业绩。截至 2016 年 6 月末,上海银行业资产总额 13.36 万亿元,同比增长 2.98%;各项贷款余额 5.64 万亿元,同比增长 10.02%;各项存款余额 8.35 万亿元,同比增长 9.84%;不良贷款率和余额与年初相比实现双降。其中,不良贷款率为 0.79%,较年初 0.91% 下降 0.12 个百分点,已实现连续 8 个月下降,继续低于全国平均水平,不良余额比年初下降 36 亿元。关注类贷款也较年初实现双降,整体资产质量进一步提

升,推进改革创新和服务实体经济的基础更显扎实。另一方面,率先在全国前瞻构建防范各类新型及跨境风险的监管体制机制,持续监测评估流动性风险、市场风险、国别风险等各类新兴突出风险,目前在全国处于领先水平,为银监会相关制度建设提供了重要参考,更为上海银行业整体转型升级和抵抗未来风险压力赢得了宝贵的时间和空间。实践证明,"三位一体"监管治理架构已初步具备不断自我改良的适应性,能够根据辖内银行业务变化和风险变迁动态演进,有效捕捉风险,对系统性风险的有效防范和下一步监管制度改革具有重要意义。

二是率先建立全流程银行业消费者权益保护体系。该体系包括推进理财及代销"专区、双录、三公示"体系、建立"信访、举报、投诉"分类处理制度和投诉纠纷解决机制、创新开展员工异常行为联动排查、建立"上海银行业从业人员监管信息系统"、推动成立上海银行业纠纷调解中心(为国内首家民办非企业性质的银行业纠纷调解机构)等一系列银监会系统内首创的监管措施,覆盖了消费者权益保护的各个重点环节,有力促进了上海金融环境的完善。2015 年,上海银行业收到的信访、举报、投诉事项同比下降 14.02％,接待信访部门在前端的劝返率上升到 86.64％,"e 租宝"、泛亚等重大非法集资案件中均未发现辖内银行和员工参与的情况。

三是率先建立信用卡"刚性扣减"机制。该机制要求辖内商业银行在核定持卡人授信额度时,要在本行核定的总授信额度基础上刚性扣减申请人在他行已获累计信用卡授信总额,以有效防范信用卡过度授信风险。目前,该机制已在阻断"三去一降"企业利用信用卡过度授信、加大自身负债杠杆的风险方面发挥了重要作用,银监会已明确要求全国信用卡发卡银行推广这一做法。

四是率先建立自贸试验区银行业特色监测报表体系。该制度是目前自贸区金融领域中最早推出、最为全面的行业监测制度,按月分析,定期披露,为做好自贸试验区银行业事中事后监管提供了坚实有力的信息基础。目前该体系已更新至 3.0 版,相关监测分析内容已成为有关部门、业内及其他自贸试验区的重要参考,获得广泛采用。

五是前瞻发布自贸试验区业务风险评估指导意见。该制度为系统内首创,要求机构针对自贸区业务建立全面、持续的风险评估机制,并提供了对标国际的评估框架,有力强化了市场主体在风险管控上的主体意识和第一责任,并做好前瞻准备。目前累计百余家银行业机构已向监管部门报送了评估报告,上海银监局亦抽取了部分重点银行进行了监管评价,总体情况良好,并涌现了一批良好风险管控做法,市场机构的风险意识和内控能力得到有效促进和加强。

（二）推进市场准入制度创新

一是率先推出自贸区机构和高管准入简化制度。该政策在银监会系统内率先实现放松和简化事前审批，推行事后报告制，并拉齐了中外资银行的准入标准，还权于市场，激发机构活力，有力促进了上海自贸试验区银行业机构进一步集聚和优化布局。截至 2016 年 6 月末，区内法人级和分行分公司级的银行业营业性机构数量占全辖的比重分别为 69%、67%（未含村镇银行），其中外资法人和分行占全辖外资行的比重分别为 82% 和 72%，东正汽车金融、吉致汽车金融和广融达金融租赁等多家民营银行业金融机构陆续落户开业，自贸试验区银行业对内对外开放力度不断加大，中国信托登记有限责任公司筹建工作也在有序推进中。

自贸试验区准入简化政策的施行，进一步推动了银监会在全国范围内加速简政放权的步伐。2014 年，银监会下发《关于推进简政放权改进市场准入工作有关事项的通知》（银监办发〔2014〕176 号），将部分行政审批事项由审批改为报告，并下放部分事项审批权限。2015 年，银监会同时修订中资商业银行、外资银行、非银金融机构、信托公司、农村中小金融机构等五部行政许可法规，进一步减少行政审批事项、放宽审批条件、下放审批权限，以简政放权助推监管升级。

二是率先颁布中外资银行业市场准入报告事项清单。该清单为全国首次对银行业现有各类市场准入相关报告类事项进行了系统梳理和优化，根据机构、业务、高管三个维度，明晰具体报告要求、拉齐中外资标准、减少报告频率，是对探索银行业负面清单管理模式，改善监管服务，提升自贸区外资银行国民待遇的一次前瞻性的试验，激发了市场活力。据不少外资银行反应，由于内容全面、条款清晰、要求明确，该清单已成为外资银行合规部门的工作"宝典"之一，在帮助外资银行规范和完善自身的市场准入报告事项管理方面发挥了积极有效的作用。

（三）推进业务监管制度创新

一是建立创新监管互动机制。该机制为银行业机构提供富有弹性和原则导向、能容忍创新的个案先行先试平台。在原有行政许可的基础上，将金融创新纳入审慎监管的市场准入环节中，允许机构针对现行法规未及覆盖及不尽完善的领域，自主前瞻开展创新业务，极大提升了监管对市场创新的响应速度，建立了金融创新领域监管与市场主动、互信的沟通方式，有效缓解了金融创新中的制度性障碍。截至目前，上海辖内通过该机制开展的业务创新试点共计 40 余项，已落地项目近 20 项,其中,通过互动机制落地的跨境融资累计近 400 亿元,2016 年 6 月末上海银行业跨境并购贷款余额 303 亿元,占 6 月末全辖 1181 亿元跨境授信余额的 26%。涌现了一批具备代表性的跨境投融资业务创新成果,如跨境并购贷款、内保外债、国际组织贷款、跨境同业投资、大宗商品交易特别结算业务等,既支持了"一带一路"国家重大规划实施,更契合了上海国际金融中心建设和各类企业"走出去"的金融需求。

二是前瞻探索科技金融服务机制创新。上海银监局 2015 年 8 月在全国率先发布银行业支持科技创新的指导意见,鼓励和指导辖内建立科技金融"六专机制",明确提出搭建多元化的科技金融服务平台,建设"创投型"信贷模式和"区域版"投贷联动模式,与 2016 年 4 月国家发布的科创企业投贷联动试点政策精神保持高度一致。截至 2016 年 6 月末,上海辖内已设有 7 家科技支行、65 家科技特色支行,11 家科技金融事业部,科技金融从业人员已达 1 514 人;在沪主要银行共为 5 326 户科技型中小企业提供表内外授信余额 722.18 亿元,以投贷联动模式共为 155 户初创型科技中小企业提供信贷余额达 12.12 亿元,有力支持了上海科创中心建设。在银监会的全国第一批"投贷联动"试点中,有上海银行、华瑞银行、浦发硅谷银行等 3 家上海法人银行入围,试点名单内的国家开发银行、中国银行、恒丰银行、北京银行和天津银行也可根据其分支机构设立情况在"张江国家自主创新示范区"内开展试点,相关工作方案正在有序制订、上报过程中。

三是率先推进中资商业银行离岸业务经营授权制度创新。上海银监局于 2013 年 12 月,在全国率先允许四家已具有离岸业务资格的中资商业银行授权其自贸区内的分行开展离岸业务,助力区内机构依托自贸区开放政策,自主加快发展非居民金融服务,更好地服务于实体经济的跨境金融服务需求。截至 2016 年 6 月末,四家中资商业银行的区内分行的离岸银行离岸账户数、总资产和本年累计国际结算量分别为 5 606 个、28.54 亿美元和 120.32 亿美元,离岸业务规模稳步上升,并形成了较为成熟的差异化授权模式,没有出现"一哄而上"的乱象。

四是率先明确非居民理财业务监管规则。该政策明确了各类账户下银行非居民理财业务监管规则的一致性,支持商业银行在各类非居民账户项下按照现行统一规则自主拓展非居民理财业务,不受境内 QDII 和 QFII 的额度所限,为商业银行开展跨境资产管理和财富管理业务奠定了制度基础,有效规范和促进了自贸试验区银行业非居民理财业务的发展,大型银行及主要股份制银行纷纷率先启动自贸试验区非居民理财业务。

（四）复制推广制度创新成果

自贸试验区探索的重要意义在于试验成果的复制和推广，成功经验可为全国所用。上海银监局始终站在全局性、系统性的角度，认真总结监管制度改革创新经验，力争为全国银行业监管提供有益尝试和可靠的路径选择。在银监会的指导和支持下，大部分成熟的创新事项已获得复制推广。十一项细则中，离岸业务经营授权、区内机构和高管准入简化、自贸区特色监测报表、自贸区业务风险评估指导意见等四项细则已在广东、天津、福建等地自贸区不同程度的复制推广，创新监管互动机制已复制推广至福建自贸区厦门片区，全流程银行业消费者权益保护体系中的重要创新措施和信用卡"刚性扣减"机制已明确要求在全国范围内推广应用。上海国际金融中心建设和自贸试验区建设已成为全国银行业监管制度创新的重要孵化器。

四、航运保险产品注册制监管模式实践

航运保险产品注册制改革，是保险监管部门贯彻落实国务院有关推进简政放权、放管结合、转变政府职能工作部署的重大监管制度创新，充分体现了"放、活、转、好"的改革效应，有利于提升中国保险业的国际竞争力。上海自贸试验区推出航运保险产品注册制改革以来，创新型产品不断涌现，改革示范效应不断扩大。

（一）产品注册制要点

为适应航运保险国际竞争需要，航运保险产品注册制将航运保险产品的审批备案改为行业协会注册管理，建立了由"市场主体开发产品、行业协会注册管理、监管部门事中事后监管"相结合的保险条款管理新框架，是一项影响深远的制度创新。

注册制下实现了四项重要的突破：一是通过电子注册平台可实现 7 天×24 小时全天候注册，平台即时完成形式审核，保险机构即时使用，从而在注册效率上实现了质的飞跃；二是突破只允许保险公司开发保险产品的做法，允许行业协会和保险经纪人注册产品，在国内首推航运保险协会和保险经纪人保险条款制度；三是突破对保险产品费率进行管理的做法，放开航运保险产品费率，不要求保险机构申报产品费率；四是突破只允许中文备案保险产品的做法，允许保险机

构根据实务需要注册外文产品,无需中文翻译。以上四项改革既符合航运保险的业务特征,也与国际惯例实现了一致。

社会公众登录航运保险产品注册管理平台,可以清晰地查询到所有注册产品的关键信息,除了 6 个月保护期内的产品,还可以看到产品的详细条款。阳光是最好的消毒剂,完全透明公开的注册信息披露,成为对保险公司产品注册行为的最好监督。

同时,注册平台的问题反馈机制可以实现社会公众投诉建议与监管部门直连,上海航运保险协会在产品复查中发现违法违规问题,在强制注销的同时也会及时上报监管部门,从而确保所有产品注册及管理问题得到及时、公正、妥善处置。

上海保监局还与司法部门就航运保险产品注册制改革进行了沟通协调,上海海事法院对注册航运保险产品法律效力表示充分认可,并进一步与监管部门建立了航运保险监管与司法信息共享机制,对将来海事案件司法审判中涉及的注册制航运保险产品进行沟通协调,为航运保险产品注册制顺利实施营造了良好的司法环境。

(二) 取得的实际成效

自 2015 年 7 月 1 日注册制改革实施以来,上海自贸试验区航运保险产品供给能力大幅提升。一是产品数量大幅增加,截至 2016 年 6 月末,累计注册各类航运保险产品 1 287 个,产品数量是注册制改革前的数倍。二是产品体系得以丰富,形成了保险公司注册条款、行业协会引进国际主流条款、保险经纪人注册客户定制条款的多层次产品体系。三是创新产品持续出现,促进了航运保险传统业务转型升级和新型业务加快发展,提高了国际市场对中国产品的认可程度。

从走访情况看,保险公司对于注册制改革均持高度欢迎态度。多家已经注册了产品的保险机构表示,航运保险产品注册制给保险公司带来了三个最受欢迎的好处:一是下放了责任,将航运保险产品合法合规责任交还给了保险机构,除了要求保险公司在产品开发过程中遵守各项法律法规外,监管部门不再对条款具体内容进行设定或者事先审核;二是放开了价格,保险机构可以根据风险评估和市场状况,合理厘定产品费率,注册产品条款时也不需要提交精算方面费率材料;三是简化了手续,保险公司可以按照业务经营需要,随时注册、即时审核、即时通过、即时使用,非常高效便捷。史带财产保险股份有限公司表示,如果相关的材料已准备齐全,在平台上进行航运保险产品注册,只需 30 秒左右,产品创新效率大大提升。注册制改革不仅大大加快了航运产品的开发引进流程,而且保险公司内部的产品开发管理流程也随之发生变革,效率明显提升。

产品注册制改革使得行业对市场变化的反应速度得到了明显提升,创新型产品大量出现,产品类型覆盖船舶保险、货运保险和航运责任保险等品种,尤其是结合互联网平台开发涉及航运责任的保险产品增多,迅速诞生了许多受到市场欢迎的新型保险产品。例如,一款"网购生鲜货物送达延迟保险"在航运保险产品注册平台上应运而生。网购生鲜货物已成为普通百姓生活的一部分,但由于生鲜产品保质期短,如果不能及时配送到消费者手中,新鲜食品的材质就会大打折扣,这往往会给消费者带来困扰。"网购生鲜货物送达延迟保险"针对生鲜电商平台,对于生鲜实际送达时间较订单承诺时间延迟超过约定的,保险公司将给予消费者相应的赔偿。又如,保险经纪公司也在获得多家保险公司认可的前提下首次注册了一个别具一格的航运保险条款——"国际搬家险"。此外,保险公司还先后注册了"船舶首台(套)重大基础装备综合保险"、"游艇保险(R12)条款"等产品。

(三)产品注册制将大范围复制推广

航运保险产品注册制改革引起广泛的国际关注。在德国柏林国际海上保险联盟(IUMI)年会上,上海航运保险协会向全球航运保险人做了关于中国航运保险产品注册制改革的介绍。从反馈情况看,国际航运保险业对中国的航运保险产品注册制改革给予了积极评价。许多国际保险专家表示,通过更加市场化、国际化的航运保险产品注册制度,保险公司可以非常便利地为全球客户开发更多具有个性化和贴近市场需求的航运保险产品,对保险公司参与全球竞争、推动自身航运保险业务创新发展非常有利。

注册制改革取得良好成效,成为我国保险产品监管制度改革的重要部分,也是上海自贸试验区综合改革效应辐射全国的重要方式。在已经取得积极成效的基础上,航运保险产品注册制有望上升为全国性制度,覆盖国内全部航运保险经营主体,逐步全面替代现有备案制度。同时,上海保险交易所的建成运行将大大推进现有注册平台升级扩建,促进注册制度和交易机制的深度融合,完善航运保险定价交易机制,扩展航运保险增值服务,实现注册制改革的深入延伸。

五、上海新型金融业态监测分析平台建设案例

长期以来,新型金融业态一直是金融监管的薄弱点和难点。为此,上海市发挥自贸试验区制度创新优势,借鉴国内外经验,率先搭建上海新型金融业态监测分析系统,成为构建全覆盖的金融监管体系的重要举措。该监测分析系统的建

设不仅对互联网金融专项整治工作起到较大促进作用,也为互联互通的金融信息共享工程奠定了较为坚实的技术支撑,成为金融风险监测的光谱仪。在推进过程中,市金融办面对"涉及面广、模式新、业态种类复杂"等困难,加强统筹协调力度,充分吸收市场智慧,已取得阶段性成果。

(一) 平台监测对象

平台监测对象覆盖带有金融属性的各种新型金融活动与行为,主要包括三大类:第一类是受地方政府管理的新型金融活动,小额贷款公司、融资性担保公司、商业保理公司、典当公司、融资租赁公司等正规持牌机构的业务活动归入此类;第二类是非正规持牌机构(如互联网企业、线下投资理财公司、交易场所等)以各种名义开展的筹融资活动(如 P2P 网贷、股权众筹、大宗商品质押融资等);第三类是其他组织开展的金融相关中介活动(房地产经纪公司中介的首付贷等、养老机构中介的养老理财产品等)。覆盖范围根据实际情况动态调整,兼顾现实性和可拓展性,根本目标是将监管界限较为模糊、不断变化的新型金融业态纳入全覆盖的监测网络。

(二) 平台运行架构

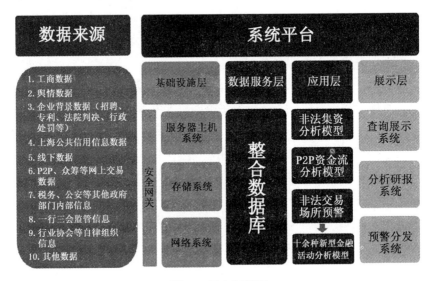

图 22　平台框架图

平台的系统框架如上图所示,包括数据来源和系统平台两个部分,数据来源包括工商注册、舆情监测、企业背景、公共信用信息、P2P 网贷、税务等各个渠道数据。系统平台包括基础设施层、数据服务层、应用层、展示层四个方面的软硬件投入。

(三) 平台建设内容

平台建设内容为以新型金融业态监测分析为出发点,形成一个可视化的监测分析系统,能够对海量的市场数据进行有效监测分析,及时发出预警信号。具体包括:

一是搭建监测分析基础设施。依托上海现有公共信用信息平台、事中事后监管平台,并进一步汇总互联网资讯和监管信息,建立对新型金融业态的大数据采集、加工、分析中心。信息量以亿条计,并实现实时更新。

二是建立全面综合的档案库。由于新型金融业态类型多、生存周期长短不一,过去常常苦于没有完整的档案库,导致许多工作无法推进。结合线上搜寻和线下摸排信息,上海新型金融业态监测分析平台首次建成了系统全面的新型金融机构档案库,为进一步的跟踪研究分析奠定了坚实基础。

三是大海捞针式的精准定位。依托大数据技术,通过采集大量信息,通过对企业活动数十项指标的综合评判,逐步缩小对新型金融业态的重点关注范围(见下图)。

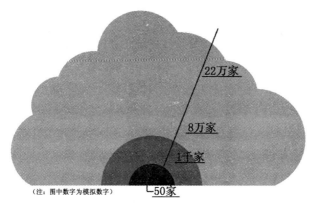

22万家

8万家

1千家

(注:图中数字为模拟数字)　50家

图 23　通过大数据技术逐步缩小监测范围示意图

四是第一时间预警。由于新型金融业态游走于金融监管和法律约束的空白地带,存在性质认定难、管辖界定难、网络取证难问题,处置时往往容易错失时机。上海新型金融业态监测分析平台通过实时监控,对于高危机构自动发出预警信号,为提高事中事后监管的反应速度提供助力。

五是信息共享联动。通过图形化的技术手段,实现通过大屏幕展示不同区域乃至办公楼宇、服务业园区的类金融机构分布集聚情况,具备现代化金融电子地图功能。同时,通过数据互联互通的技术手段,探索相关各区县、重点园区、政府部门、"一行三局"与市金融办之间的"多点互联、及时交换"机制,进一步推进了金融信用信息、社会信用信息、政府信用信息的共享,让信息在开放共享中实现最大价值。这些工作也为建设更加全面的金融综合监测监管网络奠定了重要基础。

六是开放信息、服务社会。根据完善金融生态环境建设需要,上海新型金融业态监测分析平台正逐步向行业协会、行业主管部门、社会性机构乃至普通社会公众提供分层次的信息服务。

第十二章
上海自贸试验区金融服务业负面清单探索与思考

一、我国金融服务业负面清单管理模式实践回顾

我国金融服务业探索负面清单管理最早始于 2013 年,相关探索包括以下三个方面:

一是编制国际投资协定负面清单。截至目前,中国已签署自由贸易协定 14 个,涉及东盟、新加坡、韩国、澳大利亚、香港等 22 个国家和地区。这些协定承诺对进入本国(地区)市场的对方金融企业提供互惠待遇。其中,中韩自贸协定首次将金融单独列为一个章节,开创了中国单独编制金融服务业负面清单的首个案例。

二是编制外商投资准入负面清单。2013 年,首次发布上海自贸试验区外商投资准入特别管理措施(负面清单)。2014 年,发布了第二版上海自贸试验区外商投资准入特别管理措施(负面清单)。2015 年 4 月,国务院办公厅发布《自由贸易试验区外商投资准入特别管理措施(负面清单)》,其中共有 11 个领域、27 小项涉及金融服务业,统一适用于上海、天津、广东、福建四个自贸区。

三是编制市场准入负面清单。2016 年 4 月,国家发展改革委、商务部发布《关于印发市场准入负面清单草案(试点版)的通知》,统一适用于内外资,并在天津、上海、福建、广东四个省市率先试点,2018 年起将在全国统一实行。其中共有 19 个领域、88 小项涉及金融服务业。

四是探索以减政放权为核心的负面清单管理模式,创造良好金融发展环境。人民银行对跨境人民币业务推出完全的事中事后监管模式。外汇管理局取消部分行政审批,并大幅简化事前审批事项。银监部门将区内分行级(不含分行)的机构、高管和部分准入事项由事前审批改为事后报告,搭建业务创新监管互动平台,并统一中外资银行报告事项。保监部门开展航运保险注册制改革,对

航运保险中心、再保险公司在自贸试验区设立分支机构以及高管任职等实行备案管理。

二、关于上海开展金融服务业对外开放
负面清单探索的思考

（一）探索金融服务业对外开放负面清单的难点

2015 年 11 月 25 日，李克强总理到上海考察自贸试验区改革开放情况，杨雄市长在汇报时表示上海将率先研究提出金融服务业负面清单，进一步扩大开放度和透明度，提高可操作性。

从国内外实践看，一国金融服务业扩大对外开放需要坚持"对等开放、有序开放、节奏自主、风险可控"等原则，处理好三个问题：一是继承与创新的关系问题。现有的自贸区负面清单已有三年多实践，其中金融类可增补的遗漏项很少，体例也基本固定，进一步探索需要在合理衔接现有负面清单的基础上，寻找可行的创新点。二是清单起名与定位问题。负面清单的名称较为敏感，且目前国内已有覆盖全行业的外商投资准入负面清单、市场准入负面清单，进一步探索需要在名称、定位及宣传等方面仔细斟酌。三是法律授权问题。编制发布金融服务业负面清单不仅需要相关部委支持，还获得全国人大授权，流程复杂、耗时较长。四是与金融创新。不仅要编制清单项，还应为清单压减、放宽管制为基础，进一步扩大开放、推进创新。同时，还要把握好国内外宏观环境，把握好推出时机与适用范围。

（二）创新的主要思路

在广泛借鉴国内外实践案例和前期研究的基础上，可考虑以下思路：

一是增加清单表述，提高操作性与有效性。已发布的外商投资准入负面清单、市场准入负面清单都只有序号、领域、特别管理措施等三个表述字段，显得简洁，但公众希望增加表述字段。调研表明，措施来源、措施描述、效力层级等字段最受公众关注，可以较大程度提高清单的透明度。

二是拓展清单内容，提升公平性与完整性。一方面，从环节方面进行拓展，借鉴中韩自贸协定案例，把市场准入限制和国民待遇限制统一到一张负面清单里；另一方面，从机构方面进行拓展，结合功能监管理念，把传统金融业机构之外

从事金融业务的典当行、第三方支付机构等新型持牌机构纳入覆盖范围。

三是建立评估制度,实现创新性与试验性。以负面清单年度评估为基础,归集可行的改革建议,形成政策创新储备库,起到评估效果和推动创新的双重效果。

四是开展政策试点,把握对等性与可控性。编制负面清单并不是负面清单管理模式的全部内容,还须依托清单推动创新开放试点,更好地发挥清单的衍生效应,为全国性改革方案设计积累经验、贡献智慧。

(三) 具体清单试编

在前期研究的基础上,可试编出中国(上海)《自贸试验区金融服务业对外开放特别管理措施(负面清单)》(以下简称《金融服务业对外开放负面清单》)及其使用说明。编制这一清单的重要意义在于,可以向国际投资者清晰表明,在负面清单之外的领域,中外资金融机构处于同一起跑线,外资仅需要在清单之内的市场准入和业务管理方面接受数量有限、公开透明的限制。虽然从立法角度看,负面清单不能超越现行政策规定,但它是集中体现最新金融开放成果的载体。这既是对金融监管、行政执法行为的自我约束,也是对现行管理理念的重要升级,还是宣示扩大开放、引领新规则的有益尝试。

1.《金融服务业对外开放负面清单》体例介绍

按照"界定清晰、全面覆盖、透明实用、动态更新"的指导思想,《金融服务业对外开放负面清单》在体例方面有较大突破。与现有清单相比,具有以下特征:

从表述字段看,以 2015 年版自贸试验区外商投资准入负面清单的序号、领域和特别管理措施三个字段为基础,增加了行业、效力层级、措施来源和措施描述四个字段。新增字段较好地满足了清单使用者的需求,提高了适用性和透明度,是一次扩大开放的有益探索。

从领域类型看,2015 年版自贸试验区外商投资准入负面清单的分类包括银行业股东机构类型要求、银行业资质要求、银行业股比要求、外资银行、期货公司、证券公司、证券投资基金管理公司、证券和期货交易、保险机构设立、保险业务、新闻出版广播影视金融信息,分类标准不够规范。且未区分市场准入限制与国民待遇限制,如第 77 条"非经中国保险监管部门批准,外资保险公司不得与其关联企业从事再保险的分出或者分入业务",这条涉及的是国民待遇限制。《金融服务业对外开放负面清单》引入了 10 个规范分类,并分成市场准入限制与国民待遇限制两个部分,分类更加科学、更加清晰。

从覆盖主体看,与 2015 年版自贸试验区外商投资准入负面清单相比,《金融服务业对外开放负面清单》新增覆盖其他金融机构的 4 项措施,分别对应第三方支付机构、金融信息服务企业、评级企业和典当行。这一变化提高了主体覆盖的全面性,更好地体现了金融功能监管的理念。

2.《金融服务业对外开放负面清单》具体内容

《金融服务业对外开放负面清单》具体包括两个部分,其中外资投资设立金融机构管理(市场准入限制)部分涉及 7 个领域、41 项措施,外资准入后业务管理措施(国民待遇限制)部分涉及 3 个领域、13 项措施,两部分合计 10 个领域、54 项措施。各领域具体内容如下:

一是股东机构类型要求。对参与设立本国金融机构的外资股东机构类型作出限定。共涉及 12 项措施,主要是要求银行、金融租赁公司、消费金融公司、货币经纪公司、基金公司、期货公司、信托公司的外资股东应为金融机构或者相应的专业机构。

二是股东资产规模要求。对参与设立本国金融机构的外资股东资产规模作出限定。共涉及 6 项措施,主要是对最近一年年末的总资产额等指标设了最低门槛。

三是股东经营业绩要求。对参与设立本国金融机构的外资股东经营业绩作出限定,可把部分经营能力较弱的外资机构排除在市场准入之外。共涉及 5 项措施,如:对参与设立本国金融机构的外资股东信用评级作出限定;要求国际评级机构最近 2 年对其长期信用评级为良好。

四是资本金要求。对外资参与设立的本国金融机构资本金真实性和充裕性提出要求。共涉及 2 项措施,主要是对保险公司、基金公司的资本金要求。

五是股权结构限制。对根据国外法律成立的机构拥有本国金融机构的股权份额作出限定。共涉及 9 项措施,主要是对证券公司和基金公司的外资持股比例上限作了特殊要求。

六是分支机构设立与运营要求。对外资金融机构设立分支机构提出内部运营资金规模等方面要求。共涉及 3 项措施,主要是对银行、保险公司和金融租赁公司设立分支机构作了营运资金等方面要求。

七是其他金融机构准入限制。共涉及 4 项措施,如:限制设立资信调查与评级服务公司;不允许投资设立第三方支付企业。

八是业务范围限制。对外资参与设立的本国金融机构业务范围作出限定。共涉及 7 项措施,主要是对从事代理支库业务、再保险分出分入资格、保险公司资产买卖交易等作了部分限制。

九是运营指标要求。对外资参与设立的本国金融机构经营指标作出限定。

共涉及 2 项措施,如:外国银行分行须满足境内本外币资产余额、流动资产负债比要求;外资银行获准经营人民币业务须满足最低开业时间要求。

十是交易所资格限制。对外资参与设立的本国金融机构进入本国金融市场交易的资格作出限定。共涉及 4 项措施,主要是:不得成为证券交易所普通会员;不得成为期货交易所的会员;不得申请开立 A 股证券账户;不得申请开立期货账户。

需要指出的是,随着金融服务业对外开放力度的加大,高管资格、报告事项要求、经营区域、政府优惠等方面的内外资规定已经统一,小额贷款公司、融资性担保公司等行业的外资歧视性规定已经废除。

使用说明对于编制依据、技术说明、例外规则、执行标准和评估制度等事项作了说明,并针对资金自由转移等金融开放后的金融审慎例外规则等风险监管措施进行了解释,力求实现负面清单管理与资本项目可兑换、人民币国际化、利率市场化、金融市场开放等更深层次的金融改革的衔接,实现金融改革与风险防控的良性互动。

从调研情况看,以 TPP 为代表的承诺谈判环节的负面清单可操作性较低(金融部分也仅有相关原创性表述),而《金融服务业对外开放负面清单》属于国内法规环节的负面清单,在操作性、创新性、公平性、对等性等方面的探索处于国际领先水平。

(四) 提高开放度方面的进展

从形式看,《金融服务业对外开放负面清单》与自贸试验区外商投资准入负面清单是"一脉相承、延伸完善"、细化深化的关系。尽管从表面看数量有所增加,从 27 项增加到 54 项,但这是基于新体例、新范围而言。新的清单里既有对应老清单的外资投资设立金融机构管理(市场准入限制)部分,又新增加外资准入后业务管理(国民待遇限制)部分,体现了"更新、更细、更全"的要求,提高了清单的透明度与开放度。

从实际看,近一年多来我国金融服务业扩大开放力度不断加大,推动负面清单缩减取得显著进展。例如,央行与银监会联合发布《银行卡清算机构管理办法》,细化银行卡清算机构准入管理条件,清算市场开放进入操作层面。又如,上海银监局印发《关于进一步完善自贸区中外资银行业金融机构市场准入相关报告事项的通知》,对银行业金融机构的市场准入相关报告事项的监管进行规范和优化,统一了中外资银行报告事项要求。

2016 年 6 月 9 日,外交部公布了《第八轮中美战略与经济对话框架下经济对话联合成果情况说明》,其中又进一步推出了一系列扩大金融开放的承诺事项:一是提前公布影响到外国金融机构权利和义务的行政法规和部门规章,提供自公布之日起通常不少于 30 天的公众评议期;二是逐步提高符合条件的外资金融机构参股证券公司和基金管理公司的持股比例上限;三是允许符合条件的外商独资和合资企业申请登记成为私募证券基金管理机构,按规定开展包括二级市场证券交易在内的私募证券基金管理业务;四是允许合格境外投资者直接投资银行间债券市场,包括利率掉期和用于对冲目的的债券远期交易;五是给予合格外资金融机构结算代理人资格和债券承销许可证。

随着探索的深入,我国金融服务业负面清单管理模式探索将以减政放权为核心,进入层层深入体系化推进的新阶段。不仅有谈判承诺环节负面清单,也有国内法规环节负面清单;不仅编制全行业统一格式的负面清单,也率先探索单独的金融服务业对外开放负面清单以及金融细分领域的业务管理负面清单;不仅关注清单编制,也重视编制发布后的年度评估、条目缩减和联动创新;不仅涉及市场准入环节,也关注业务管理等准入后环节。这些探索将有力助推中国建设对接国际高标准的优质金融发展环境。

三、基于负面清单管理推进我国金融服务业对外开放的建议

在上海等四个自贸试验区共享的 2015 年版清单的基础上,对现行我国法律法规中涉及金融服务业对外开放的内容进行系统整理,形成内容更为具体的我国金融服务业对外开放特别管理措施(负面清单)的文本。根据此文本内容,结合正在进行中的中美和中欧双边投资协定谈判以及"十三五"我国金融体制改革,提出以下进一步推进我国金融服务业对外开放的建议。其中一些建议可结合"金改 40 条"在上海自贸试验区进行先行先试。

建议之一:放宽所有权和经营范围限制

1. 问题分析

在所有权和经营范围方面,外资银行、证券公司和基金管理公司受到诸多严格的市场准入限制。

按照规定,我国境内的任何单个外资银行在中资银行中的股份不得超过20%(外资总股份不得超过 25%)。这些限制于 2001 年我国加入世贸组织时开

始执行,一直持续至今。外资银行在我国市场发展的能力因此受到制约,外资银行截至2014年底的总市场份额仅为1.6％便足以说明问题。

2011年5月,我国政府宣布证券和期货经纪合资企业中的外资股份上限由33％上调至49％。然而,尽管发展服务业被列为"十二五"规划的首要目标之一,但新修订的《外商投资产业指导目录》对于进一步向外资机构开放金融服务却少有提及。证券合资企业仅被准许从事证券承销和分销业务。在经纪服务方面,证券合资企业只能从事B股交易(这还需要得到外汇管理部门的外汇操作许可)。相对于本土证券公司所经营的业务,证券合资企业的业务范围还受到其他限制,例如:权证、可转换产品、交易所交易的商品期权、融券、保证金融资等,都是证券合资企业的业务禁区。

2. 建议

一是为外资银行、券商和基金管理公司与本土机构平等竞争(包括所有权结构和所有业务类别的准入方面)逐步创造条件;二是允许外资银行收购我国本土银行超过20％(单个外资股东)或25％的股权(多个外资股东),但分别不超过30％和49％;三是允许外资证券公司在我国设立拥有100％股权的证券分支机构、拥有与我国本土证券公司等同的完整证券许可、以及收购我国本土证券公司不超过50％的股权;四是允许外资基金管理公司在我国设立拥有100％股权的基金管理分支机构、拥有与我国本土基金管理公司等同的完整基金管理许可、以及收购我国本土基金管理公司不超过50％的股权。

建议之二:简化分行/支行扩展及业务拓展程序

1. 问题分析

分行和支行网点扩展的报批制度繁琐,使得外资银行面临业务规划和资源管理困难。

本地注册的法人银行在扩展分行和支行网点时,需要履行若干繁琐而往往不必要的报批工作。这些报批工作通常会占用银行和监管机构的时间,并且无法为银行的未来战略方向提供足够信息。

此外,相关法规较为模糊。外资银行无法准确了解自己每年能申请设立多少家分行,以及如果同时提出多项申请会得到怎样的处理。这一不确定性不符合我国鼓励提高外资参与水平和发展我国西部和东北各省银行业的目标。外资银行有意向在中国西部拓展业务,但如果这些风险对其在我国东部省份的拓展战略造成意外拖延,很多外资银行可能不愿意申请在我国西部设立分行。

《中国(上海)自由贸易试验区金融服务业对外开放特别管理措施(负面清单)》(试编版)

序号	领域	行业	特别管理措施	效力层级	措施来源	措施描述
			一、外资投资设立金融机构管理(市场准入限制)			
(一)	股东机构类型要求	银行	1. 外商独资银行股东、中外合资银行外方股东应为金融机构，且外方唯一或者主要股东应为商业银行	国家部委	《外资银行行政许可事项实施办法》(银监会令2015年第4号)	第十一条 拟设外商独资银行的股东应当为金融机构，其中唯一或者控股股东还应为商业银行。第十二条 拟设中外合资银行的外方股东及中方唯一或者主要股东应当为金融机构，且外方唯一或者主要股东还应为商业银行。
		银行	2. 投资中资商业银行的应为金融机构	国家部委	《中资商业银行行政许可事项实施办法》(银监会令2015年第2号)	第八条 设立中资商业银行应有符合条件的发起人，发起人包括：境内金融机构，境外金融机构和银行监会认可的其他机构。前款所称境外金融机构包括香港、澳门和台湾地区的金融机构。
……	……	……	……	……	……	……
			二、外资准入后业务管理(国民待遇限制)			
(八)	业务范围国民限制	银行	42. 外国银行分行不可从事《中华人民共和国商业银行法》允许经营的"代理发行、代理兑付、承销政府债券"、"从事银行卡业务"	国家部委	《外资银行行政许可事项实施办法》(银监会令2015年第4号)	根据第五章《业务范围》的相关规定，将外国银行分行不可从事信用卡、证券投资基金托管等相关业务。
		银行	43. 除可以吸收中国境内公民每笔不少于100万元人民币的定期存款外，外国银行分行不得经营对中国境内公民的人民币业务	国务院	《外资银行管理条例》(根据国务院令2015年第657号修订)	根据第三十一条 外国银行分行按照国务院银行业监督管理机构批准的业务范围，可以经营对中国境内公众以外客户的人民币业务，除可以吸收中国境内公民每笔不少于100万元人民币的定期存款。
……	……	……	……	……	……	……

2. 建议

建议采用战略规划的方法,即允许外资银行每年提交多项分行和支行设立申请,从而以更加透明有序的方式促进本地法人银行的分支网点扩展战略。这将使本地注册的法人银行从战略上以一种更加及时有效的方式拓展其分行和支行网点。

建议之三:放宽债券市场准入限制

1. 问题分析

外资银行难以进入债券承销市场,而且还受到若干严格但不够明晰的限制。我国政府国债的承销业务由财政部、中国人民银行和证监会共同管辖。国债承销团共有约 50 家成员银行,其中仅三家为外资银行。自从首家外资银行于 2004 年获得国债承销资格以来,只有另外两家被授予开展此业务的资格(在 2008 年初)。成为成员的特定要求虽有书面文件,但监管机构还采用更为严格的标准将总成员数控制在 60 家以下,而这些标准并未向公众公布。

央行票据承销市场仅向具有公开市场一级交易商资质的机构开放。由于目前的交易商规模按国际标准来看已经很庞大,因而一级交易商的总数量不会变。要获得一级交易商资质,需满足严格的要求,而实际操作中的要求比纸面要求更为严格。并且,对外资银行的要求比对本土银行的要求也更为严格。在目前的 46 家一级交易商中,只有三家是外资银行。

中国银行间市场交易商协会于 2010 年公布了债券承销的新规定,但截至 2011 年底,仅一家外资银行获得中国银行间市场交易商协会授予的预备承销商资格。中国银行间市场交易商协会在 2013 年 11 月优化了申请评分机制,并接受了多家外资银行的申请。但至今仍未向任何外资银行授予承销资格,而许多没有明显资质优势的本土申请机构却通过了审批。中国银行间市场交易商协会并未就评分审查结果与外资银行进行充分沟通,因此,外资银行并不清楚审批不通过的原因以及要通过审批还需做出哪些改进或进一步取得哪些资质。

准许外国投资者进入国内银行间市场,无疑将改善国内银行间债券市场的流动性。外资银行可以为市场带来专业知识和技术。允许外资银行全面参与承销业务,会为国内发行者提供更多选择(从而获得更富性价比的方案)、扩展销售渠道和提高客户服务质量,并且鼓励外资银行加速相关知识转移的过程。

2. 建议

逐步赋予外资银行与中资银行在债券市场中同等的权利,降低外资银行准入标准,加快审批外资银行和证券公司在中国银行间债券市场上承销国债、央行票据、金融债和公司债的申请。

建议之四:调整在中国外汇交易中心银行间市场中的拆借限额

1. 问题分析

银行从中国外汇交易中心银行间市场拆借的资金额,以不超过其在我国境内的人民币资本的两倍为限。外资银行分行的性质决定了其在我国境内的人民币资本有限,因而受此规定的影响甚大。

以资本的两倍为限的规定,对许多外资银行造成了阻碍,导致其无法更加积极地参与这个市场。解除此限制可以营造更为活跃和更具流动性的银行间人民币拆借市场,从而让所有银行从中受益。

2. 建议

取消我国境内所有银行拆借额只能为其资本金两倍的限制。

建议之五:通过自由贸易账户体系提高区内本土证券机构的国际竞争力

1. 问题分析

在上海自贸试验区金融改革中,虽然一些证券公司现在虽然已经获得人民银行的分账核算业务资格,且在境内也基本获得了各类证券业务的全牌照,但对于普通账户下已经开展的业务,是否能够直接在自由贸易账户下直接开展并不明确。

以柜台交易业务(OTC业务)为例,国泰君安证券在境内已具备业务资格,可以通过柜台市场为客户提供金融资产的发行和转让服务,且此项业务已在普通账户下平稳运作。在分账核算单元设立后,公司已具备分账核算体系下的相应基础设施,公司希望尝试在分账核算体系内为区内各类金融同业和投资者主体提供金融资产发行和转让的平台,这也有利于改善目前区内目前金融资产种类和数量相对匮乏、流动性相对较差的状态。但在实际推进过程中,分账核算体系下是否可以直接开展柜台交易业务并不明确。

相似的问题也在资产管理行业体现,区内资产管理公司(包括各基金公司、基金子公司、证券公司资产管理公司等各类资产管理相关的金融机构)尽管已经具备相应的牌照或资质,且已在境内市场长期开展资产管理业务,却都未在分账核算体系下发行过资产管理产品,目前开展的依旧是基于普通账户的一般业务,无法参与到分账核算体系中。

相类似的情况还包括证券公司的投行业务(债券发行)、资产托管业务等各类证券业务,这类业务在境内已运作成熟,但是否可以在分账核算体系下直接开展并不明确。

2. 建议

在证券业扩大试验对外开放的同时,还必须提高本土证券业机构的国际竞争力。实践证明上海自贸区的自由贸易账户在扩大金融开放和防范金融风险方面成效明显,因此建议将其推广复制到其他三个自贸试验区,并以自由贸易账户为基础扩大本土证券业机构的国际业务。为此可采取以下三个方面的措施:

(1) 允许在自由贸易账户下开展原普通账户已开展的业务

分账核算业务资格和自由贸易账户本质上是一个账户基础设施,在业务开展上与普通账户并无本质区别。建议监管部门尽快明确证券公司在区外已获得的业务资格,同时可以在自由贸易账户下开展业务。对于个别业务,如果监管部门认为需要进行资质审批或者备案许可的,可以列示具体业务类别和备案审批流程,由证券公司另行申请后开展。

(2) 通过自由贸易账户给予证券公司自营业务和资管业务自由可兑换额度

建议人民银行和外汇管理局对于自由贸易账户内本外币资金按宏观审慎的可兑换原则对证券公司自有资金投资境外证券产品进行限额管理,对于已经取得境外自营交易业务以及分账核算单元业务的证券公司,给予其一定的自由兑换额度,资金用途是用于证监会授予的业务资格及投资范围开展境外自营交易业务。加入分账核算单元业务的证券公司通过自贸区分账核算单元资金监测系统向人民银行上海总部报告,同时根据证监会自营业务管理规定向证监会及上海证监局定期报告。境外自营投资按照自有资金投资境内相关金融产品的一定倍数标准,扣减净资本和计算风险资本准备。

建议对于证券公司区内开展资管业务也同样采取限额管理,同时人民银行通过自贸区分账核算单元资金监测系统监控资金的流动,证券公司根据证券公司资产管理业务相关制度向证监会及上海证监局汇报。

(3) 利用自由贸易账户在区内发行私募债

根据《证券公司开展中小企业私募债券承销业务试点办法》(2012 年 5 月 23 日,中证协发[2012]120 号),证券公司可以接受非上市中小微企业委托,以非公开方式发行公司债券(即私募债)。在自贸试验区发行私募债产品,发债主体主要是国内中小企业的融资需求,因此建议以人民币发行自贸区私募债,拓宽人民币回流渠道,提升人民币国际化程度。发债时,在符合自贸区"展业三原则"及"三反"原则条件下,资金来源可以是区内、境外以及境内,境外及区内客户必须通过自由贸易账户购买。

建议之六：通过自由贸易账户体系提供跨境金融服务

1. 问题分析

我国扩大跨境金融服务的开放，虽然内有动力，但同时外有压力。

首先，随着我国经济进入新常态，我国金融正在通过自身不断的改革，为企业"走出去"、产业升级、外贸转型发展适配金融支持，以此寻找"三期叠加"中的发展机遇；同时，我国以"一带一路"为纲，自由贸易区为目的对外开放新布局已经显现，跨境人民币结算与人民币国际化战略加速推进，根据 SWIFT 的统计，人民币已成为世界第 5 大支付结算货币。中国这一庞大而开放的经济体，要形成经济全球化条件下参与国际经济合作和竞争的新优势，必然需要一个强大的全球化金融体系来提供服务和支撑，跨境金融服务业务显示出极强的市场发展潜力。

其次，以 TPP 为代表的国际经贸新规则对金融跨境服务的开放提出了更高的要求。TPP 不允许强制对方在本国设立分支机构。"允许 TPP 缔约方的供应商向其他 TPP 缔约方境内直接跨境销售特定金融服务，而非要求供应商必须在对方国家建立分支机构才能进行销售——但须在对方国家进行跨境金融服务供应商注册或取得授权。"

2. 建议

为适应 TPP 对跨境金融服务开放的新需求，建议在自贸区内试点进一步扩大跨境金融服务的双向开放，即无需通过设立分支机构就可以提供跨境金融服务。但考虑到这种跨境金融服务双向开放所存在的风险，因此建议这种形式的跨境金融服务必须注册或取得授权，并且只能通过自贸区自由贸易账户体系进行。

建议之七：实现跨境保险外汇资金的自由结售汇

1. 问题分析

根据《保险业务外汇管理指引》（汇发〔2015〕6 号）第 35 条规定："保险机构及其分支机构日常经营的外汇收入应存入其外汇经营账户，并统一纳入外汇利润管理，不得将日常经营外汇收入直接结汇。保险机构可按季度凭申请书和外币财务报表在经办金融机构办理外汇利润结汇。在年度结束后根据年度外币财务报表进行调整，出现外汇亏损的，应在后续年度以外汇利润补充后才能办理结汇。"

上述条款明确了外汇收入(文件指短期险)不得直接结汇,只能利润结汇。

对于跨境保险而言,境外合作方主要还是以外币为主,如果保费收入不能结汇则只能做人民币业务,或者只能境外合作方结汇后再开展交易,造成境内公司只能被动接受境外产品报价,致使业务发展受到限制,失去境外市场客户和竞争力。

2. 建议

建议实现跨境保费业务结汇政策。其主要有两个方面:

一是增加保险公司参与国际市场竞争力。根据国家加快现代保险服务业发展要求,鼓励保险业务创新,提升保险业对外开放水平、加快发展再保险市场,提升全球再保市场的话语权等,如果实现保险资金自由结售汇,则国内保险公司可以与全球合作者进行保险业务合作,开拓保险业务市场,增加国际竞争力,符合国家整体导向。

二是实现跨境外汇保险结售汇不会造成外汇剧烈波动。长期寿险跨境保险业务,保费收入和业务支出时间根据合同约定,时间明确,并且总体流入资金与流出资金相匹配,从总体看,不会造成外汇剧烈波动,对国家外汇管理造成冲击。

建议之八:支持双边协定国家尤其是"一带一路"沿线离岸保险业务

1. 问题分析

(1)拓展离岸保险业务具有重要意义

国家层面:服务"一带一路"国家战略,支持中国企业"走出去",充分发挥市场在资源配置中的决定性作用;扶持、壮大本地金融龙头企业,树立行业标杆。

行业层面:防止离岸业务外流,通过向境外市场输出承保能力,提升在相关领域的定价议价能力和国际保险市场地位,培养国际保险市场的竞合能力;推动保险监管、保险市场制度和环境建设逐步与国际市场接轨。

企业层面:积累海外风险管理经验、客户资源与基础数据;增加特殊风险承保数量,提高承保风险地域的多样性,有效分散承保风险,缓和特殊风险对经营业绩的影响,保持赔付率的相对稳定。

(2)目前国内监管要求

产品管理:保监会《财产保险公司保险条款和费率管理办法》规定,保险条款和保险费率均需统一报保监会审批或备案;今年一季度,保监会发布《关于开展财产保险公司备案产品自主注册改革的通知》,将产险公司备案类产品(农险除外)向保监会备案,转变为公司在行业协会建立的产品自主注册平台注册,平台对提交的注册材料进行自动审核,产品注册完成后方可使用。2016 年 7 月底完成平台搭建、制度建设等后,这一改革将适时正式实施。同时,审批、报备和注册的产品条款要求为中文。

离岸业务大多打包出售,一个包内数十上百业务,且条款为外语,产品注册、报备过程繁琐,影响离岸业务竞争力。

财会制度:《保险公司财会工作规范》第 38 条规定保险公司应当实行"收支两条线",保费及其他收入上划总公司,费用及业务支出由总公司拨入。

以某公司 Global360 项目为例,采取伦敦市场通行的共保认购(Subscription)方式,即每张保单由多个保险人按其认购的份额来共保,理赔跟随首席承保人。而境外承保人非常强调项目赔款支付速度,认为其对 G360 项目的顺利运作及公司品牌声誉非常重要。某公司需在境外出单公司设立一个理赔基金来作为某公司赔款担保,理赔基金须存有三个月赔款量。按 G360 项目 7.14 亿美元的保费规模、某公司每张保单的承保比例及 G360 项目的平均年度赔付率估算,仅此项目,某公司理赔基金规模就在 1 800 万美元左右。

中介管理:在境内从事业务的中介机构需申请专业或兼业保险业务代理资格。

开展海外外汇保险业务过程中,境外代理公司没有保监局批准的代理资格,又不能轧差支付,无法解决中介费支付问题。

(3)国际惯例

以劳合社所在地英国为例,英国保险监管机构仅要求保险公司向其报备投保人或被保险人是本国公民或法人的保单条款,对投保人或被保险人是外国公民或企业的保单条款并不需要报备。

按国际市场的操作惯例,允许保费(分保费)收入对赔款支出、境外分保费支出、境外中介费用支出(包括境外经纪费、境外代理费或各类手续费)轧差支付,以提高业务操作和资金流动的效率。

2. 建议

一是应当豁免签有双边协定国家的无中国利益的离岸保险产品备案/事前注册要求,允许直接引进并以英语条款注册在其他市场已经运作成熟的离岸保险产品。豁免"一带一路"沿线地区离岸保险产品备案/事前注册要求。

二是调整有关保险财务制度,允许在偿付能力监管范围内实行轧差收付;允许与我国签有双边协定国家的中介以扣除中介费用方式收取外汇保险净保费。

建议之九：支持自贸区国有大型保险公司创新寿险外币保单

1. 问题分析

（1）外币保单对人民币自由兑换进程具有重要意义

发展寿险外币保单既是外汇保险管理制度的重大突破，也是保险市场重要的制度创新和产品创新。

国家层面：不仅有利于保险业更好地发挥市场化风险保障及资金融通的专业优势，服务我国"一带一路"国家战略的实施，更有助于防止资金外流，实现藏汇于民的国家战略，成为人民币自由兑换进程中风险可测、可控的试验田和突破口。

行业层面：有利于加快境内保险公司产品定价与服务能力的国际对接，推动保险监管、保险市场制度和环境建设与国际市场接轨，提升我国保险业国际竞争力。

企业层面：香港近年来内地访客保险年均50%的增长速度从一个侧面反映了内地居民对外币保单需求的急剧增长。自贸区发展外币保险业务可以满足自贸区客户多元化的风险保障，并有助于提高保险公司高净值客户经营能力。

（2）近年香港保险市场出现内地访客热捧港币保单现象

近年来，内地投保人纷纷选择在香港投保。据香港保险业监理处统计公布数据，2015年香港保险业向内地访客所发出的保单，其新造保单保费录得316亿港元，占香港保险业个人业务的总新造保单保费（1 309亿港元）的24.2%。

内地投保人选择在港投保，一方面是因港币保单更为全面的保障范围、更好的服务和更低的价格，另一方面随着人民币贬值预期，不少高净值客户的资产配置中，与美元挂钩的港币保单成为一大选择。

（3）目前对外币保单的政策

一是对投保人、被保险人及险种限制。《保险业务外汇管理暂行规定》明确：外币保险投保人须为境外法人或驻华机构，且受益人为境外；境内居民个人在境外人身意外及医疗保险才可以外汇收取保险费、支付赔偿或给付保险金。

二是在收付审批流程上，国家税务总局、外管局《关于服务贸易等项目对外支付税务备案有关问题的公告》规定，单笔保费收入或赔款支出大于5万美元或等值外币，需报国家外汇管理局备案。

而香港、新加坡等地没有上述限制。

2. 建议

建议从国家战略高度思考和应对这种外币保险述求，在自贸试验区内对大型国资保险机构给予外汇长期寿险业务试点资格,放开外币保单投保人和产品的限制,并相应放宽配套的外币保险资产投资政策(如 QDII 额度),以实现资产负债的匹配。同时,对境内居民购买外汇长期寿险产品,适度突破个人购汇额度限制,给予每年每人不超过一定限额(如 20 万美元)的专项额度,作为扩大个人资本项下可兑换额度的一个新突破口。

而对自贸区选择大型国资保险机构率先开放,也是考虑国家对外汇管理制度改革中的风险识衡量、控制和对进程节奏的把握。

建议之十:扩大自贸试验区跨境资产证券化和放宽自贸试验区债券发行主承销商资质

1. 问题分析

根据"金改 40 条"明确的方向,上海自贸试验区将会进一步推动资本账户的开放,其中企业与金融机构跨境资产证券化和自贸试验区国际平台债券发行(包括企业债和地方债)有望成为创新业务发展的重点之一。

在上述创新业务推进中,如何更加有效地吸引和扩大境外投资者的参与将是创新成功与否的关键所在。我们看到,无论是在境外客户基础还是业务资源上,领先的国际性金融机构在帮助将自贸试验区金融产品推荐给外投资者方面都具有相当明显的优势。然而,承销发行的资质问题(特别是主承销资格的问题)却又成为他们参与自贸试验区资产证券化和跨境债券发行创新的瓶颈之一。

以汇丰中国为例:

(1) 在发行企业债方面,早在 2011 年,汇丰中国经人民银行批准成为国内最早的一家拥有非金融企业债务承销业务资格的外资银行。汇丰中国在银行间市场以承销业务参与人的身份积极参与各项业务,其业务表现一直得到人民银行的认可,汇丰银行一直在积极申请主承销资格,但迄今为止,尚未获得批准。

(2) 在发行地方债方面,虽然汇丰银行已于 2004 年获得财政部批准成为具有财政部国债主承销资格的外资银行,并在承销规模上取得良好成绩,但如涉及地方债券发行,是否具备主承销资格还未明确。

2. 建议

债券承销发行的资质问题(特别是主承销资格的问题)已成为大型外资银行参与自贸区资产证券化、引入境外投资者方面发挥自身能力与优势的瓶颈,故建议尽快研究出台相关政策,赋予大型外资银行对不同类债券的承销/主承销资格,以便给予外资银行更多在跨境资产证券化领域参与自贸试验区创新的机会。

第十三章
上海自贸试验区金融领域国家
安全审查探索与思考

一、我国金融领域国家安全审查现状

（一）最新进展

目前,我国正在探索建立具有中国特色、与国外对华审查相对应的国家安全审查法规体系。现行主要法规包括:

1.《中华人民共和国反垄断法》。该法规定,对外资并购境内企业或者以其他方式参与经营者集中,涉及国家安全的,应当按照国家有关规定进行国家安全审查。

2.《国务院办公厅关于建立外国投资者并购境内企业安全审查制度的通知》(国办发〔2011〕6 号)。该通知提出建立"外国投资者并购境内企业安全审查部际联席会议",其所确立的审查程序与美国国家安全审查程序相类似,但指出"外国投资者并购境内金融机构的安全审查另行规定"。

3.《商务部实施外国投资者并购境内企业安全审查制度的规定》(商务部2011 年第 53 号公告)。根据该文,对于属于《国办通知》并购安全审查范围的外资并购行为,外国投资者应向商务部提出并购安全审查申请;国务院有关部门、全国性行业协会、同业公会及上下游企业认为需要进行并购安全审查的,也可向商务部提出进行并购安全审查的建议。该规定明确了商务部审查与"联席会议"审查的衔接程序等事项,但主要针对外国投资者并购境内企业的行为,并未将外资并购境内金融机构纳入审查范围。

4. 2015 年 4 月,国务院办公厅印发《自由贸易试验区外商投资准入特别管理措施(负面清单)》和《自由贸易试验区外商投资国家安全审查试行办法》。其中《试行办法》提出,在上海等四个自贸试验区试点实施与负面清单管理模式相适应的外商投资国家安全审查,并明确了审查范围、审查内容、安全审查工作机制和程序等内容,由国家发展改革委、商务部负责解释。《试行办法》也提出,外商投资金融领域的安全审查另行规定。

5. 正在征求意见的《中国外国投资法(草案)》。2015 年 1 月,商务部公布《外国投资法(草案征求意见稿)》(简称 FIL 草案),其中第四章为国家安全审查。

在审查主体方面,美国的 FINSA 规定了总统和国会在审查中的角色,而 FIL 草案规定成立一个由国务院发展改革部门和外国投资主管部门共同参加的联席会议负责实施审查,审查主要由国务院下属部门实施。在适用范围方面,FINSA 和 FIL 草案的覆盖面均很全面,不过 FINSA 可能更加广泛,可以对任何导致美国跨州业务被外国控制的交易进行审查。在申请材料方面,FINSA 则没有明确规定,FIL 草案规定了外国投资者需提交的审查申请材料清单。在定义方面,FINSA 的考虑因素清单很长,两者有很多共同项,例如对国家安全的影响、敏感及两用物项、关键基础设施、国家安全相关技术、对能源、食品和其他资源的需求,以及投资是否受外国政府控制。FIL 草案没有界定"国家安全"的定义,但列举了覆盖范围相当宽泛的安全审查考虑因素,还列举了对信息和网络安全的影响、对经济稳定的影响、对公共秩序的影响等等。FIL 草案还规定了安审启动主体、再次审查、配合调查等内容。

(二) 现行监管审批一定程度上起到替代作用

近年来,我国还陆续制定了一部分与外商投资并购境内金融机构相关的监管法规,在实践中发挥了积极作用。在金融领域国家安全审查机制缺位的背景下,一定程度上起到了替代国家安全审查的作用。这些监管法规主要包括:

1.《境外金融机构投资入股中资金融机构管理办法》(银监会令 2003 年第 6 号)。文中提出境外金融机构向中资金融机构投资入股,应当基于诚实信用并以中长期投资为目标,并具备八项条件。①银监会根据金融业风险状况和监管需要,可以调整境外金融机构投资入股中资金融机构的资格条件。如,单个境外金

---

① （一）投资入股中资商业银行的,最近一年年末总资产原则上不少于 100 亿美元;投资入股中资城市信用社或农村信用社的,最近一年年末总资产原则上不少于 10 亿美元;投资入股中资非银行金融机构的,最近一年年末总资产原则上不少于 10 亿美元;(二)中国银行业监督管理委员会认可的国际评级机构最近两年对其给出的长期信用评级为良好;(三)最近两个会计年度连续盈利;(四)商业银行资本充足率不低于 8%;非银行金融机构资本总额不低于加权风险资产总额的 10%;(五)内部控制制度健全;(六)注册地金融机构监督管理制度完善;(七)所在国(地区)经济状况良好;(八)中国银行业监督管理委员会规定的其他审慎性条件。

融机构向中资金融机构投资入股比例不得超过 20％；多个境外金融机构对非上市中资金融机构投资入股比例合计达到或超过 25％的，对该非上市金融机构按照外资金融机构实施监督管理；多个境外金融机构对上市中资金融机构投资入股比例合计达到或超过 25％的，对该上市金融机构仍按照中资金融机构实施监督管理。

2.《上市公司收购管理办法(2014 修订)》(证监会令 2014 年第 108 号)。文中提出上市公司的收购及相关股份权益变动活动不得危害国家安全和社会公共利益。上市公司的收购及相关股份权益变动活动涉及国家产业政策、行业准入、国有股份转让等事项，需取得国家相关部门批准的，应当在取得批准后进行。外国投资者进行上市公司的收购及相关股份权益变动活动的，应当取得国家相关部门的批准，适用中国法律，服从中国的司法、仲裁管辖。

3.《金融资产管理公司吸收外资参与资产重组与处置的暂行规定》(对外贸易经济合作部、财政部、中国人民银行令 2001 年第 6 号)。文中提出资产管理公司吸收外资进行资产重组与处置，应符合国家指导外商投资的产业政策。文化、金融、保险以及《外商投资产业指导目录》中禁止外商投资类领域，不列入吸收外资参与资产重组与处置的范围。

二、上海自贸试验区外资金融机构现状

目前，上海自贸试验区已经集聚了一批外资金融机构，具备率先探索开展金融领域安审的基础条件。

(一) 银行业外资机构情况

2016 年 5 月末，上海自贸试验区内的银行业金融机构数量共计 466 家，比 2015 年 4 月末增加了 31 家。区内外资法人银行、外资银行分行和外资银行支行在上海全辖的占比分别为 77％、72％和 32％。

上海新设的外资法人银行主要有华美银行、浦发硅谷银行。前者是美国华美银行(纳斯达克上市公司)的全资控股子公司，母行华美银行是全美以华裔为主要市场规模最大的商业银行，曾获评"2015 最受青睐美国华人银行"。后者是上海浦东发展银行与美国硅谷银行的合资银行，注册资本为 10 亿元人民币，双方各持有 50％的股权。

（二）证券业外资机构情况

上海自贸试验区扩区前,已有 5 家证券公司、4 家基金公司、7 家期货公司在区内设立分公司或专业子公司。扩区后,区内现有法人证券期货机构及其分公司 172 家,占上海辖内同类机构数量的 57％,占全国同类机构数量的 13％。

自贸试验区新设的外资法人机构有申港证券和华菁证券。申港证券由 14 家股东单位出资 35 亿元组建,港资股东共 3 家,持股 34.85％。港资民信金控有限公司及民众证券有限公司分别持股 15％,并列第一大股东。华菁证券由 3 家股东单位共同出资 10 亿组建,港资股东仅 1 家,即万成证券占比 49％,为第一大股东。两家公司的业务范围包括证券经纪,证券投资咨询,证券承销与保荐,证券资产管理。

（三）保险业外资机构情况

自贸试验区成立近 3 年来,各类型保险机构不断聚集。截至 2016 年 7 月末,上海自贸试验区内的外资保险法人机构 19 家,占全国外资保险机构数量的 30.16％;2015 年上海自贸试验区内外资保险机构实现的原保险保费收入占全国外资保险公司收入的 38.52％。

外资法人机构方面,德国安联保险集团和太保集团联合设立专业性的健康保险公司——太保安联健康保险股份有限公司;江泰保险经纪股份有限公司、Arthur、Gallagher&Co.公司和北京江泰天地投资管理中心投资设立中国第一家专业再保险经纪公司——江泰再保险经纪有限公司。

（四）融资租赁业外资机构情况

为促进融资租赁类企业进一步发展,上海自贸试验区推出多项支持性举措。包括:进一步扩大市场准入;下放审批权限、拓展融资租赁企业的业务经营范围;将自贸区内融资租赁企业纳入出口退税试点范围;租赁进口空载重量在 25 吨以上飞机可享受进口关节增值税优惠政策;境外债权业务取消审批、允许收取外币租金、简化预付款手续。

截至 2016 年 3 月末,上海自贸试验区累计引进境内外融资租赁企业 1 846 家,累计注册资本逾 4 675 亿元人民币,运作的固定资产包括 150 架民航客机及货机、9 架公务机、5 架通用飞机、12 架直升机、76 艘船舶、9 台飞机发动机以及若干大型设备等。

三、关于上海开展金融领域国家安全审查探索的思考

（一）面临的主要挑战

我国金融领域国家安全审查制度建设虽然取得一定进展，但整体上仍滞后于其他领域，在上海率先开展试点面临着许多现实挑战。

一是思想认识存在较大分歧尚无共识。较为流行的一种观点是"独立说"，认为金融领域具有独立性，负面清单是单独编制，安审机制也有必要单独设计。这种观点被部分立法者接受，形成了国办发〔2011〕6 号文中"外国投资者并购境内金融机构的安全审查另行规定"的法条。另一种观点是"统一说"，认为没有必要出台独立的金融领域安审法规，可纳入现行安审法规框架统一实施。许多实务界人士比较认可这一观点，认为"另行规定"提出至今已逾五年时间，实践表明，出台单独的金融领域安审法规可能既不专业、也不系统，面临着立法层级、立法依据、立法技术等方面难题，事实上无法推进，必须重新思考立法路线图。第三种观点是"混合说"，此种观点综合了前面两派论点，认为金融监管审批和国家安全审查应当建立联通机制，在评估监管法规、"金融安全网"建设有效性的基础上，设计补缺性的法规，发挥国家安全审查的"最后一道防线"作用，同时保持金融行业的相对独立性。以上三种观点都具有一定合理性，也各有一定支持度，但还未形成充分共识。

二是金融领域安全审查实践进展缓慢。由于思想认识存在较大分歧，金融领域安全审查方面的立法和操作实践均处于研究讨论阶段。一方面，现有金融领域监管文件主要规定的是市场准入、业务准入和高管准入方面内容，出发点是对等开放以及稳健经营、保护消费者等理念，对于国家安全审查大多未予正面触及。另一方面，随着负面清单管理模式以及中美 BIT 谈判等工作的推进，外资进入中国清算市场、证券市场、银行业的扩大开放案例不断增加，但迄今为止没有对任何一个投资并购案例进行过单独、专业的国家安全审查，实践经验积累不足，拖累了进一步的立法探索。

三是安全审查制度建设滞后影响开放进程。就本质而言，一国法律中的国家安全审查就是凭借国家主权至高性原理，依托法律的外衣对商业活动进行政治层面的审查，在一定程度上起到为扩大开放"兜底"和"托底"的作用。在国办发〔2011〕6 号出台之际，中国金融开放力度相对有限，可能涉及国家金融安全的

投资并购案例数量有限,立法压力和紧迫性不足。随着金融服务业扩大开放的推进、准入前国民待遇加负面清单管理模式的引入,这方面的压力越来越大。外方通过 WTO 贸易政策审议、投资协定谈判、贸易谈判等多个渠道,从各个层面不断施加压力,要求我国放宽银行等金融机构外资持股比例限制。在没有金融领域国家安全审查制度的情况下,我国在双边谈判中面临较大压力,缺少谈判筹码和战略纵深,对外开放尺度把握难度加大。

四是金融领域安全审查立法的技术准备不足。金融领域安全审查是一项专业性、技术性要求很高的工作,迫切需要加强理论研究和技术准备。例如,拥有中国法人身份的外资银行算不算外国投资者?如何在多层股权架构下科学认定实际控制人和最终控制人?如何认定关联及一致行动人关系?如何制定具有较高透明度的金融领域国家安全审查操作指南?金融领域国家安全审查程序如何影响审查效率?以上问题都有待进一步思考与解答。

(二) 政策建议

针对当前面临的现实挑战,可考虑在上海开展相关试点,为优化设计全国性方案探路:

一是按照"三步走"策略,推动金融领域国家安全审查机制建设。在当前思想共识有待达成但实践已经无法再等待的背景下,建议按"从易到难"的次序予以推进。

第一步,以"金改 40 条"中"在自贸试验区内金融开放领域试点开展涉及外资的国家安全审查"为依据,征询国家有关部门意见后,开展区域性试点。试点方案可参考《自由贸易试验区外商投资国家安全审查试行办法》和《外国投资法(草案征求意见稿)》设计。由于存在观点分歧,建议设计两套方案供讨论,一套是"中央与地方双层联合审查方案",另一套是"中央审查、地方配合方案"。前者优势在于分工合作、上下联动,后者优势在于简洁高效、时间较短。

在第一套方案下,考虑依托上海金融综合监管联席会议,由一行三局、外汇局上海市分局与市金融办、市发展改革委、市商务委等组成议事机构,负责实施初审。在现行监管体系框架下,由相关监管或主管部门牵头履行各自领域内外资机构安全审查,初审结果报请国家有关部门参考。首批预审对象以上海自贸试验区挂牌以来新设的金融机构为主,重点探索审查中可能出现的申报前磋商、缓冲协议等技术问题及其解决方案,探索形成操作指南,为完善政策设计提供实践经验。第二套方案下,主要由中央相关部委牵头履行分管机构的安全审查,地方承担通知、资料采集及问询等配合性职责。

第二步，提请商务部在牵头制定《外国投资法》立法建议稿的过程中，对上海的实践经验予以吸收。重点是将金融领域国家安全审查纳入国家安全审查统一的立法与实施议程，并对带有共性的若干争议问题予以明确。

第三步，启动相关修法和立法程序。建议修改《自由贸易试验区外商投资国家安全审查试行办法》《国务院办公厅关于建立外国投资者并购境内企业安全审查制度的通知》中"外商投资金融领域的安全审查另行规定"等相关条款。由于以上为国务院办公厅发文，需提交请求修法的专题报告。接着，进一步建立由国务院组织协调、金融监管部门和国家宏观管理部门组成的金融领域国家安全审查机制，推动细则制定与案例探索。

二是将金融领域国家安全审查与扩大金融业对外开放并行推进。尽管入世以来中国银行业对外开放不断提高，但目前对外资进入银行业仍有股权比例、发起并购等方面的限制，在华外资银行在全国银行业的业务规模占比有所下降。因此，建议在探索金融领域国家安全审查机制的基础上，结合负面清单管理，以安全审查促进自贸试验区金融业对外开放。通过安全审查控制风险，在部分领域扩大开放程度，实现放管结合，开放有序，风险可控。

三是安全审查要求应与银行监管体系优化相结合。一方面，尽量统一中外资银行基本监管框架。目前中资银行和外资银行由不同的行政许可法规进行规定，中外资银行在准入方面的监管差异仍然比较明显。可考虑借鉴国外实践经验，针对银行本身的经营范围和业务性质，按照地方注册银行、全国注册银行和其他政策性银行（包括政策性银行、农村合作金融机构等）进行区分并制定相对应的行政许可事项和监督管理办法，而非简单按照中资和外资银行区分。

另一方面，探索对外资银行的差别化、非歧视性监管政策。可借鉴国际经验，另行制定对国际银行的监管政策框架（英国和美国都对国际银行单独提出了监管规定），并在监管政策中说明审慎监管考虑。加强与母国监管当局的合作，构建有效统一的监管网络体系，要求外资金融机构的母国当局对该银行的国内及海外业务实施并表监管。考虑到母国监管当局和东道国监管当局在监管职责和风险承担主体上的不同，可对外资法人银行和外国银行分行采取不同的监管政策。

第三，借鉴功能监管理念，完善监管审批制度。可考虑从资本和财务因素、监管因素、竞争因素、信息披露与反洗钱因素、管理资源因素、社区服务便利性因素等方面切入，合理加强对外资进入我国广义金融领域（含类金融、金融相关领域）的监管审批要求。稳健有效的监管审批制度将在一定程度上缓解金融领域国家安全审查的压力。

　　建议加强技术层面统筹协调。金融领域国家安全审查尤其是调查环节需要精准定向监控、数据共享、穿透式监管和资金来源追踪等方面基础设施（系统）支撑，需要依托金融综合监管平台的建设。金融领域国家安全审查应该与综合监管、负面清单进行更好对接。

　　四是科学界定金融领域安全审查范围。在确定审查范围时应把握两个基本原则：一是坚持"聚焦核心"的原则，即核心金融机构或核心金融功能，核心机构如全国性存款类金融机构，核心功能如支付清算、金融信息等；二是坚持"实质重于表象"原则。对外国投资者的界定应采取"实际控制"标准，即实际控制人为外国企业或外国公民，企业就是外资企业，将"协议控制"（VIE 模式）纳入国家安全审查的法律体系。

　　建议适度扩大国安审查范围。由目前的《国办通知》中规定的"外国投资者并购境内企业"扩大为"外商投资并购境内企业"，即对外国投资者并购和投资入股我国境内企业行为均进行国家安全审查。同时明确，一旦外资通过新设、并购、持股比例变化或股东背景调整等因素，符合上述安全审查范围，应启动安全审查。此外，我国金融业的核心系统供应商等虽非金融机构，但考虑到其重要性，也应纳入安全审查机制。

　　建议动态把握审查内容。应至少包括股东背景的调查（如是否有外国政府资本、外商资本与外国政府的关联度等），金融信息安全性的调查（金融信息系统是否满足本地独立性要求、与境外的金融信息传递是否建立了相关的安全机制等），外商资本母国政府及监管部门的安全稳定性等。

　　建议以名单制为基础加强监测监控。可围绕金融安全审查建立敏感投资者名单、系统重要性金融机构名单、重要金融基础设施提供商名单、重点关注领域和行为清单，并建立金融领域国家安全审查案例库。

参考文献

［1］周小川:《金融监管体制改革处于研究阶段》,《第一财经日报》2016年2月29日。

［2］吴晓灵:《"新常态"下如何继续推进金改》,《第一财经日报》2015年5月22日。

［3］吴晓灵:《中国应建立中央和地方双层金融监管体制》,《中国总会计师》2012年第8期。

［4］卜永祥:《金融监管体制改革研究》,载财新网,2016年2月22日。

［5］巴曙松:《金融监管框架的演变趋势与商业银行的发展空间》,《当代财经》2004年第1期。

［6］王刚:《"金砖四国"金融监管架构的变迁与启示》,《中国经济时报》2016年6月3日。

［7］陈道富:《金融监管改革需遵循的原则思考》,《中国经济时报》2016年6月27日。

［8］李波:《以宏观审慎为核心 推进金融监管体制改革》,《第一财经日报》2016年2月5日。

［9］张承惠:《我国金融监管框架重构应逐步推进》,《上海证券报》2016年6月15日。

［10］杨东:《我国建立金融统合监管的可行性路径》,《上海证券报》2016年5月12日。

［11］国务院"我国金融监管架构重构研究"课题组:《主要国家金融监管架构的变迁与特点》,《上海经济评论2016年第2季度特别报告》2016年5月31日。

［12］王振:《金融监管模式的演变》,《中国金融》2016年第7期。

［13］孙天琦:《次贷危机后英国为什么抛弃了金管会模式》,《清华金融评论》2016年第1期。

［14］张鹏，李凯英，解玉平：《金融监管指数构建及其对美国的检验》，《国际经济合作》2012 年第 2 期。

［15］霍德明，刘思甸：《中国宏观金融稳定性指标体系研究》，《山西财经大学学报》2009 年第 10 期。

［16］孟艳：《我国银行监管成本的量化研究》，《审计研究》2007 年第 4 期。

［17］梁丹：《我国银行监管有效性研究》，《西南财经大学》2011 年。

［18］汤婧：《探索上海自贸区综合监管新路径》，《经济参考报》2014 年 1 月6 日。

［19］柳立：《2015：重点防范区域性金融风险》，《金融时报》2015 年 2 月9 日。

［20］上海市国民经济和社会发展第十三个五年规划纲要，上海市政府网站。

［21］中华人民共和国国民经济和社会发展第十三个五年规划纲要，国务院网站。

［22］顾海峰：《基于金融混业视角的金融监管创新路径：功能监管论》，《金融理论与实践》2010 年第 10 期。

［23］韩龙：《美国金融危机的金融法根源——以审慎规制和监管为中心》，《法商研究》2009 年第 2 期。

［24］黄梅波，范修礼：《金融监管模式的国际比较：五国案例分析》，《福建论坛（人文社会科学版）》2010 年第 12 期。

［25］匡桦，张骏超：《风险监管和而不同——兼论"伞形监管"趋势》，《金融发展评论》2012 年第 3 期。

［26］李沛霖：《机构监管和功能监管的比较分析及对中国的启示》，《北方经济》2008 年第 7 期。

［27］黄韬：《我国金融市场从"机构监管"到"功能监管"的法律路径——以金融理财产品监管规则的改进为中心》，《法学》2011 年第 7 期。

［28］黄韬，陈儒丹：《"功能监管"视角下的中国《〈证券法〉》适用范围研究——以金融理财产品监管规则的改进为例》，《证券法苑》2012 年第 2 期。

［29］蒋先玲，徐晓兰：《第三方支付态势与监管：自互联网金融观察》，《改革》2014 年第 6 期。

［30］李雅潇，赵若瑜：《从机构监管到功能监管的中国金融法制发展路径》，《经济研究导刊》2013 年第 20 期。

［31］聂平香，戴丽华：《美国负面清单管理模式探析及对我国的借鉴》，《国

际贸易》2014 年第 4 期。

［32］武芳:《韩国负面清单中的产业选择及对我国的启示》,《国际贸易》2014 年第 6 期。

［33］武芳:《墨西哥负面清单设计的特点及借鉴》,《国际经济合作》2014 年第 6 期。

［34］高维和,孙元欣,王佳圆:《美国 FTA、BIT 中的外资准入负面清单:细则和启示》,《外国经济与管理》2015 年第 3 期。

［35］孙婵,肖湘:《负面清单制度的国际经验及其对上海自贸区的启示》,《重庆社会科学》2014 年第 5 期。

［36］崔凡,邓兴华,裴秋蕊:《负面清单的行业选择与动态调整》,《开放导报》2015 年第 1 期。

［37］郝杰:《负面清单的内涵、主要特点及我国的借鉴》,《中国经贸导刊》2015 年第 6 期。

［38］张晓明:《上海自贸区"负面清单"投资管理模式的国际经验借鉴》,《商业经济研究》2015 年第 2 期。

［39］郝红梅:《负面清单管理模式的国际经验比较与发展趋势》,《对外经贸实务》2016 年第 2 期。

附录 1
我国金融综合监管相关政策文件

上海自贸试验区建立以来,为贯彻落实党中央、国务院关于自贸试验区建设的要求,人民银行、银监会、证监会、保监会和外汇局等部门结合功能监管理念,出台了一系列实施细则和创新举措,有力地推动了上海自贸试验区的金融综合监管探索。

《国务院关于印发〈中国(上海)自由贸易试验区总体方案〉的通知》

国发〔2013〕38 号

各省、自治区、直辖市人民政府,国务院各部委、各直属机构:

国务院批准《中国(上海)自由贸易试验区总体方案》(以下简称《方案》),现予印发。

一、建立中国(上海)自由贸易试验区,是党中央、国务院作出的重大决策,是深入贯彻党的十八大精神,在新形势下推进改革开放的重大举措,对加快政府职能转变、积极探索管理模式创新、促进贸易和投资便利化,为全面深化改革和扩大开放探索新途径、积累新经验,具有重要意义。

二、上海市人民政府要精心组织好《方案》的实施工作。要探索建立投资准入前国民待遇和负面清单管理模式,深化行政审批制度改革,加快转变政府职能,全面提升事中、事后监管水平。要扩大服务业开放、推进金融领域开放创新,建设具有国际水准的投资贸易便利、监管高效便捷、法制环境规范的自由贸易试验区,使之成为推进改革和提高开放型经济水平的"试验田",形成可复制、可推广的经验,发挥示范带动、服务全国的积极作用,促进各地区共同发展。有关部门要大力支持,做好协调配合、指导评估等工作。

三、根据《全国人民代表大会常务委员会关于授权国务院在中国(上海)自由贸易试验区暂时调整有关法律规定的行政审批的决定》，相应暂时调整有关行政法规和国务院文件的部分规定。具体由国务院另行印发。

《方案》实施中的重大问题，上海市人民政府要及时向国务院请示报告。

国务院

2013 年 9 月 18 日

中国(上海)自由贸易试验区总体方案

建立中国(上海)自由贸易试验区(以下简称试验区)是党中央、国务院作出的重大决策，是深入贯彻党的十八大精神，在新形势下推进改革开放的重大举措。为全面有效推进试验区工作，制定本方案。

一、总体要求

试验区肩负着我国在新时期加快政府职能转变、积极探索管理模式创新、促进贸易和投资便利化，为全面深化改革和扩大开放探索新途径、积累新经验的重要使命，是国家战略需要。

(一)指导思想。

高举中国特色社会主义伟大旗帜，以邓小平理论、"三个代表"重要思想、科学发展观为指导，紧紧围绕国家战略，进一步解放思想，坚持先行先试，以开放促改革、促发展，率先建立符合国际化和法治化要求的跨境投资和贸易规则体系，使试验区成为我国进一步融入经济全球化的重要载体，打造中国经济升级版，为实现中华民族伟大复兴的中国梦作出贡献。

(二)总体目标。

经过两至三年的改革试验，加快转变政府职能，积极推进服务业扩大开放和外商投资管理体制改革，大力发展总部经济和新型贸易业态，加快探索资本项目可兑换和金融服务业全面开放，探索建立货物状态分类监管模式，努力形成促进投资和创新的政策支持体系，着力培育国际化和法治化的营商环境，力争建设成为具有国际水准的投资贸易便利、货币兑换自由、监管高效便捷、法制环境规范的自由贸易试验区，为我国扩大开放和深化改革探索新思路和新途径，更好地为全国服务。

(三)实施范围。

试验区的范围涵盖上海外高桥保税区、上海外高桥保税物流园区、洋山保税港区和上海浦东机场综合保税等 4 个海关特殊监管区域，并根据先行先试推进情况以及产业发展和辐射带动需要,逐步拓展实施范围和试点政策范围,形成与上海国际经济、金融、贸易、航运中心建设的联动机制。

二、主要任务和措施

紧紧围绕面向世界、服务全国的战略要求和上海"四个中心"建设的战略任务,按照先行先试、风险可控、分步推进、逐步完善的方式,把扩大开放与体制改革相结合、把培育功能与政策创新相结合,形成与国际投资、贸易通行规则相衔接的基本制度框架。

(一)加快政府职能转变。

1. 深化行政管理体制改革。加快转变政府职能,改革创新政府管理方式,按照国际化、法治化的要求,积极探索建立与国际高标准投资和贸易规则体系相适应的行政管理体系,推进政府管理由注重事先审批转为注重事中、事后监管。建立一口受理、综合审批和高效运作的服务模式,完善信息网络平台,实现不同部门的协同管理机制。建立行业信息跟踪、监管和归集的综合性评估机制,加强对试验区内企业在区外经营活动全过程的跟踪、管理和监督。建立集中统一的市场监管综合执法体系,在质量技术监督、食品药品监管、知识产权、工商、税务等管理领域,实现高效监管,积极鼓励社会力量参与市场监督。提高行政透明度,完善体现投资者参与、符合国际规则的信息公开机制。完善投资者权益有效保障机制,实现各类投资主体的公平竞争,允许符合条件的外国投资者自由转移其投资收益。建立知识产权纠纷调解、援助等解决机制。

(二)扩大投资领域的开放。

2. 扩大服务业开放。选择金融服务、航运服务、商贸服务、专业服务、文化服务以及社会服务领域扩大开放(具体开放清单见附件),暂停或取消投资者资质要求、股比限制、经营范围限制等准入限制措施(银行业机构、信息通信服务除外),营造有利于各类投资者平等准入的市场环境。

3. 探索建立负面清单管理模式。借鉴国际通行规则,对外商投资试行准入前国民待遇,研究制订试验区外商投资与国民待遇等不符的负面清单,改革外商投资管理模式。对负面清单之外的领域,按照内外资一致的原则,将外商投资项目由核准制改为备案制(国务院规定对国内投资项目保留核准的除外),由上海市负责办理;将外商投资企业合同章程审批改为由上海市负责备案管理,备案后按国家有关规定办理相关手续;工商登记与商事登记制度改革相衔接,逐步优化登记流程;完善国家安全审查制度,在试验区内试点开展涉及外资的国家安全审查,构建安全高效的开放型经济体系。在总结试点经验的基础上,逐步形成与国际接轨的外商投资管理制度。

4. 构筑对外投资服务促进体系。改革境外投资管理方式，对境外投资开办企业实行以备案制为主的管理方式，对境外投资一般项目实行备案制，由上海市负责备案管理，提高境外投资便利化程度。创新投资服务促进机制，加强境外投资事后管理和服务，形成多部门共享的信息监测平台，做好对外直接投资统计和年检工作。支持试验区内各类投资主体开展多种形式的境外投资。鼓励在试验区设立专业从事境外股权投资的项目公司，支持有条件的投资者设立境外投资股权投资母基金。

（三）推进贸易发展方式转变。

5. 推动贸易转型升级。积极培育贸易新型业态和功能，形成以技术、品牌、质量、服务为核心的外贸竞争新优势，加快提升我国在全球贸易价值链中的地位。鼓励跨国公司建立亚太地区总部，建立整合贸易、物流、结算等功能的营运中心。深化国际贸易结算中心试点，拓展专用账户的服务贸易跨境收付和融资功能。支持试验区内企业发展离岸业务。鼓励企业统筹开展国际国内贸易，实现内外贸一体化发展。探索在试验区内设立国际大宗商品交易和资源配置平台，开展能源产品、基本工业原料和大宗农产品的国际贸易。扩大完善期货保税交割试点，拓展仓单质押融资等功能。加快对外文化贸易基地建设。推动生物医药、软件信息、管理咨询、数据服务等外包业务发展。允许和支持各类融资租赁公司在试验区内设立项目子公司并开展境内外租赁服务。鼓励设立第三方检验鉴定机构，按照国际标准采信其检测结果。试点开展境内外高技术、高附加值的维修业务。加快培育跨境电子商务服务功能，试点建立与之相适应的海关监管、检验检疫、退税、跨境支付、物流等支撑系统。

6. 提升国际航运服务能级。积极发挥外高桥港、洋山深水港、浦东空港国际枢纽港的联动作用，探索形成具有国际竞争力的航运发展制度和运作模式。积极发展航运金融、国际船舶运输、国际船舶管理、国际航运经纪等产业。加快发展航运运价指数衍生品交易业务。推动中转集拼业务发展，允许中资公司拥有或控股拥有的非五星旗船，先行先试外贸进出口集装箱在国内沿海港口和上海港之间的沿海捎带业务。支持浦东机场增加国际中转货运航班。充分发挥上海的区域优势，利用中资"方便旗"船税收优惠政策，促进符合条件的船舶在上海落户登记。在试验区实行已在天津试点的国际船舶登记政策。简化国际船舶运输经营许可流程，形成高效率的船籍登记制度。

（四）深化金融领域的开放创新。

7. 加快金融制度创新。在风险可控前提下，可在试验区内对人民币资本项目可兑换、金融市场利率市场化、人民币跨境使用等方面创造条件进行先行先试。在试验区内实现金融机构资产方价格实行市场化定价。探索面向国际的外汇管理改革试点,建立与自由贸易试验区相适应的外汇管理体制,全面实现贸易投资便利化。鼓励企业充分利用境内外两种资源、两个市场,实现跨境融资自由化。深化外债管理方式改革,促进跨境融资便利化。深化跨国公司总部外汇资金集中运营管理试点,促进跨国公司设立区域性或全球性资金管理中心。建立试验区金融改革创新与上海国际金融中心建设的联动机制。

8. 增强金融服务功能。推动金融服务业对符合条件的民营资本和外资金融机构全面开放,支持在试验区内设立外资银行和中外合资银行。允许金融市场在试验区内建立面向国际的交易平台。逐步允许境外企业参与商品期货交易。鼓励金融市场产品创新。支持股权托管交易机构在试验区内建立综合金融服务平台。支持开展人民币跨境再保险业务,培育发展再保险市场。(五)完善法制领域的制度保障。

9. 完善法制保障。加快形成符合试验区发展需要的高标准投资和贸易规则体系。针对试点内容,需要停止实施有关行政法规和国务院文件的部分规定的,按规定程序办理。其中,经全国人民代表大会常务委员会授权,暂时调整《中华人民共和国外资企业法》、《中华人民共和国中外合资经营企业法》和《中华人民共和国中外合作经营企业法》规定的有关行政审批,自 2013 年 10 月 1 日起在三年内试行。各部门要支持试验区在服务业扩大开放、实施准入前国民待遇和负面清单管理模式等方面深化改革试点,及时解决试点过程中的制度保障问题。上海市要通过地方立法,建立与试点要求相适应的试验区管理制度。

三、营造相应的监管和税收制度环境

适应建立国际高水平投资和贸易服务体系的需要,创新监管模式,促进试验区内货物、服务等各类要素自由流动,推动服务业扩大开放和货物贸易深入发展,形成公开、透明的管理制度。同时,在维护现行税制公平、统一、规范的前提下,以培育功能为导向,完善相关政策。

(一)创新监管服务模式。

1. 推进实施"一线放开"。允许企业凭进口舱单将货物直接入区,再凭进境货物备案清单向主管海关办理申报手续,探索简化进出境备案清单,简化国际中转、集拼和分拨等业务进出境手续;实行"进境检疫,适当放宽进出口检验"模式,创新监管技术和方法。探索构建相对独立的以贸易便利化为主的货物贸易区域和以扩大服务领域开放为主的服务贸易区域。在确保有效监管的前提下,探索建立货物状态分类监管模式。深化功能拓展,在严格执行货物进出口税收政策的前提下，允许在特定区域设立保税展示交易平台。

2. 坚决实施"二线安全高效管住"。优化卡口管理，加强电子信息联网，通过进出境清单比对、账册管理、卡口实货核注、风险分析等加强监管，促进二线监管模式与一线监管模式相衔接，推行"方便进出，严密防范质量安全风险"的检验检疫监管模式。加强电子账册管理，推动试验区内货物在各海关特殊监管区域之间和跨关区便捷流转。试验区内企业原则上不受地域限制，可到区外再投资或开展业务，如有专项规定要求办理相关手续，仍应按照专项规定办理。推进企业运营信息与监管系统对接。通过风险监控、第三方管理、保证金要求等方式实行有效监管，充分发挥上海市诚信体系建设的作用，加快形成企业商务诚信管理和经营活动专属管辖制度。

3. 进一步强化监管协作。以切实维护国家安全和市场公平竞争为原则，加强各有关部门与上海市政府的协同，提高维护经济社会安全的服务保障能力。试验区配合国务院有关部门严格实施经营者集中反垄断审查。加强海关、质检、工商、税务、外汇等管理部门的协作。加快完善一体化监管方式，推进组建统一高效的口岸监管机构。探索试验区统一电子围网管理，建立风险可控的海关监管机制。

（二）探索与试验区相配套的税收政策。

4. 实施促进投资的税收政策。注册在试验区内的企业或个人股东，因非货币性资产对外投资等资产重组行为而产生的资产评估增值部分，可在不超过5年期限内，分期缴纳所得税。对试验区内企业以股份或出资比例等股权形式给予企业高端人才和紧缺人才的奖励，实行已在中关村等地区试点的股权激励个人所得税分期纳税政策。

5. 实施促进贸易的税收政策。将试验区内注册的融资租赁企业或金融租赁公司在试验区内设立的项目子公司纳入融资租赁出口退税试点范围。对试验区内注册的国内租赁公司或租赁公司设立的项目子公司，经国家有关部门批准从境外购买空载重量在25吨以上并租赁给国内航空公司使用的飞机，享受相关进口环节增值税优惠政策。对设在试验区内的企业生产、加工并经"二线"销往内地的货物照章征收进口环节增值税、消费税。根据企业申请，试行对该内销货物按其对应进口料件或按实际报验状态征收关税的政策。在现行政策框架下，对试验区内生产企业和生产性服务业企业进口所需的机器、设备等货物予以免税，但生活性服务业等企业进口的货物以及法律、行政法规和相关规定明确不予免税的货物除外。完善启运港退税试点政策，适时研究扩大启运地、承运企业和运输工具等试点范围。

此外,在符合税制改革方向和国际惯例,以及不导致利润转移和税基侵蚀的前提下,积极研究完善适应境外股权投资和离岸业务发展的税收政策。

四、扎实做好组织实施

国务院统筹领导和协调试验区推进工作。上海市要精心组织实施,完善工作机制,落实工作责任,根据《方案》明确的目标定位和先行先试任务,按照"成熟的可先做,再逐步完善"的要求,形成可操作的具体计划,抓紧推进实施,并在推进过程中认真研究新情况、解决新问题,重大问题要及时向国务院请示报告。各有关部门要大力支持,积极做好协调配合、指导评估等工作,共同推进相关体制机制和政策创新,把试验区建设好、管理好。

附件:
中国(上海)自由贸易试验区服务业扩大开放措施
一、金融服务领域

1. 银行服务(国民经济行业分类:J 金融业——6620 货币银行服务)	
开放措施	(1)允许符合条件的外资金融机构设立外资银行,符合条件的民营资本与外资金融机构共同设立中外合资银行。在条件具备时,适时在试验区内试点设立有限牌照银行。(2)在完善相关管理办法,加强有效监管的前提下,允许试验区内符合条件的中资银行开办离岸业务。
2. 专业健康医疗保险(国民经济行业分类:J 金融业——6812 健康和意外保险)	
开放措施	试点设立外资专业健康医疗保险机构。
3. 融资租赁(国民经济行业分类:J 金融业——6631 金融租赁服务)	
开放措施	(1)融资租赁公司在试验区内设立的单机、单船子公司不设最低注册资本限制。(2)允许融资租赁公司兼营与主营业务有关的商业保理业务。

二、航运服务领域

4. 远洋货物运输(国民经济行业分类:G 交通运输、仓储和邮政业——5521 远洋货物运输)	
开放措施	(1)放宽中外合资、中外合作国际船舶运输企业的外资股比限制,由国务院交通运输主管部门制定相关管理试行办法。(2)允许中资公司拥有或控股拥有的非五星旗船,先行先试外贸进出口集装箱在国内沿海港口和上海港之间的沿海捎带业务。
5. 国际船舶管理(国民经济行业分类:G 交通运输、仓储和邮政业——5539 其他水上运输辅助服务)	
开放措施	允许设立外商独资国际船舶管理企业。

三、商贸服务领域

6. 增值电信(国民经济行业分类:I 信息传输、软件和信息技术服务业——6319 其他电信业务,6420 互联网信息服务,6540 数据处理和存储服务,6592 呼叫中心)	
开放措施	在保障网络信息安全的前提下,允许外资企业经营特定形式的部分增值电信业务,如涉及突破行政法规,须国务院批准同意。
7. 游戏机、游艺机销售及服务(国民经济行业分类:F 批发和零售业——5179 其他机械及电子商品批发)	
开放措施	允许外资企业从事游戏游艺设备的生产和销售,通过文化主管部门内容审查的游戏游艺设备可面向国内市场销售。

四、专业服务领域

8. 律师服务(国民经济行业分类:L 租赁和商务服务业——7221 律师及相关法律服务)	
开放措施	探索密切中国律师事务所与外国(港澳台地区)律师事务所业务合作的方式和机制。
9. 资信调查(国民经济行业分类:L 租赁和商务服务业——7295 信用服务)	
开放措施	允许设立外商投资资信调查公司。
10. 旅行社(国民经济行业分类:L 租赁和商务服务业——7271 旅行社服务)	
开放措施	允许在试验区内注册的符合条件的中外合资旅行社,从事除台湾地区以外的出境旅游业务。
11. 人才中介服务(国民经济行业分类:L 租赁和商务服务业——7262 职业中介服务)	
开放措施	(1)允许设立中外合资人才中介机构,外方合资者可以拥有不超过 70% 的股权;允许港澳服务提供者设立独资人才中介机构。(2)外资人才中介机构最低注册资本金要求由 30 万美元降低至 12.5 万美元。
12. 投资管理(国民经济行业分类:L 租赁和商务服务业——7211 企业总部管理)	
开放措施	允许设立股份制外资投资性公司。
13. 工程设计(国民经济行业分类:M 科学研究与技术服务企业——7482 工程勘察设计)	
开放措施	对试验区内为上海市提供服务的外资工程设计(不包括工程勘察)企业,取消首次申请资质时对投资者的工程设计业绩要求。
14. 建筑服务(国民经济行业分类:E 建筑业——47 房屋建筑业,48 土木工程建筑业,49 建筑安装业,50 建筑装饰和其他建筑业)	
开放措施	对试验区内的外商独资建筑企业承揽上海市的中外联合建设项目时,不受建设项目的中外方投资比例限制。

五、文化服务领域

15. 演出经纪(国民经济行业分类:R 文化、体育和娱乐业——8941 文化娱乐经纪人)	
开放措施	取消外资演出经纪机构的股比限制,允许设立外商独资演出经纪机构,为上海市提供服务。
16. 娱乐场所(国民经济行业分类:R 文化、体育和娱乐业——8911 歌舞厅娱乐活动)	
开放措施	允许设立外商独资的娱乐场所,在试验区内提供服务。

六、社会服务领域

17. 教育培训、职业技能培训(国民经济行业分类:P 教育——8291 职业技能培训)	
开放措施	(1)允许举办中外合作经营性教育培训机构。(2)允许举办中外合作经营性职业技能培训机构。
18. 医疗服务(国民经济行业分类:Q 卫生和社会工作——8311 综合医院,8315 专科医院,8330 门诊部〔所〕)	
开放措施	允许设立外商独资医疗机构。

注:以上各项开放措施只适用于注册在中国(上海)自由贸易试验区内的企业。

《国务院关于印发〈进一步深化中国（上海）自由贸易试验区改革开放方案〉的通知》

国发〔2015〕21号

各省、自治区、直辖市人民政府，国务院各部委、各直属机构：

国务院批准《进一步深化中国（上海）自由贸易试验区改革开放方案》（以下简称《方案》），现予印发。

一、进一步深化中国（上海）自由贸易试验区（以下简称自贸试验区）改革开放，是党中央、国务院作出的重大决策，是在新形势下为全面深化改革和扩大开放探索新途径、积累新经验的重要举措，对加快政府职能转变、积极探索管理模式创新、促进贸易和投资便利化、形成深化改革新动力、扩大开放新优势，具有重要意义。

二、扩展区域后的自贸试验区要当好改革开放排头兵、创新发展先行者，继续以制度创新为核心，贯彻长江经济带发展等国家战略，在构建开放型经济新体制、探索区域经济合作新模式、建设法治化营商环境等方面，率先挖掘改革潜力，破解改革难题。要积极探索外商投资准入前国民待遇加负面清单管理模式，深化行政管理体制改革，提升事中事后监管能力和水平。

三、上海市人民政府和有关部门要解放思想、改革创新，大胆实践、积极探索，统筹谋划、加强协调，支持自贸试验区先行先试。要加强组织领导，明确责任主体，精心组织好《方案》实施工作，有效防控各类风险。要及时总结评估试点实施效果，形成可复制可推广的改革经验，更好地发挥示范引领、服务全国的积极作用。

四、根据《全国人民代表大会常务委员会关于授权国务院在中国（广东）自由贸易试验区、中国（天津）自由贸易试验区、中国（福建）自由贸易试验区以及中国（上海）自由贸易试验区扩展区域暂时调整有关法律规定的行政审批的决定》，相应暂时调整有关行政法规和国务院文件的部分规定。具体由国务院另行印发。

五、《方案》实施中的重大问题，上海市人民政府要及时向国务院请示报告。

国务院

2015年4月8日

进一步深化中国（上海）自由贸易试验区改革开放方案

中国（上海）自由贸易试验区（以下简称自贸试验区）运行以来，围绕加快政府职能转变，推动体制机制创新，营造国际化、市场化、法治化营商环境等积极探索，取得了重要阶段性成果。为贯彻落实党中央、国务院关于进一步深化自贸试验区改革开放的要求，深入推进《中国（上海）自由贸易试验区总体方案》确定的各项任务，制定本方案。

一、总体要求

（一）指导思想。

全面贯彻落实党的十八大和十八届二中、三中、四中全会精神，按照党中央、国务院决策部署，紧紧围绕国家战略，进一步解放思想，坚持先行先试，把制度创新作为核心任务，把防控风险作为重要底线，把企业作为重要主体，以开放促改革、促发展，加快政府职能转变，在更广领域和更大空间积极探索以制度创新推动全面深化改革的新路径，率先建立符合国际化、市场化、法治化要求的投资和贸易规则体系，使自贸试验区成为我国进一步融入经济全球化的重要载体，推动"一带一路"建设和长江经济带发展，做好可复制可推广经验总结推广，更好地发挥示范引领、服务全国的积极作用。

（二）发展目标。

按照党中央、国务院对自贸试验区"继续积极大胆闯、大胆试、自主改"、"探索不停步、深耕试验区"的要求，深化完善以负面清单管理为核心的投资管理制度、以贸易便利化为重点的贸易监管制度、以资本项目可兑换和金融服务业开放为目标的金融创新制度、以政府职能转变为核心的事中事后监管制度，形成与国际投资贸易通行规则相衔接的制度创新体系，充分发挥金融贸易、先进制造、科技创新等重点功能承载区的辐射带动作用，力争建设成为开放度最高的投资贸易便利、货币兑换自由、监管高效便捷、法制环境规范的自由贸易园区。

（三）实施范围。

自贸试验区的实施范围120.72平方公里，涵盖上海外高桥保税区、上海外高桥保税物流园区、洋山保税港区、上海浦东机场综合保税区4个海关特殊监管区域（28.78平方公里）以及陆家嘴金融片区（34.26平方公里）、金桥开发片区（20.48平方公里）、张江高科技片区（37.2平方公里）。

自贸试验区土地开发利用须遵守土地利用法律法规。浦东新区要加大自主改革力度，加快政府职能转变，加强事中事后监管等管理模式创新，加强与上海国际经济、金融、贸易、航运中心建设的联动机制。

二、主要任务和措施

（一）加快政府职能转变。

1. 完善负面清单管理模式。推动负面清单制度成为市场准入管理的主要方式，转变以行政审批为主的行政管理方式，制定发布政府权力清单和责任清单，进一步厘清政府和市场的关系。强化事中事后监管，推进监管标准规范制度建设，加快形成行政监管、行业自律、社会监督、公众参与的综合监管体系。

2. 加强社会信用体系应用。完善公共信用信息目录和公共信用信息应用清单，在市场监管、城市管理、社会治理、公共服务、产业促进等方面，扩大信用信息和信用产品应用，强化政府信用信息公开，探索建立采信第三方信用产品和服务的制度安排。支持信用产品开发，促进征信市场发展。

3. 加强信息共享和服务平台应用。加快以大数据中心和信息交换枢纽为主要功能的信息共享和服务平台建设，扩大部门间信息交换和应用领域，逐步统一信息标准，加强信息安全保障，推进部门协同管理，为加强事中事后监管提供支撑。

4. 健全综合执法体系。明确执法主体以及相对统一的执法程序和文书，建立联动联勤平台，完善网上执法办案系统。健全城市管理、市场监督等综合执法体系，建立信息共享、资源整合、执法联动、措施协同的监管工作机制。

5. 健全社会力量参与市场监督制度。通过扶持引导、购买服务、制定标准等制度安排，支持行业协会和专业服务机构参与市场监督。探索引入第三方专业机构参与企业信息审查等事项，建立社会组织与企业、行业之间的服务对接机制。充分发挥自贸试验区社会参与委员会作用，推动行业组织诚信自律。试点扩大涉外民办非企业单位登记范围。支持全国性、区域性行业协会入驻，探索引入竞争机制，在规模较大、交叉的行业以及新兴业态中试行"一业多会、适度竞争"。

6. 完善企业年度报告公示和经营异常名录制度。根据《企业信息公示暂行条例》，完善企业年度报告公示实施办法。采取书面检查、实地核查、网络监测、大数据比对等方式，对自贸试验区内企业年报公示信息进行抽查，依法将抽查结果通过企业信用信息公示系统向社会公示，营造企业自律环境。

7. 健全国家安全审查和反垄断审查协助工作机制。建立地方参与国家安全审查和反垄断审查的长效机制，配合国家有关部门做好相关工作。在地方事权范围内，加强相关部门协作，实现信息互通、协同研判、执法协助，进一步发挥自贸试验区在国家安全审查和反垄断审查工作中的建议申报、调查配合、信息共享等方面的协助作用。

8. 推动产业预警制度创新。配合国家有关部门试点建立与开放市场环境相匹配的产业预警体系，及时发布产业预警信息。上海市人民政府可选择重点敏感产业，通过实施技术指导、员工培训等政策，帮助企业克服贸易中遇到的困难，促进产业升级。

9. 推动信息公开制度创新。提高行政透明度，主动公开自贸试验区相关政策内容、管理规定、办事程序等信息，方便企业查询。对涉及自贸试验区的地方政府规章和规范性文件，主动公开草案内容，接受公众评论，并在公布和实施之间预留合理期限。实施投资者可以提请上海市人民政府对自贸试验区管理委员会制定的规范性文件进行审查的制度。

10. 推动公平竞争制度创新。严格环境保护执法，建立环境违法法人"黑名单"制度。加大宣传培训力度，引导自贸试验区内企业申请环境能源管理体系认证和推进自评价工作，建立长效跟踪评价机制。

11. 推动权益保护制度创新。完善专利、商标、版权等知识产权行政管理和执法体制机制，完善司法保护、行政监管、仲裁、第三方调解等知识产权纠纷多元解决机制，完善知识产权工作社会参与机制。优化知识产权发展环境，集聚国际知识产权资源，推进上海亚太知识产权中心建设。进一步对接国际商事争议解决规则，优化自贸试验区仲裁规则，支持国际知名商事争议解决机构入驻，提高商事纠纷仲裁国际化程度。探索建立全国性的自贸试验区仲裁法律服务联盟和亚太仲裁机构交流合作机制，加快打造面向全球的亚太仲裁中心。

12. 深化科技创新体制机制改革。充分发挥自贸试验区和国家自主创新示范区政策叠加优势，全面推进知识产权、科研院所、高等教育、人才流动、国际合作等领域体制机制改革，建立积极灵活的创新人才发展制度，健全企业主体创新投入制度，建立健全财政资金支持形成的知识产权处置和收益机制，建立专利导航产业发展工作机制，构建市场导向的科技成果转移转化制度，完善符合创新规律的政府管理制度，推动形成创新要素自由流动的开放合作新局面，在投贷联动金融服务模式创新、技术类无形资产入股、发展新型产业技术研发组织等方面加大探索力度，加快建设具有全球影响力的科技创新中心。

（二）深化与扩大开放相适应的投资管理制度创新。

13. 进一步扩大服务业和制造业等领域开放。探索实施自贸试验区外商投资负面清单制度，减少和取消对外商投资准入限制，提高开放度和透明度。自贸试验区已试点的对外开放措施适用于陆家嘴金融片区、金桥开发片区和张江高科技片区。根据国家对外开放战略要求，在服务业和先进制造业等领域进一步扩大开放。在严格遵照全国人民代表大会常务委员会授权的前提下,自贸试验区部分对外开放措施和事中事后监管措施辐射到整个浦东新区,涉及调整行政法规、国务院文件和经国务院批准的部门规章的部分规定的,按规定程序办理。

14. 推进外商投资和境外投资管理制度改革。对外商投资准入特别管理措施(负面清单)之外领域,按照内外资一致原则,外商投资项目实行备案制(国务院规定对国内投资项目保留核准的除外);根据全国人民代表大会常务委员会授权,将外商投资企业设立、变更及合同章程审批改为备案管理,备案后按国家有关规定办理相关手续。对境外投资项目和境外投资开办企业实行以备案制为主的管理方式,建立完善境外投资服务促进平台。试点建立境外融资与跨境资金流动宏观审慎管理政策框架,支持企业开展国际商业贷款等各类境外融资活动。统一内外资企业外债政策,建立健全外债宏观审慎管理制度。

15. 深化商事登记制度改革。探索企业登记住所、企业名称、经营范围登记等改革,开展集中登记试点。推进"先照后证"改革。探索许可证清单管理模式。简化和完善企业注销流程,试行对个体工商户、未开业企业、无债权债务企业实行简易注销程序。

16. 完善企业准入"单一窗口"制度。加快企业准入"单一窗口"从企业设立向企业工商变更、统计登记、报关报检单位备案登记等环节拓展,逐步扩大"单一窗口"受理事项范围。探索开展电子营业执照和企业登记全程电子化试点工作。探索实行工商营业执照、组织机构代码证和税务登记证"多证联办"或"三证合一"登记制度。

(三)积极推进贸易监管制度创新。

17. 在自贸试验区内的海关特殊监管区域深化"一线放开"、"二线安全高效管住"贸易便利化改革。推进海关特殊监管区域整合优化,完善功能。加快形成贸易便利化创新举措的制度规范,覆盖到所有符合条件的企业。加强口岸监管部门联动,规范并公布通关作业时限。鼓励企业参与"自主报税、自助通关、自动审放、重点稽核"等监管制度创新试点。

18. 推进国际贸易"单一窗口"建设。完善国际贸易"单一窗口"的货物进出口和运输工具进出境的应用功能,进一步优化口岸监管执法流程和通关流程,实现贸易许可、支付结算、资质登记等平台功能,将涉及贸易监管的部门逐步纳入"单一窗口"管理平台。探索长三角区域国际贸易"单一窗口"建设,推动长江经济带通关一体化。

19. 统筹研究推进货物状态分类监管试点。按照管得住、成本和风险可控原则,规范政策,创新监管模式,在自贸试验区内的海关特殊监管区域统筹研究推进货物状态分类监管试点。

20. 推动贸易转型升级。推进亚太示范电子口岸网络建设。加快推进大宗商品现货市场和资源配置平台建设,强化监管、创新制度、探索经验。深化贸易平台功能,依法合规开展文化版权交易、艺术品交易、印刷品对外加工等贸易,大力发展知识产权专业服务业。推动生物医药、软件信息等新兴服务贸易和技术贸易发展。按照公平竞争原则,开展跨境电子商务业务,促进上海跨境电子商务公共服务平台与境内外各类企业直接对接。统一内外资融资租赁企业准入标准、审批流程和事中事后监管制度。探索融资租赁物登记制度,在符合国家规定前提下开展租赁资产交易。探索适合保理业务发展的境外融资管理新模式。稳妥推进外商投资典当行试点。

21. 完善具有国际竞争力的航运发展制度和运作模式。建设具有较强服务功能和辐射能力的上海国际航运中心,不断提高全球航运资源配置能力。加快国际船舶登记制度创新,充分利用现有中资"方便旗"船税收优惠政策,促进符合条件的船舶在上海落户登记。扩大国际中转集拼业务,拓展海运国际中转集拼业务试点范围,打造具有国际竞争力的拆、拼箱运作环境,实现洋山保税港区、外高桥保税物流园区集装箱国际中转集拼业务规模化运作;拓展浦东机场货邮中转业务,增加国际中转集拼航线和试点企业,在完善总运单拆分国际中转业务基础上,拓展分运单集拼国际中转业务。优化沿海捎带业务监管模式,提高中资非五星旗船沿海捎带业务通关效率。推动与旅游业相关的邮轮、游艇等旅游运输工具出行便利化。在符合国家规定前提下,发展航运运价衍生品交易业务。深化多港区联动机制,推进外高桥港、洋山深水港、浦东空港国际枢纽港联动发展。符合条件的地区可按规定申请实施境外旅客购物离境退税政策。

（四）深入推进金融制度创新。

22. 加大金融创新开放力度,加强与上海国际金融中心建设的联动。具体方案由人民银行会同有关部门和上海市人民政府另行报批。

（五）加强法制和政策保障。

23. 健全法制保障体系。全国人民代表大会常务委员会已经授权国务院,在自贸试验区扩展区域暂时调整《中华人民共和国外资企业法》、《中华人民共和国中外合资经营企业法》、《中华人民共和国中外合作经营企业法》和《中华人民共和国台湾同胞投资保护法》规定的有关行政审批;扩展区域涉及《国务院关于在中国(上海)自由贸易试验区内暂时调整有关行政法规和国务院文件规定的行政审批或者准入特别管理措施的决定》(国发〔2013〕51号)和《国务院关于在中国(上海)自由贸易试验区内暂时调整实施有关行政法规和经国务院批准的部门规章规定的准入特别管理措施的决定》(国发〔2014〕38 号)暂时调整实施有关行政法规、国务院文件和经国务院批准的部门规章的部分规定的,按规定程序办理;自贸试验区需要暂时调整实施其他有关行政法规、国务院文件和经国务院批准的部门规章的部分规定的,按规定程序办理。加强地方立法,对试点成熟的改革事项,适时将相关规范性文件上升为地方性法规和规章。建立自贸试验区综合法律服务窗口等司法保障和服务体系。

24. 探索适应企业国际化发展需要的创新人才服务体系和国际人才流动通行制度。完善创新人才集聚和培育机制,支持中外合作人才培训项目发展,加大对海外人才服务力度,提高境内外人员出入境、外籍人员签证和居留、就业许可、驾照申领等事项办理的便利化程度。

25. 研究完善促进投资和贸易的税收政策。自贸试验区内的海关特殊监管区域实施范围和税收政策适用范围维持不变。在符合税制改革方向和国际惯例,以及不导致利润转移和税基侵蚀前提下,调整完善对外投资所得抵免方式;研究完善适用于境外股权投资和离岸业务的税收制度。

三、扎实做好组织实施

在国务院的领导和协调下,由上海市根据自贸试验区的目标定位和先行先试任务,精心组织实施,调整完善管理体制和工作机制,形成可操作的具体计划。对出现的新情况、新问题,认真研究,及时调整试点内容和政策措施,重大事项及时向国务院请示报告。各有关部门要继续给予大力支持,加强指导和服务,共同推进相关体制机制创新,把自贸试验区建设好、管理好。

《中国人民银行关于金融支持中国(上海) 自由贸易试验区建设的意见》

银发〔2013〕244 号

为贯彻落实党中央、国务院关于建设中国(上海)自由贸易试验区(以下简称试验区)的重要战略部署,支持试验区建设,促进试验区实体经济发展,加大对跨境投资和贸易的金融支持,深化金融改革、扩大对外开放,现提出以下意见。

一、总体原则

(一)坚持金融服务实体经济,进一步促进贸易投资便利化,扩大金融对外开放,推动试验区在更高平台参与国际竞争。

(二)坚持改革创新、先行先试,着力推进人民币跨境使用、人民币资本项目可兑换、利率市场化和外汇管理等领域改革试点。

(三)坚持风险可控、稳步推进,"成熟一项、推动一项",适时有序组织试点。

二、创新有利于风险管理的账户体系

(四)试验区内的居民可通过设立本外币自由贸易账户(以下简称居民自由贸易账户)实现分账核算管理,开展本意见第三部分的投融资创新业务;非居民可在试验区内银行开立本外币非居民自由贸易账户(以下简称非居民自由贸易账户),按准入前国民待遇原则享受相关金融服务。

(五)居民自由贸易账户与境外账户、境内区外的非居民账户、非居民自由贸易账户以及其他居民自由贸易账户之间的资金可自由划转。同一非金融机构主体的居民自由贸易账户与其他银行结算账户之间因经常项下业务、偿还贷款、实业投资以及其他符合规定的跨境交易需要可办理资金划转。居民自由贸易账户与境内区外的银行结算账户之间产生的资金流动视同跨境业务管理。

(六)居民自由贸易账户及非居民自由贸易账户可办理跨境融资、担保等业务。条件成熟时,账户内本外币资金可自由兑换。建立区内居民自由贸易账户和非居民自由贸易账户人民币汇兑的监测机制。

(七)上海地区金融机构可根据人民银行规定,通过设立试验区分账核算单元的方式,为符合条件的区内主体开立自由贸易账户,并提供相关金融服务。

三、探索投融资汇兑便利

(八)促进企业跨境直接投资便利化。试验区跨境直接投资,可按上海市有关规定与前置核准脱钩,直接向银行办理所涉及的跨境收付、兑换业务。

（九）便利个人跨境投资。在区内就业并符合条件的个人可按规定开展包括证券投资在内的各类境外投资。个人在区内获得的合法所得可在完税后向外支付。区内个体工商户可根据业务需要向其在境外经营主体提供跨境贷款。在区内就业并符合条件的境外个人可按规定在区内金融机构开立非居民个人境内投资专户,按规定开展包括证券投资在内的各类境内投资。

（十）稳步开放资本市场。区内金融机构和企业可按规定进入上海地区的证券和期货交易场所进行投资和交易。区内企业的境外母公司可按国家有关法规在境内资本市场发行人民币债券。根据市场需求,探索在区内开展国际金融资产交易等。

（十一）促进对外融资便利化。根据经营需要,注册在试验区内的中外资企业、非银行金融机构以及其他经济组织（以下简称区内机构）可按规定从境外融入本外币资金,完善全口径外债的宏观审慎管理制度,采取有效措施切实防范外债风险。

（十二）提供多样化风险对冲手段。区内机构可按规定基于真实的币种匹配及期限匹配管理需要在区内或境外开展风险对冲管理。允许符合条件的区内企业按规定开展境外证券投资和境外衍生品投资业务。试验区分账核算单元因向区内或境外机构提供本外币自由汇兑产生的敞口头寸,应在区内或境外市场上进行平盘对冲。试验区分账核算单元基于自身风险管理需要,可按规定参与国际金融市场衍生工具交易。经批准,试验区分账核算单元可在一定额度内进入境内银行间市场开展拆借或回购交易。

四、扩大人民币跨境使用

（十三）上海地区银行业金融机构可在"了解你的客户"、"了解你的业务"和"尽职审查"三原则基础上,凭区内机构（出口货物贸易人民币结算企业重点监管名单内的企业除外）和个人提交的收付款指令,直接办理经常项下、直接投资的跨境人民币结算业务。

（十四）上海地区银行业金融机构可与区内持有《支付业务许可证》且许可业务范围包括互联网支付的支付机构合作,按照支付机构有关管理政策,为跨境电子商务（货物贸易或服务贸易）提供人民币结算服务。

（十五）区内金融机构和企业可从境外借用人民币资金,借用的人民币资金不得用于投资有价证券、衍生产品,不得用于委托贷款。

（十六）区内企业可根据自身经营需要,开展集团内双向人民币资金池业务,为其境内外关联企业提供经常项下集中收付业务。

五、稳步推进利率市场化

（十七）根据相关基础条件的成熟程度，推进试验区利率市场化体系建设。

（十八）完善区内居民自由贸易账户和非居民自由贸易账户本外币资金利率的市场化定价监测机制。

（十九）将区内符合条件的金融机构纳入优先发行大额可转让存单的机构范围，在区内实现大额可转让存单发行的先行先试。

（二十）条件成熟时，放开区内一般账户小额外币存款利率上限。

六、深化外汇管理改革

（二十一）支持试验区发展总部经济和新型贸易。扩大跨国公司总部外汇资金集中运营管理试点企业范围，进一步简化外币资金池管理，深化国际贸易结算中心外汇管理试点，促进贸易投资便利化。

（二十二）简化直接投资外汇登记手续。将直接投资项下外汇登记及变更登记下放银行办理，加强事后监管。在保证交易真实性和数据采集完整的条件下，允许区内外商直接投资项下的外汇资金意愿结汇。

（二十三）支持试验区开展境内外租赁服务。取消金融类租赁公司境外租赁等境外债权业务的逐笔审批，实行登记管理。经批准，允许金融租赁公司及中资融资租赁公司境内融资租赁收取外币租金，简化飞机、船舶等大型融资租赁项目预付货款手续。

（二十四）取消区内机构向境外支付担保费的核准，区内机构直接到银行办理担保费购付汇手续。

（二十五）完善结售汇管理，支持银行开展面向境内客户的大宗商品衍生品的柜台交易。

七、监测与管理

（二十六）区内金融机构和特定非金融机构应按照法律法规要求切实履行反洗钱、反恐融资、反逃税等义务，及时、准确、完整地向人民银行和其他金融监管部门报送资产负债表及相关业务信息，并根据相关规定办理国际收支统计申报；配合金融监管部门密切关注跨境异常资金流动。

（二十七）上海市人民政府可通过建立试验区综合信息监管平台，对区内非金融机构进行监督管理。可按年度对区内非金融机构进行评估，并根据评估结果对区内非金融机构实施分类管理。

（二十八）试验区分账核算单元业务计入其法人行的资本充足率核算，流动性管理以自求平衡为原则，必要时可由其上级行提供。

（二十九）区内实施金融宏观审慎管理。人民银行可根据形势判断，加强对试验区短期投机性资本流动的监管,直至采取临时性管制措施。加强与其他金融监管部门的沟通协调,保证信息的及时充分共享。

（三十）人民银行将根据风险可控、稳步推进的原则,制定相应细则后组织实施,并做好与其他金融监管部门审慎管理要求的衔接。

《中国人民银行、商务部、银监会、证监会、保监会、外汇局、上海市政府关于印发〈进一步推进中国（上海）自由贸易试验区金融开放创新试点　加快上海国际金融中心建设方案〉的通知》

银发〔2015〕339 号

《进一步推进中国（上海）自由贸易试验区金融开放创新试点　加快上海国际金融中心建设方案》已经国务院同意，现予以印发，请认真贯彻执行。

附件：进一步推进中国（上海）自由贸易试验区金融开放创新试点　加快上海国际金融中心建设方案

2015 年 10 月 29 日

附件：

进一步推进中国（上海）自由贸易试验区金融开放创新试点　加快上海国际金融中心建设方案

为深入贯彻落实党中央、国务院决策部署，进一步推进中国（上海）自由贸易试验区（以下简称自贸试验区）金融开放创新试点，加快上海国际金融中心建设，制定本方案。

一、总体要求

贯彻落实党中央、国务院关于金融改革开放和自贸试验区建设的总体部署，紧紧围绕服务全国、面向世界的战略要求和上海国际金融中心建设的战略任务，坚持以服务实体经济、促进贸易和投资便利化为出发点，根据积极稳妥、把握节奏、宏观审慎、风险可控原则，加快推进资本项目可兑换、人民币跨境使用、金融服务业开放和建设面向国际的金融市场，不断完善金融监管，大力促进自贸试验区金融开放创新试点与上海国际金融中心建设的联动，探索新途径、积累新经验，及时总结评估、适时复制推广，更好地为全国深化金融改革和扩大金融开放服务。

二、率先实现人民币资本项目可兑换

按照统筹规划、服务实体、风险可控、分步推进原则，在自贸试验区内进行人民币资本项目可兑换的先行先试,逐步提高资本项下各项目可兑换程度。

(一)认真总结自由贸易账户经验。抓紧启动自由贸易账户本外币一体化各项业务,进一步拓展自由贸易账户功能。自由贸易账户内本外币资金按宏观审慎的可兑换原则管理。

(二)支持经济主体可通过自由贸易账户开展涉外贸易投资活动,鼓励和支持银行、证券、保险类金融机构利用自由贸易账户等开展金融创新业务,允许证券、期货交易所和结算机构围绕自由贸易账户体系,充分利用自由贸易账户间的电子信息流和资金流,研究改革创新举措。

(三)研究启动合格境内个人投资者境外投资试点,适时出台相关实施细则,允许符合条件的个人开展境外实业投资、不动产投资和金融类投资。

(四)抓紧制定有关办法,允许或扩大符合条件的机构和个人在境内外证券期货市场投资,尽快明确在境内证券期货市场投资的跨境资金流动管理方式,研究探索通过自由贸易账户等支持资本市场开放,适时启动试点。

(五)建立健全区内宏观审慎管理框架下的境外融资和资本流动管理体系,综合考虑资产负债币种、期限等匹配情况以及外债管理和货币政策调控需要,合理调控境外融资规模和投向,优化境外融资结构,防范境外融资风险。

(六)创新外汇管理体制,探索在自贸试验区内开展限额内可兑换试点。围绕自贸试验区和上海国际金融中心建设目标,进一步创新外汇管理体制。放宽跨境资本流动限制,健全外汇资金均衡管理体制。统筹研究进一步扩大个人可兑换限额。根据主体监管原则,在自贸试验区内实现非金融企业限额内可兑换。逐步扩大本外币兑换限额,率先实现可兑换。

三、进一步扩大人民币跨境使用

扩大人民币境外使用范围,推进贸易、实业投资与金融投资三者并重,推动资本和人民币"走出去"。

(七)完善相关制度规则,支持自贸试验区内企业的境外母公司或子公司在境内发行人民币债券,募集资金根据需要在境内外使用。

(八)在建立健全合格投资者适当性制度基础上,根据市场需要启动自贸试验区个体工商户向其在境外经营主体提供跨境人民币资金支持。

(九)拓宽境外人民币投资回流渠道。创新面向国际的人民币金融产品,扩大境外人民币境内投资金融产品的范围,促进人民币资金跨境双向流动。

四、不断扩大金融服务业对内对外开放

探索市场准入负面清单制度,开展相关改革试点工作。对接国际高标准经贸规则,探索金融服务业对外资实行准入前国民待遇加负面清单管理模式。推动金融服务业对符合条件的民营资本和外资机构扩大开放。

（十）支持民营资本进入金融业，支持符合条件的民营资本依法设立民营银行、金融租赁公司、财务公司、汽车金融公司和消费金融公司等金融机构。

（十一）支持各类符合条件的银行业金融机构通过新设法人机构、分支机构、专营机构、专业子公司等方式进入自贸试验区经营。

（十二）支持具有离岸业务资格的商业银行在自贸试验区内扩大相关离岸业务。在对现行试点进行风险评估基础上，适时扩大试点银行和业务范围。

（十三）支持在自贸试验区内按照国家规定设立面向机构投资者的非标资产交易平台。

（十四）允许自贸试验区内证券期货经营机构开展证券期货业务交叉持牌试点。

（十五）允许公募基金管理公司在自贸试验区设立专门从事指数基金管理业务的专业子公司。

支持保险资金等长期资金在符合规定前提下委托证券期货经营机构在自贸试验区内开展跨境投资。

（十六）支持证券期货经营机构在自贸试验区率先开展跨境经纪和跨境资产管理业务，开展证券期货经营机构参与境外证券期货和衍生品交易试点。允许基金管理公司子公司开展跨境资产管理、境外投资顾问等业务。支持上海证券期货经营机构进入银行间外汇市场，开展人民币对外汇即期业务和衍生品交易。

（十七）支持在自贸试验区设立专业从事境外股权投资的项目公司，支持符合条件的投资者设立境外股权投资基金。

（十八）允许外资金融机构在自贸试验区内设立合资证券公司，外资持股比例不超过49％，内资股东不要求为证券公司，扩大合资证券公司业务范围。允许符合条件的外资机构在自贸试验区内设立合资证券投资咨询公司。

（十九）支持在自贸试验区设立保险资产管理公司及子公司、保险资金运用中心。支持保险资产管理机构设立夹层基金、并购基金、不动产基金、养老产业基金、健康产业基金等私募基金。支持保险资产管理公司发起、保险公司投资资产证券化产品。依托金融要素市场研究巨灾债券试点。

（二十）完善再保险产业链。支持在自贸试验区设立中外资再保险机构，设立自保公司、相互制保险公司等新型保险组织，以及设立为保险业发展提供配套服务的保险经纪、保险代理、风险评估、损失理算、法律咨询等专业性保险服务机构。支持区内保险机构大力开展跨境人民币再保险和全球保单分入业务。鼓励各类保险机构为我国海外企业提供风险保障,在自贸试验区创新特殊风险分散机制,开展能源、航空航天等特殊风险保险业务,推动国际资本为国内巨灾保险、特殊风险保险提供再保险支持。

(二十一)在现行法律框架下,支持设立外资健康保险机构。探索建立航运保险产品注册制度。研究推出航运保险指数。

(二十二)在风险可控前提下支持互联网金融在自贸试验区创新发展。

(二十三)支持科技金融发展,探索投贷联动试点,促进创业创新。在风险可控和依法合规前提下,允许浦发硅谷银行等以科技金融服务为特点的银行与创业投资企业、股权投资企业战略合作,探索投贷联动,地方政府给予必要扶持。

(二十四)在防范风险前提下,研究探索开展金融业综合经营,探索设立金融控股公司。

(二十五)在自贸试验区内金融开放领域试点开展涉及外资的国家安全审查。支持与我国签署自由贸易协定的国家或地区金融机构率先在自贸试验区内设立合资金融机构,逐步提高持股比例。在内地与港澳、大陆与台湾有关经贸合作协议框架下,提高港澳台地区服务提供者在自贸试验区内参股金融机构的持股比例。

(二十六)集聚和发展银行、证券、保险等行业的各类功能性金融机构。支持大型金融机构在上海设立业务总部。支持境外中央银行和国际金融组织在沪设立代表处或分支机构,吸引符合条件的国际知名银行、证券、保险公司等金融机构在沪设立分支机构、功能型机构以及成立合资机构。支持中国保险信息技术管理有限责任公司在上海设立创新型子公司。

(二十七)支持在自贸试验区按国家有关规定设立法人金融机构,实施"走出去"战略,加快海外网点布局,拓展海外市场。

五、加快建设面向国际的金融市场

依托自贸试验区金融制度创新和对外开放优势,充分发挥人民银行上海总部统筹协调功能,推进面向国际的金融市场平台建设,拓宽境外投资者参与境内金融市场的渠道,提升金融市场配置境内外资源的功能。

(二十八)支持中国外汇交易中心建设国际金融资产交易平台,增强平台服务功能。

(二十九)加快上海黄金交易所国际业务板块后续建设,便利投资者交易。

(三十)支持上海证券交易所在自贸试验区设立国际金融资产交易平台,有序引入境外长期资金逐步参与境内股票、债券、基金等市场,探索引入境外机构投资者参与境内新股发行询价配售。支持上海证券交易所在总结沪港通经验基础上,适应境内外投资者需求,完善交易规则和交易机制。

（三十一）支持上海期货交易所加快国际能源交易中心建设,尽快上市原油期货。积极推进天然气、船用燃料油、成品油等期货产品研究工作。允许符合条件的境外机构在自贸试验区试点设立独资或者合资的期货市场服务机构,接受境外交易者委托参与境内特定品种期货交易。

（三十二）支持设立上海保险交易所,推动形成再保险交易、定价中心。

（三十三）支持上海清算所向区内和境外投资者提供航运金融和大宗商品场外衍生品的清算等服务。

（三十四）支持股权托管交易机构依法为自贸试验区内的科技型中小企业等提供综合金融服务,吸引境外投资者参与。

六、不断加强金融监管,切实防范风险

建立适应自贸试验区发展和上海国际金融中心建设联动的金融监管机制,加强金融风险防范,营造良好金融发展环境。

（三十五）完善金融监管体制。探索建立符合国际规则、适应中国国情的金融监管框架。精简行政审批项目,简化事前准入事项,加强事中事后分析评估和事后备案管理。加强金融信用信息基础设施建设,推动信用信息共建共享,构建与国际接轨的统计、监测体系。加大对金融失信行为和市场违规行为惩戒力度。

（三十六）支持人民银行和外汇局加强自贸试验区金融监管服务能力建设,探索本外币一体化监管体系。创新外汇账户管理体系。整合外汇账户种类,优化监管方式,提升监管效率。

（三十七）加强自贸试验区金融监管协调,探索功能监管。进一步发挥自贸试验区金融协调机制作用,加强跨部门、跨行业、跨市场金融业务监管协调和信息共享。研究探索中央和地方金融监管协调新机制。支持国家金融管理部门研究探索将部分贴近市场、便利产品创新的监管职能下放至在沪金融监管机构和金融市场组织机构。

（三十八）加强金融风险防范。完善跨境资金流动的监测分析机制,加强反洗钱、反恐怖融资和反逃税工作机制。针对金融机构跨行业、跨市场、跨境发展特点,掌握金融开放主动权,建立和完善系统性风险预警、防范和化解体系,守住不发生系统性、区域性金融风险底线。

（三十九）积极完善金融发展环境。上海市人民政府会同有关部门研究制定进一步完善金融信用制度建设等方案。

（四十）试点措施与行政法规、国务院文件、国务院批准的部门规章等规定不一致的,依照程序提请国务院作出调整实施决定。

《上海市政府办公厅印发〈发挥上海自贸试验区制度创新优势　开展综合监管试点　探索功能监管实施细则〉的通知》

沪府办发〔2016〕26 号

各区(县)人民政府,市政府各委、办、局:

经市政府同意,现将《关于发挥上海自贸试验区制度创新优势　开展综合监管试点　探索功能监管的实施细则》印发给你们,请认真贯彻执行。

2016 年 6 月 29 日

发挥上海自贸试验区制度创新优势　开展综合监管试点探索功能监管的实施细则

为贯彻落实人民银行、商务部、银监会、证监会、保监会、外汇局、上海市政府《关于印发〈进一步推进中国(上海)自由贸易试验区金融开放创新试点　加快上海国际金融中心建设方案〉的通知》(银发〔2015〕339 号)等精神,加强监管协调,开展综合监管试点,探索功能监管,制定本实施细则。

一、明确指导思想和主要任务

(一)指导思想

以党的十八大和十八届三中、四中、五中全会精神为指导,认真落实党中央、国务院决策部署,深刻把握金融业发展态势,发挥上海自贸试验区制度创新优势,以市场全覆盖为目标、以信息互联共享为基础、以监管合作为保障、以综合监管联席会议为平台、以业界自律共治为补充,坚持市场化和法治化原则,坚持机构监管与功能监管相结合,坚持行业监管和联动合作相结合,规范金融市场秩序,防范和化解金融风险,促进上海金融业持续健康发展。

(二)主要任务

一是综合监管。强化行业、属地管理职责,消除监管盲区,重点加强对处于监管空白、交叉领域的机构和行为的监管,实现机构、业务、人员、风险全覆盖。二是共享信息。分类别、分层次、分步骤推进信息共享与互联互通,加强信息平台建设,提升监测分析预警能力。三是加强协调。建立上海金融综合监管联席会议(以下简称"联席会议"),构建更加紧密、综合的协调机制,加强金融管理部门与地方政府部门协调,发挥行业协会自律作用。四是补牢短板。推进涉众型金融产品的规范整顿,促进互联网金融健康发展,加大对非法金融活动的打击力度。

二、理顺监管分工,实施全面覆盖

(三)全面覆盖经营机构

人民银行上海总部(外汇局上海市分局)、上海银监局、上海证监局、上海保监局(以下统称"国家在沪金融管理部门")和市政府有关部门、各区(县)政府等加强合作,分门别类,全面摸排全市相关机构底数,明确或制定与金融业态发展相适应的监管举措。重点关注面向非特定公众公开销售理财产品、开展高杠杆衍生性金融业务、销售交叉性金融产品、开展跨区域及跨境金融活动的经营主体。

(四)全面覆盖金融产品

相关行业监管或主管部门创新工作思路,切实加强各类金融产品监管,规范产品设计、宣传与营销行为。市工商局要加强对金融广告信息监测,提升违规广告信息预警能力。依托中国互联网金融协会、上海市互联网金融行业协会等行业自律组织,推进互联网金融产品信息披露、登记等平台建设,完善信息披露和风险提示制度。

重点关注的涉嫌违法违规产品包括:一是进行大范围、高频度、误导性广告营销,虚假违法宣传,承诺回报明显高于正常水平的投资理财产品;二是类金融(新金融)机构与农民专业合作社、民办教育机构、养老机构等联合开发,以高额回报为噱头的主题投资产品;三是面向非特定公众公开销售、存在较高风险但风险揭示明显不足的投资理财产品;四是异地注册机构在沪推介、信息披露不充分、涉嫌违规、超范围经营的产品;五是其他涉嫌违法违规的产品类型。

(五)全面理顺监管分工

以合同法律关系和产品属性为基础,明确管理部门,统筹配置监管资源,完善创新监管手段,强化综合监管和功能监管。具体对象分为三类:第一类是对需要经过市场准入许可的行业领域,由相关监管或主管部门负责日常监管;第二类是对无需市场准入许可,但明确监管或主管部门指导、规范的行业领域,由相关监管或主管部门牵头负责日常管理;第三类是对没有明确监管或主管部门的行业领域,采取"穿透式"监管方法,根据业务实质认定业务属性,由联席会议明确相关工作牵头部门。国家在沪金融管理部门要指导督促金融机构,依法依规为相关行业主管部门和区(县)政府提供资金监管等方面的支持。

重点加强以下领域的监管:一是对各类互联网金融机构,根据人民银行等十部委《关于促进互联网金融健康发展的指导意见》(银发〔2015〕221号),明确管理职责,抓紧落实监管责任;二是对线下投融资类活动,区(县)政府履行属地管理责任,国家在沪金融管理部门和市政府相关部门加强指导,充分利用市场监管手段,加大综合监管力度;三是对一般交易场所,按照"归口属地"原则,市政府相关部门或各区(县)政府负责各类交易场所清理整顿、规范发展工作。

三、深化信息共享,提高监测预警能力

(六)完善信息共享机制

构建以"一个平台、两份清单、三类数据库、四种信息源"为框架的信息共享机制,推进本市金融领域信息互联互通。明确职能部门,落实专项经费,研究建立上海金融综合监测预警平台;制定和更新分业监管机构清单和重点监测金融行为清单;完善机构信息数据库、产品信息数据库、从业人员信息数据库;整合金融管理与市场运行信息、社会公共信用信息、行业协会自律信息、媒体舆情与投诉举报信息,发挥各类市场信息平台作用,通过定期批量互换、专网有限开放等方式,推进信息互换共享。

(七)丰富信息共享内容

人民银行上海总部以跨境、跨市场、跨行业金融市场监测为重点,整合相关数据信息,推进金融业综合统计体系建设。国家在沪金融管理部门与市政府有关部门加强合作,完善金融从业人员信息互换共享机制,实现行政处罚、内部处罚、刑事处罚、行业自律处分等职业信息记入金融从业人员诚信档案,促进反洗钱、广告宣传、金融从业人员异常行为等信息共享。研究整合金融信用信息、社会公共信用信息和市场信用信息资源,及时更新经营异常、严重违法企业信息和非法集资主体(实际控制人、代理人、中间人等)信息,加强新闻媒体、微博、微信、信访、投诉等渠道信息归集整理,促进相关信息共享共用。

(八)优化共同参与机制

建立社会各方共同参与、互利共赢的合作机制。进一步加强国家在沪金融管理部门与地方政府相关部门之间的信息共享,推进管理信息按需互换。配合上海社会公共信用信息平台建设,拓宽信息归集范围,提高信息整合能力,完善"一站式"综合查询功能。鼓励市场机构扩大信息采集范围,发展第三方数据整合平台,提高查询便利度与市场认可度。鼓励区(县)政府设立专项资金,通过政府购买服务方式定制非现场监管报告,提升事前监控、事中干预和事后反应能力。

（九）提高监测预警能力

发挥上海金融综合监测预警平台作用,充分利用互联网,借助网上巡查、网站对接、大数据分析等现代信息技术,对接广告监测、网络舆情监测、城市网格化综合管理、金融风险舆情监测等各类信息,共享早期异动信息,归集分析多维信息。借助市场专业力量,通过政府购买服务等方式,完善预警模型,提升预警能力,及时预警风险。

四、推进综合监管,加强监管合作

（十）落实监管责任

在不改变现行金融监管体制和金融管理部门现有职责分工的前提下,针对监管真空和监管弱化等问题,加强跨部门协调,确保分工明确,责任落实到位。国家在沪金融管理部门强化行业监管主体责任,在加强对本行业持牌机构监管的同时,及时关注未经批准涉足本行业、本领域的经营行为和主体,指导持牌机构加强对疑似违法违规资金账户的监督,协同相关部门采取针对性的管理规范和打击措施。市政府相关部门加强与国家在沪金融管理部门的合作,加强对相关行业协会、中介服务等组织的协调管理,引导行业协会加强行业自律。区（县）政府加强属地管理,密切关注投资理财、网络借贷等风险高发重点领域,要求商务楼宇、科技园区、招商中心落实"谁引进、谁负责"的原则,落实源头防控责任。

（十一）强化监管协作

进一步完善监管资源配置,加强监管队伍建设,提升综合监管能力,加强跨部门协作,探索建立联合检查、协调监管和综合执法机制,提高监管有效性。加强行业监管、主管部门与区（县）政府的协调配合,运用分类监管、定向抽查检查、窗口指导、警示约谈、市场准入限制等手段,加强市场监督管理,及时防范处置非法金融活动。支持第三方监测评估机构发展,建立和完善社会力量参与市场监督的工作机制。

（十二）加强诚信激励约束

各行业监管或主管部门加强指导,鼓励金融机构推出与客户信用状况和评级相结合的浮动利率、费率融资产品。扩大人民银行征信中心接入机构的覆盖面,提高接入和查询便捷度。相关行业监管或主管部门完善举报制度,推动诚信信息共享,提高对投诉数量较多、性质较为严重机构的检查频度,加大事中事后监管力度,提升预警处置能力。

(十三)推进互联网金融监管

对于产品、业务交叉嵌套的互联网金融行为,综合资金来源、中间环节与最终投向等全流程信息,采取"穿透式"监管方法,明确监管责任。根据职责分工,联合打击互联网金融领域各类违法犯罪行为。加强投资者教育,保护互联网金融消费者权益。支持规范发展、资质良好的企业建设互联网金融征信平台,完善适应互联网金融特点的征信体系。对同一机构开展跨行业、交叉性互联网金融活动或同一集团内取得多项金融业务资质的,由联席会议明确牵头部门加强监管。

五、增强行业自律,探索业界共治

(十四)增强行业自律协作

各行业监管或主管部门加强对相关行业协会的工作指导,完善行业协会间联动机制,加强行业间自律经验交流合作。相关金融行业协会出台或完善行业规范性指引,发挥社会监督作用,加强失信、投诉和举报信息共享。针对交叉性金融风险,加强信息互通和协调行动,增强行业之间以及行业与社会公众间的信息发布。加强行业自律管理,进一步服务监管、服务行业、服务社会。

(十五)探索业界共治模式

搭建业界共治平台,邀请具有广泛代表性的专家学者、中介机构、业界代表参与相关议题讨论,收集整理业界观点,鼓励建言献策。发挥业界专家学者专业优势和智库作用,借鉴律师事务所、会计师事务所等中介机构服务经验,鼓励业界代表参与相关政策制定与绩效评估。构建多方参与、运作顺畅的业界共治管理模式,与金融管理良性互动,进一步提升综合监管的针对性和有效性。

六、优化运作机制,建设综合监管平台

(十六)建立上海金融综合监管联席会议机制

联席会议由分管金融工作的副市长和副秘书长分别作为第一召集人和召集人,主要成员单位包括:市金融办、人民银行上海总部(外汇局上海市分局)、上海银监局、上海证监局、上海保监局、市发展改革委、市经济信息化委、市商务委、市工商局、市财政局、市地税局等部门和各区(县)政府。根据需要,可邀请市有关部门和在沪金融市场、行业协会等参加。

联席会议的工作职责是:加强政策协调与行动协同,明确监管责任;加强与国家金融管理等部门的联系,争取支持和工作指导;协调完善信息共建共享机制,推进监测分析预警工作;推进行业自律协作,探索业界共治管理模式。

　　联席会议建立例会制度,原则上每季度召开一次,围绕难点重点议题,明确工作职责,议定实施方案。根据需要,可临时召开。

　　联席会议办公室设在市金融办,目前下设监测预警组和协调督办组,由相关行业监管或主管部门派员组成。监测预警组负责组建专业分析团队,探索金融风险预警框架,推动加强监测分析预警,负责上海金融综合监测预警平台建设和日常运营。协调督办组负责有关会议筹备工作,提出协调推进工作事项建议,督促相关单位推进实施,编制工作简报,向市领导和成员单位报送工作事项及进展情况。

　　本实施细则自 2016 年 7 月 1 日起施行。

　　附件:1. 分业监管机构清单
　　　　　2. 重点监测金融行为清单

附件 1:

分业监管机构清单

序号	机 构 类 型	监管/主管部门
(一)金融机构(一行三会及其派驻机构发放业务牌照或明确备案管理的机构)		
1	第三方支付机构	人民银行相关部门
2	企业征信机构	
3	个人征信机构	
4	银行及其持牌专营机构	银监部门
5	信托公司	
6	金融资产管理公司	
7	金融租赁公司	
8	财务公司	
9	汽车金融公司	
10	消费金融公司	
11	货币经纪公司	

续表

序号	机 构 类 型	监管/主管部门
12	证券公司及其子公司	证监部门
13	基金公司及其子公司	
14	期货公司及其子公司	
15	证券期货交易所	
16	证券期货登记结算类机构	
17	证券期货投资咨询公司	
18	其他具备证券相关业务资质的机构(包括独立基金销售机构,有关评级机构、评估机构、会计师事务所等)	
19	产险公司	保监部门
20	寿险公司	
21	再保险公司	
22	养老险公司	
23	健康险公司	
24	自保公司	
25	保险资产管理公司	
26	保险经纪机构	
27	保险专业代理机构	
28	保险公估机构	
(二) 类金融机构(明确行业主管部门或实行备案管理机构)		
29	小额贷款公司	市金融办、区(县)政府
30	融资性担保公司	
31	融资租赁公司	市商务委
32	商业保理公司	
33	典当公司	
34	单用途商业预付卡备案企业	
35	各类交易场所(包括权益类、商品类、文化类等)	相关行业主管部门、市金融办、区(县)政府

附件 2：

重点监测金融行为清单

序号	重点监测金融行为（一般工商企业从事金融相关行为）	牵头部门	配合部门	工作职责
1	P2P 网络借贷活动	上海银监局、市金融办	人民银行上海总部、市工商局、市公安局、市经济信息化委、市网信办等部门和区（县）政府	区（县）政府落实属地管理职责，对没有明确监管或主管部门、与金融功能有一定关联，难以准确定性的经营活动，加强信息报送联席会议办公室。
2	股权众筹融资活动	上海证监局、市金融办	人民银行上海总部、市工商局、市公安局、市经济信息化委、市网信办等部门和区（县）政府	
3	私募股权投资或私募证券投资活动	上海证监局	市金融办、市工商局、市商务委、市公安局等部门和区（县）政府	
4	通过互联网开展资产管理和跨界从事金融业务等活动，以投资理财名义从事金融活动	人民银行上海总部、市金融办、市工商局	市公安局、市经济信息化委、市网信办、上海证监局、上海保监局等部门和区（县）政府	按照"穿透式"监管方法，根据业务实质认定业务属性，由牵头部门会议明确监管责任，对从事相关金融行为的主体实施综合监管。
5	非融资性担保活动	市金融办、市工商局	市公安局、人民银行上海总部、上海证监局、上海保监局等部门和区（县）政府	
6	其他疑似金融活动	区（县）政府、市金融办、相关行业主管部门	市工商局、市公安局、人民银行上海总部、上海证监局、上海银监局等部门	

上海市金融办负责人就发挥上海自贸试验区制度
创新优势开展金融综合监管试点工作答记者问

1. 为什么要在上海开展金融综合监管试点,探索功能监管?其主要背景和意义是什么?

答:近年来,我国金融业呈现蓬勃发展态势,对完善金融监管体系,提高金融监管能力提出了新的要求。党的十八届五中全会提出"改革并完善符合现代金融市场发展的监管框架"。国家"十三五"规划中明确要求"健全符合我国国情和国际标准的监管规则,实现金融风险监管全覆盖"。今年 3 月,习近平总书记在参加十二届全国人大四次会议上海代表团审议时要求上海"把防控金融风险作为底线,开展综合监管试点"。李克强总理去年 11 月在上海自贸试验区考察时要求上海探索"全覆盖的金融监管机制和风险监测体系"。去年 10 月,国务院常务会议通过、人民银行等六部委与上海市政府联合发布的"自贸区金改 40 条"提出要"加强自贸试验区金融监管协调,探索功能监管"。

按照市委、市政府工作部署,在国家有关部门的支持下,上海市金融办会同人民银行上海总部、上海银监局、上海证监局、上海保监局、外汇局上海市分局(以下简称"国家在沪金融管理部门")和市政府有关部门、相关区(县)政府,对开展金融综合监管试点工作进行了调研,先后召开监管部门、行业协会、金融机构等座谈会,走访有关部门,听取专家意见,分析国际金融监管体制改革趋势、国内金融业发展实际和上海自贸试验区金融创新要求,形成了送审稿,并经市委常委会和市政府常务会议审议通过后,由市政府办公厅正式印发了《发挥上海自贸试验区制度创新优势　开展综合监管试点　探索功能监管实施细则》(沪府办发〔2016〕26 号)(以下简称《实施细则》)。

上海开展金融综合监管试点,探索功能监管,有利于发挥自贸试验区制度创新优势,为国家层面金融监管改革探索路径、积累经验;有利于促进金融监管与金融创新的良性互动,推进自贸试验区金融开放创新;有利于健全完善金融风险防控体系,守住不发生区域性系统性金融风险的底线。

2. 上海推进金融综合监管试点的指导思想和主要任务是什么?

答:《实施细则》明确了上海开展金融综合监管试点工作的指导思想和主要任务。

试点工作的指导思想是:发挥上海自贸试验区制度创新优势,以市场全覆盖为目标、以信息互联共享为基础、以监管合作为保障、以综合监管联席会为平台、以业界自律共治为补充,坚持市场化和法治化原则,坚持机构监管与功能监管相结合,坚持行业监管和部门联动相结合,规范金融市场秩序,防范和化解金融风险,促进上海金融业持续健康发展。

主要任务有四个方面:一是综合监管。强化行业、属地管理职责,重点加强对处于监管真空、交叉地带的机构和行为的监管,实现机构、人员、业务、风险全覆盖。二是共享信息。分类别、分层次、分步骤推进信息共建共享与互联互通,加强信息平台建设,提升分析预警能力。三是加强协调。建立上海金融综合监管联席会议(以下简称"联席会议"),构建更加紧密、综合的协调机制,加强金融管理部门与地方政府部门协调,发挥行业协会自律作用。四是补牢短板。推进涉众型金融产品的规范整顿,促进互联网金融健康发展,加大对非法金融活动的打击力度。

3.《实施细则》在推进金融监管体制创新方面有哪些主要突破?

答:《实施细则》坚持问题导向,聚焦解决当前制约金融发展的瓶颈性问题,在推进金融监管体制创新方面主要有以下突破:

一是实施全面覆盖,探索功能监管。适应金融综合经营的发展趋势,通过建立对机构、人员、产品全面覆盖的分工协作体系,遵循功能监管理念,凡是从事金融业务或变相从事金融业务的行为,都将纳入监管范畴,改变类金融活动监管不足、无序发展的情况。

二是加强跨界协作,提高综合监管能力。通过进一步加强国家在沪金融管理部门和地方政府部门之间的协调合作,推进政策协调和行动协同,加强对跨界产品和交叉行为的监管,建立有利于弥补现有监管模式不足的监管协调机制。

三是完善监测分析,提升预警能力。通过探索推进金融管理部门和地方政府部门之间相关信息的按需共享,形成常态化的信息共享共建工作机制。探索建立上海金融综合监测预警平台,全面掌握金融业态发展情况,有效防范区域性、系统性风险的发生。当前,从互联网金融专项整治工作起步,研究完善类金融机构监测分析平台,提升监测预警能力。

4.《实施细则》就实现金融监管全面覆盖提出了哪些措施?

答:《实施细则》就实现金融监管全面覆盖提出了以下三个方面的措施:

一是全面覆盖经营机构。《实施细则》提出编制"分业监管机构清单"和"重点监测金融行为清单",明确了相应的监管或主管部门。其中,分业监管机构清单涵盖了由一行三会及其派驻机构负责准入和日常管理的各类持牌金融机构,以及由市政府有关部门和区(县)政府负责管理的类金融机构;重点监测金融行为清单列出包括 P2P 网络借贷、股权众筹融资、私募股权投资或私募证券投资、通过互联网开展资产管理和跨界从事金融业务等活动、以投资理财名义从事金融活动、非融资性担保以及其他疑似金融活动。

二是全面覆盖金融产品。《实施细则》要求加强各类金融产品监管,主要措施包括:规范金融产品设计、宣传、营销行为,加强金融广告信息监测和自动预警,对接广告监测、网络舆情监测、城市网格化综合管理、金融风险舆情监测等各类信息,支持行业协会建立理财产品登记和信息披露制度,重点推进互联网金融产品信息披露平台建设,完善产品信息披露和风险提示制度等。

三是全面理顺监管分工。《实施细则》提出以合同法律关系和产品属性为基础明确管理部门,统筹配置监管资源,强化综合监管和功能监管。对需要经过市场准入许可的行业领域,由相关监管或主管部门负责日常监管;对无需市场准入许可,但有明确监管或主管部门指导、规范和促进的行业领域,由相关监管或主管部门牵头负责日常管理;对没有明确监管或主管部门的行业领域,与金融功能有一定关联、难以直接定性的经营活动,根据业务实质认定业务属性,由联席会议明确相关工作牵头部门。

5.《实施细则》就推进信息互联共享提出了哪些措施?

答:推动信息互联共享既是提高金融综合监管水平的重要基础,也是难点所在。为进一步推进信息互联共享,《实施细则》提出,将结合上海实际,构建以“一个平台、两份清单、三类数据库、四种信息源”为框架的信息共享机制。一个平台,是指适时研究建立上海金融综合监测预警平台;两份清单,是指梳理形成分业监管机构清单和重点监测金融行为清单;三类数据库,是指机构信息数据库、产品信息数据库和从业人员信息数据库;四种信息源,是指金融管理与市场运行信息、社会公共信用信息、行业协会自律信息、媒体舆情与投诉举报信息。在此基础上,进一步丰富信息共享内容,优化共同参与机制,提高分析预警能力。

6.《实施细则》就加强监管合作提出了哪些措施?

为进一步提高工作合力,国家在沪金融管理部门和市政府相关部门、区(县)政府将打破传统分工边界,完善协同机制,创新综合监管网络,具体来说:

一是落实监管责任,要求行业监管或主管部门主动跨前,勇于担责。在不改变现行金融监管体制和金融管理部门现有职责分工的前提下,针对监管真空和监管弱化等问题,加强跨部门协调,确保分工明确,责任落实到位。

二是推进监管合作,增强跨部门协调联动,提升协同监管效果。加强行业监管、主管部门与区(县)政府的协调配合,及时防范处置非法金融活动,建立和完善社会力量参与市场监督的工作机制。

三是加强诚信激励约束，加强事中事后监管。扩大人民银行征信中心接入机构的覆盖面，提高接入和查询便捷度。相关行业监管或主管部门完善举报制度，推动诚信信息共享。

四是加强互联网金融监管，形成鼓励金融创新和打击非法活动并重的良好局面。对于产品、业务交叉嵌套的互联网金融行为，采取"穿透式"监管方法，明确监管责任，联合打击互联网金融领域各类违法犯罪行为。

7.《实施细则》中提出要建立上海金融综合监管联席会议，请问联席会议由哪些部门组成？如何运作？

答：根据《实施细则》，上海将建立金融综合监管联席会议，目的是通过加强组织领导和统筹协调，提升协调效率和响应速度，确保各项政策措施的有效落实。

联席会议由市政府分管金融工作的副市长和副秘书长分别作为第一召集人和召集人，成员单位包括市金融办、人民银行上海总部（外汇局上海市分局）、上海银监局、上海证监局、上海保监局、市发展改革委、市经济信息化委、市商务委、市工商局、市财政局、市地税局等部门以及各区（县）政府，并根据新情况和新问题邀请其他有关部门和在沪金融市场、行业协会等参加。

联席会议建立例会制度，原则上每季度召开一次，围绕难点重点议题，明确工作职责，议定实施方案。根据需要，可临时召开。联席会议办公室设在市金融办，下设监测预警组和协调督办组，由相关行业监管或主管部门派员组成。

《上海市政府办公厅关于印发〈上海市事中事后综合监管平台建设工作方案〉的通知》

沪府办发〔2016〕29号

各区、县人民政府,市政府各委、办、局,各相关单位:

经市政府同意,现将《上海市事中事后综合监管平台建设工作方案》印发给你们,请认真组织落实。

上海市人民政府办公厅

2016年7月18日

上海市事中事后综合监管平台建设工作方案

为落实国家"证照分离"改革试点,加强本市事中事后综合监管,加快建立以综合监管为基础、以专业监管为支撑的事中事后监管体系,根据网上政务大厅建设与推进工作第三次全体会议要求,制定本工作方案。

一、指导思想

深入贯彻落实党的十八大,十八届三中、四中、五中全会和习近平总书记系列重要讲话精神,按照市委、市政府关于推进政府职能转变、深化行政体制改革的总体要求,围绕市场在资源配置中起决定性作用和更好地发挥政府作用,通过创新监管模式、强化监管手段,实施公正监管,推进综合监管,推动政府部门工作重心由规范市场主体资格为主向规范市场主体行为为主转变,由事前审批为主向事中事后监管为主转变,促进各类市场主体公平竞争。

二、总体目标

以"制度先行、平台保障"为理念,建立以综合监管为基础、以专业监管为支撑、信息化平台为保障的事中事后监管体系框架,依托法人库、人口库、空间地理信息库等基础数据库,进一步加强部门监管信息互联共享,综合利用网上政务大厅、公共信用信息服务平台等已有资源,以集约化方式搭建集信息查询、协同监管、联合惩戒、行刑衔接、社会监督、决策分析等功能于一体的事中事后综合监管平台,逐步形成横向到边、纵向到底的监管网络和科学有效的监管机制,强化部门联动和联合惩戒,增强监管合力,提升综合监管水平。

三、功能定位

事中事后综合监管平台是全市统一的监管信息共享和业务联动平台,其功能是实现各领域监管信息的实时传递和无障碍交换,为本市有关部门在实施综合监管过程的协同工作提供支撑。它是本市落实"证照分离"改革和建立事中事后监管体系的重要抓手,是网上政务大厅的重要组成部分,是法人库的重要应用。

与网上政务大厅的关系:事中事后综合监管平台是网上政务大厅三大核心内容之一,两者通过后台数据与业务系统对接的方式,实现一体化建设发展。网上政务大厅的审批类数据将实时推送到综合监管平台,通过证照信息共享,实现部门监管衔接。综合监管平台产生的监管类数据落地到网上政务大厅,可被各类政务服务使用。

与法人库的关系:法人库为事中事后综合监管平台提供法人基础数据支撑,事中事后综合监管平台是基于法人库的具体应用。通过市、区县两级法人库与综合监管平台的联动,以业务流带动数据流,实现区县综合监管数据在市级层面的统一归集,按照"一数一源""一户一档"的原则建立各市场主体"档案",并通过市法人库,实现跨部门的共享应用。

与公共信用信息服务平台的关系:公共信用信息服务平台的重点是"服务",主要面向政府部门、企业和公众提供信用信息服务和信用应用支撑,目标是推进社会信用体系建设。事中事后综合监管平台的重点是"监管",是政府部门协同监管、联合惩戒等综合监管工作的业务平台,目标是强化事中事后监管。两平台数据充分共享,公共信用信息服务平台为事中事后综合监管平台提供信用信息支撑,事中事后综合监管平台产生的监管结果信息推送到公共信用信息服务平台,为建立主体信用记录提供数据支持。

四、总体框架

本市事中事后综合监管平台由市、区县两级架构组成。市级平台横向与市法人库、市企业信用信息公示平台和市公共信用信息服务平台进行数据共享,纵向与本市具有监管职能的部门监管系统实现互联互通,逐步纳入各个领域事中事后监管事项。区县级子平台在市级平台基础上,从各区县实际需求出发,拓展城市管理、小区治理等监管内容,形成"1+X"的区县级综合监管模式。通过做实各区县级子平台,在统一的数据标准和规范下,集中汇聚到市级平台,实现市、区县两级互联互通、上通下达,形成覆盖全市、横向到边、纵向到底的综合监管应用体系。

五、市级事中事后综合监管平台建设任务

（一）建立政府综合监管体系

1. 开展政府部门综合监管

根据部门监管职责和监管清单,各部门制定有关事中事后监管措施,开展日常监管、抽查检查、专项整治等应用建设,实现各领域、各环节监管措施的全面开展和集中展示。

2. 多渠道进行企业信息归集

各部门在履行职责过程中产生的行政许可、行政处罚以及其他监管信息在平台中予以归集,供市、区相关部门共享使用。通过网上政务大厅、法人库、企业信用信息公示系统及其他相关渠道,深入开展政府内部共享和社会应用,发挥综合监管平台的数据基础作用、应用支撑作用和服务引导作用。

3. 推进"证照分离"改革试点,落实"双告知"制度

在办理企业登记注册时,根据政府公布的工商登记后置审批事项目录,生成告知单,告知申请人需要申请审批的经营项目和相应的审批部门,并由申请人书面承诺,在取得审批许可前不擅自从事相关经营活动。在办理登记注册后,对经营项目的审批部门明确的,将市场主体登记注册信息及时告知同级相关审批部门;对经营项目的审批部门不明确或不涉及审批的,将市场主体登记注册信息上传至综合监管平台,相关审批部门或行业主管部门可及时查询,根据职责做好后续监管工作。

4. 建立"双随机"抽查机制

由各监管部门制定抽查检查事项或任务,在平台中随机产生检查对象、检查人员以及两者的配对关系,检查人员接收任务进行抽查、记录结果,并将结果公示。

5. 实行多部门联合惩戒

实行跨部门联动响应机制和失信惩戒机制,确定各部门之间提请信息共享、线索移送、证据互认和实施惩戒的具体标准,明确提请的内容、程序、期限、文书等;实现部门间的失信企业信息共享和应用,在综合监管随机抽查中,重点对被列入企业经营异常名录和严重违法名单的企业,实施联动惩戒,使其"一处违法、处处受限"。综合运用企业公示信息、黑名单等多种监管手段,发挥信用监管和惩戒的威慑作用,加大行政处罚和信用约束力度。

6. 完善行政处罚与刑事司法衔接机制

建立公检法机关与各相关监管部门间案情通报机制、信息共享和协调合作机制,使案件信息能够及时流转处理,形成工作合力,提高办案效率、提升衔接工

作水平。实现与"行政执法与刑事司法信息共享平台"和"最高人民法院失信被执行人系统"的对接,实现失信被执行人信息的有效整合。

（二）建立社会共治应用体系

1. 为市场主体自治提供有效支撑

在事中事后综合监管平台中建立安全生产、质量管理、营销宣传、售后服务、信息公示等方面的市场主体活动档案,通过守信激励、失信惩戒措施与信息沟通反馈机制,促使市场主体强化主体责任,切实履行法定义务。提供社会化的信用信息公示服务,引导市场主体充分认识信用状况对自身发展的关键作用,主动接受社会监督,提高诚信自治水平。

2. 为行业自律提供有效支撑

在事中事后综合监管平台建立政府与行业协会、商会间的信息互联共享渠道,在事中事后综合监管的各个环节形成行业参与机制,为行业协会、商会在权益保护、资质认定、纠纷处理、失信惩戒等方面提供应用支撑。整合行业协会、商会开展的行业信用评价信息,完善企业信用档案,健全行业信用体系。充分吸收行规行约和行业内争议处理规则,开展行业自律应用建设。通过综合监管平台,为政府与行业之间的代理合作提供支撑,针对信用评价、咨询服务、法律培训、监管效果评估等工作向行业协会、商会发布信息并提供相应的委托代理服务,推进监管执法和行业自律的良性互动。

3. 为社会监督共治提供有效支撑

加强与市场专业化服务组织的信息共享,在事中事后综合监管平台中,充分利用消费者协会等社会组织的已有监督过程和结果数据,及时掌握市场监管领域的突出问题,有针对性地辅助监督检查。提供监管执法信息公开服务,构建公众知情和参与渠道。建立社会公众参与监督的激励机制。与有条件的会计师事务所、律师事务所、公证机构、检验检测认证机构等专业服务机构加强数据共享和业务系统对接,发挥专业服务机构的监督作用。建立第三方评估应用,支持信用评级;将第三方平台数据纳入本市事中事后综合监管体系,提供更为客观公正的市场主体资信信息。建立事中事后综合监管平台社会舆论监督功能,鼓励群众积极举报违法经营行为,充分利用新媒体等手段,及时收集社会反映的问题。

（三）数据深度利用和科学决策

1. 监管数据综合应用

充分利用归集的监管信息数据,开展数据应用,为财政资金、产业扶持、科技奖励等扶持奖励相关的审核提供企业数据核查服务。运用大数据、云计算等技术,挖掘数据价值,建立宏观分析模型,剖析市场重、热点问题,分别从登记注册、行政处罚开展、消费维权、企业信息公示、宏观监控、重点专题等方面进行统计分析，以支持服务决策，提升政府管理能力和水平。

2. 监管风险监测研判

建立风险防控基础制度体系，完善风险评估、风险预警、风险处置等制度，定期开展风险点梳理排查、风险巡查。加强研判分析，探索运用大数据、物联网等现代信息技术，依据对象的日常经营活动，整合日常巡查、抽查抽检、处罚记录、信用评价、违法失信、举报投诉等相关信息，掌握重点领域违法行为特征，进行科学研判，提高发现问题和防范化解区域性、行业性及系统性风险的能力，做到早发现、早关注、早提示、早预警、早处置。

3. 监管效能监督

通过构建与事中事后监管体系相对应的联动机制，强化监管效能的监督，推进监管权力运行的电子化、信息化。完善监督考核机制，检查监管执法工作质量和效能，加强行政权力运行的实时全程监督，实现监管留痕，可计量、可检索、可追溯、可问责，确保各项事中事后监管措施落实到位，做到"放得下、接得住、管得好"。

六、区县事中事后综合监管子平台建设任务

各区县在市级平台框架下，根据统一标准规范，结合本地区特色和优势，建立相应工作制度，开展区县事中事后综合监管子平台建设。

（一）监管信息归集

归集区县政府部门的相关企业监管过程和结果数据、区网上政务大厅数据及区法人库等数据，并记于企业名下，夯实区县综合监管的数据基础。

（二）梳理监管职责，建设综合监管业务应用

按照"谁审批、谁监管，谁主管、谁监管"的原则，各区县对审批清单、处罚清单和监管清单进行梳理，形成监管清单。根据监管清单，建立跨部门综合监管业务应用，实现区县内各类监管信息的互联互通，支撑部门协同监管。各区县部门将已有监管系统纳入区县事中事后综合监管平台，监管过程和结果数据向区级子平台汇聚。建立监管通用模块，为尚未实现信息化的监管业务提供支撑，收集监管数据。推动各区县之间的监管数据共享，开展跨区域联合惩戒。

（三）监管数据应用

1. 综合查询。按照"一户一档"的方式展示相关行政许可及事中事后监管信息。根据企业名称、行业、性质、注册地址等指标，进行查询展示；根据部门的审批事项、行政检查事项、监管处罚类型、惩戒措施等进行查询展示。

2. 数据分析。应用数据分析，有效甄别监管对象，促进精准监管、全项彻查

等监管创新。探索建立数据分析模型，加强行业发展及监管趋势分析。

3. 信息共享。提供企业全方位、全生命周期信息跟踪查询服务。向企业提供市场监管信息共享服务。

七、工作机制

在网上政务大厅建设与推进工作领导小组的统一领导下，成立事中事后综合监管平台建设工作组，由肖贵玉同志任组长，陈鸣波、陈学军同志任副组长，市政府办公厅、市工商局、市审改办、市经济信息化委、市发展改革委、市财政局、市政府法制办为成员，协同推进事中事后综合监管平台建设。

本市事中事后综合监管平台建设工作由市政府办公厅牵头，市工商局为责任主体，相关部门为配合单位，按照各部门职能分工，分头推进相关工作。市政府办公厅负责做好统筹协调、日常联络、督促检查、考核评估等工作。市工商局负责组织、实施本市事中事后综合监管平台建设与推进相关工作，研究制定各项管理制度，管理、运用维护事中事后综合监管平台，配合市政府办公厅做好考核评估工作。市审改办负责组织指导各部门权力清单、责任清单梳理工作，指导推进行政许可、行政监管、商事制度改革等工作。市经济信息化委负责市公共信用信息服务平台与事中事后综合监管平台之间的协调工作和法人库的基础数据支撑。市发展改革委负责重大项目的整合协调和立项审批。市财政局会同市经济信息化委负责信息系统升级改造和日常运维经费保障。市政府法制办负责落实相关法规、规章及规范性文件的研究、审核与制订。

各区县政府、市政府各部门主要领导为本单位事中事后综合监管平台建设与推进工作第一责任人，全力部署和推动相关工作。各区县、各部门要明确责任部门和牵头处室，编制工作计划，全力推动事中事后综合监管平台建设具体工作。

八、工作保障

一是制度保障。明确各部门的监管职责权限、程序、方式和手段，规范监管行为。制定数据归集办法，明确数据标准、结构规范、信息编码规则。制定事中事后综合监管平台使用办法，明确各单位在行政管理和公共服务中的使用要求。建立协同监管和联合惩戒措施目录，推进事中事后综合监管平台应用开发。制定应用考核制度，对事中事后综合监管平台的应用情况进行考核。完善事中事后综合监管的相关管理办法及配套细则。

二是技术保障。借鉴网上政务大厅建设经验，加强事中事后综合监管平台信息资源交换体系搭建，确保各监管部门业务平台的互联互通与数据共享，实现业务协同和市区联动，夯实平台基础。

三是安全保障。按照"谁主管、谁负责""谁使用、谁负责"的原则,强化部门责任,确保信息安全。各部门落实专人管理,建立"使用要负责、违规必追究"的机制,确保单位和个人规范、安全地使用事中事后综合监管平台数据。加强事中事后综合监管平台安全防范体系建设,通过先进技术设备和软硬件手段,构筑信息安全防护栏。

四是监督保障。通过建立健全监督考核机制,对事中事后综合监管平台使用情况与应用效果进行评估考核。通过对事中事后综合监管平台业务数据的分析利用,对监管执法工作的质量、效能实施监督检查。加强行政权力运行的实时全程监督,实现监管留痕,可计量、可检索、可追溯、可问责。引入社会第三方评价,完善相对人(企业和个人)评价机制,建立健全事中事后综合监管效能评估体系。

五是经费保障。建立经费保障机制,落实事中事后综合监管平台建设与推进所需经费渠道,确保重大项目立项实施和相关配套改造及日常运维资金到位。加快启动市级事中事后综合监管平台立项、招标和建设工作,建议以可研代项建,边立项边建设。各区县政府、市政府各部门负责搞好相应资金安排,保障区县事中事后综合监管子平台、子系统建设和对接工作顺利开展。

九、进度计划

抓好顶层设计,统筹规划本市事中事后综合监管平台框架,分步推进建设。

第一阶段(2016年8月底前):制定本市事中事后综合监管平台管理办法,推动跨部门业务衔接,解决监管盲区问题。厘清市级各部门与事中事后综合监管相关的各类数据、应用资源,制订全市统一的监管数据标准、接口规范及编码规则。

第二阶段(2016年12月底前):基本完成市级平台与区县子平台建设。建立综合监管业务应用,推动各相关部门协同监管。依托法人库,完成主体信息与监管信息的归集整合。各区县研究制定辖区综合监管及数据归集的管理办法。在市级标准规范的指导下,各区县开展本辖区事中事后综合监管子平台建设,实现市、区县两级平台以及区县子平台之间互联共享。接入市网上政务大厅,实现网上政务大厅行政审批、事中事后监管、办事服务三大核心内容。

第三阶段(2017年6月底前):优化完善市级平台和区县子平台,重点推进社会参与综合监管的功能建设。在信息归集、业务数据汇聚的基础上,通过向社会公众提供市场主体数据、政府监管信息,鼓励第三方机构积极参与监督。同时,采集第三方机构的评级类数据,完善政府事中事后综合监管。

附录 2

上海自贸试验区金融综合监管相关创新案例

金融综合监管改革的根本目的是，在防风险的基础上进一步释放金融业创新活力，提高金融服务实体经济的能力和水平。上海自贸试验区建立以来，市金融办会同人民银行上海总部、上海证监局、上海保监局、上海银监局、市发展改革委和自贸试验区管委会等部门，依托综合监管探索推动金融业务创新，取得显著成效。为提升创新的金融创新效应和带动效应，共举办了六批自贸试验区金融创新案例发布会，总结发布了 65 个创新案例，有效宣传推广了上海自贸试验区金融创新政策，有力促进了自贸试验区金融创新发展，社会反响良好。

与自贸试验区综合监管相关的金融创新案例（2014 年 3 月以来）

序号	类 别	案例名称	主 要 内 容	创 新 点	应 用 价 值
1	跨境监管创新	跨境金融服务"展业三原则"同业规范实施机制	为推动本市跨境金融服务发展，维护跨境金融市场秩序与公平竞争，在人行上海总部、外汇局上海市分局的指导下，今年 4 月，中行上海市分行等 9 家上海地区银行联合制定了《上海地区银行跨境金融服务展业三原则同业规范实施机制（试行）》。该机制出台，旨	一是专设基于自由贸易账户的"展业三原则"，建立自由贸易账户的客户适当性评价机制，引入基于高阶服务的适当性服务的管理和评价；二是引入第三方机构更真实性审查信息，对于跨境交易，实施存疑交易真实性实施可借助	一是促进了本市跨境金融健康发展，通过银行业同业"展业三原则"自律机制的建立，有助于维护本市跨境金融市场秩序，促进跨境金融业公平竞争；二是在确保跨境金融业监管合规要求前提下，允许商业银行等按照同业自律实施机制，赋予其

续表

序号	类别	案例名称	主要内容	创新点	应用价值
1	跨境监管创新	跨境金融服务"展业三原则"同业规范实施机制	在指导商业银行在开展跨境金融服务过程中,在确保遵循现行监管法规制度等基础上,结合银行实务实践经验及同业自律角度出发,对"展业三原则"执行标准进行规范。该实施机制将在上海自贸试验区内先行先试,后续将视情况复制推广至全市所有银行。规范包括总则、建立客户关系风险控制、跨境交易风险类型风险控制,基于自贸账户的"展业三原则",同业权利义务等五部分。	监管部门和第三方机构平台,有效甄别交易背景真实性;三是建立内部"黑名单",对于存在虚构交易背景涉嫌套取融资的、涉及犯罪行为形成共享"黑名单";四是设立有效违规处理机制。由发起银行及相关第三方根据违规情况进行投票,给予处理或提出处理建议。	业务自主经营审核权,从而逐步实现跨境金融监管从事前审批监管理模式向事中事后监管模式的转变。
2	跨境监管创新	自由贸易账户开立和资金划拨	金融机构为符合条件的自贸试验区内或境外机构、企业等开立自由贸易账户,并实施资金划拨。例如:中行上海市分行利用自贸试验区企业对外直接投资审批改备案的政策优势,将人民币资金从客户的非自由贸易账户划转至客户的FTE账户,并兑换成美元后汇往境外用于直接投资项目启动资金。	一是通过建立分账核算单元,为开立自由贸易账户的区内主体提供自由贸易账户,直接投资和科技融资创新等业务的金融服务;二是自由贸易账户和境外机构账户(NRA)、其他外非居民机构账户、境内区FT账户之间可划转按宏观审慎原则实施管理;和境内非FT账户(含同名FT账户)之间划转可以有限渗透。	创新有利于风险管理账户体系的政策框架已基本成型,为在试验区先行先试资本项目可兑换等金融领域改革提供了工具和载体。

续表

序号	类别	案例名称	主 要 内 容	创 新 点	应 用 价 值
3	银行监管创新	自贸试验区银行业务创新监管互动机制	上海银监局创建了自贸试验区银行业务创新监管互动机制，针对无现有创新监管制度，针对有现有监管制度空白、法规及操作细则不明确的领域，政策无覆盖的领域，设立绿色政策通道，允许上海自贸试验区银行机构拟先行先试的非行政许可类的新产品新业务，通过政策创新"自主申请、监管指导、有条件率先试点"的持续评价的方式，有条件率先试点。该创新监管机制推出后，获得了广泛欢迎。目前，已受理正式申报推出后，获得了广泛欢迎。目前，中、中行，建行上海分行、申能财务公司的跨境合同能源管理创新贷款等已落地，实施效果良好。	一是对事前监管的创新，形成对现有监管制度空白领域的有机补充。通过加强监管者与被监管者的持续互动交流，对创新试点项目实行全流程持续跟踪评估，探索培育建立"原则导向+与市场良好双向互动"的新型创新监管模式。二是对处理好监管与市场的关系的创新，围绕简政放权的改革精神，发挥金融机构风险管理和内控安排，强调局内有效分配，监管部门口指导和处置职能，确保不发生、纠偏和处置单体和系统性、区域性、系统性金融风险。	上海银监局在全国首创银行业务创新监管互动机制，吸收借鉴国际监管做法，在事前市场监管以及优化事中事后监管关系等方面均有所突破，为银行业金融机构提供了一个先行先试的重要渠道。该机制是上海银监局建立和完善上海自贸试验区银行业监管体制的重要组成部分，也是不断加强金融监管，切实防范风险的重要探索。
4	银行监管创新	上海银监局发布《自贸区市场准入相关报告事项清单》	2016年4月，上海银监局发布《关于进一步完善自贸区中外资银行业市场准入相关报告事项的通知》，对截至2015年末银行业金融机构市场准入相关报告事项进行了全面梳理，形成了报告事项清单。该清单从机构、业务、高管三个维度对中外资银行市场准入相关报告事项进行了系统整理和优化。	一是在负面清单管理模式上进行了有益探索，将原先分布在各类制度文件中的报告先行自贸试验区各类梳理汇编。二是提升了自贸试验区部分国民待遇水平，除保留部分事项外，统一了中外资银行机构报告事项要求。三是进一步落实简政放权，通过市场准入监管服务，优化市场风险，较为可控，将部分系统性风险隐患较小的事前报告事项调整为事后报告，发挥自贸试验区银行业务经营的主动性和主体意识。	一是在全国率先对银行业金融机构的市场准入报告事项进行了系统规范。二是规范在审慎监管基础上，统一外资银行的报告事项部分报告要求。三是为调整部分报告类事项事前报告为事后报告，探索简政放权，提高监管服务效率。

续表

序号	类别	案例名称	主 要 内 容	创 新 点	应 用 价 值
5	银行监管创新	跨境人民币双向资金池业务	自贸试验区内企业可以开展跨境人民币双向资金池业务、便利企业在境内外进行资金的双向调拨。例如：浦发银行为麦维讯电子公司旗下 5 家企业办理了人民币双向资金池业务、资金调拨共计 8 000 万元。	自贸试验区内的跨国公司可以根据自身经营和管理需要统筹调度境内外成员的资金。以往跨国公司境内外资金的划拨和流动，必须提供用途证明，由金融管理部门逐笔审批。	符合条件的企业可以根据自身的需要自主调配境内外资金，有利于提高境内资金使用效率。
6	保险监管创新	保险专业中介机构股权信息监管改革试点	上海保监局委托第三方机构管理与维护保险专业中介机构股权登记系统，负责审核股权信息，保险监管部门负责审核股权信息合规性。上海市工商局可以使用本系统对保险专业中介机构按规定实施管理。保险专业中介机构提供本机构的基本信息及股权信息，并对信息真实性负完全责任。社会公众可通过股权登记系统查询相关信息。	一是采用"互联网＋保险中介监管"的方式，由保险监管部门、工商管理部门、第三方机构、保险专业中介机构，社会公众共同参与，以创新保险专业中介机构股权信息登记机制为切入点，加强对保险中介机构法人治理的监管；二是建立 7×24 小时全天候电子化股权信息平台，制定程序化、标准化流程，实现登记、管理和查询的即时性、远程性、便捷性，实现保险监管部门与市场主体之间信息传递互联网化，与工商管理部门信息共享电子化。	保险专业中介机构股权信息监管工作改革试点，有利于各方参与主体查询信息，提高监管效率。可在总结完善的基础上，进一步将参与主体拓展至全国，具有一定的复制推广意义。

续表

序号	类别	案例名称	主要内容	创新点	应用价值
7	保险监管创新	上海保监局印发《上海市保险机构和高级管理人员备案管理办法》	2016年2月，上海市保监局印发《上海市保险机构和高级管理人员备案管理办法》，办法所涉创新举措为：一是将航运保险运营中心设立分支机构的备案管理由自贸试验区扩展至上海全市；二是将自贸试验区高管人员任职资格的备案管理由自贸试验区扩展至上海全市；三是简化备案流程，提高办理效率，备案材料大幅减少，备案时限由原要求的20个工作日缩至3个工作日。	一是总结监管成功经验，在全国率先将自贸试验区保险机构和高级管理人员管理改革成功做法复制推广至全市；二是持续推进简政放权，进一步减少保险机构和高级管理人员的行政审批事项，简化备案办理流程；三是通过放管结合，加强备案后续管理，对保险分支机构配置合理性和高管履职情况进行持续跟踪和评估，对可能存在的风险及时采取监管措施。	一是坚持简政放权，推进保险监管依法行政和职能转变，为市场主体营造一个更加宽松、便利的制度环境；二是通过加强事中事后管理，体现商事服务于管理，做到办理行政审批事项、办理结果有明确预期，确保改革进程的风险可控。
8	保险监管创新	航运保险协会条款	2014年9月，上海航运保险协会开发首个上海航运保险协会条款——无船承运经营者保证金责任保险条款，并完成中国保监会备案。该业务是指无船承运经营者以身份接受托运人的货载，签发自己的提单或者其他运输单证，向托运人收取运费，完成国际海上货物运输，承担承运人责任的国际海事运输活动。上海航运保险协会现有会员单位均可直接使用该条款。	一是产品开发主体突破。无船承运经营者保证金责任保险条款是第一款以上海航运保险协会为主体开发报备的航运保险条款。二是产品监管模式创新。突破过去审批制，采用向航运保险协会报备制。三是突破了以任每项保险产品均由每家保险公司分别报送保监部门审批的做法。	发挥行业组织的专业化优势，简化审批流程，提高航运保险产品开发运用的效率，有利于同业产品的规范化管理。助推上海成为全球航运保险市场集聚地和产品定价中心，推动上海国际金融中心和国际航运中心建设。

续表

序号	类别	案例名称	主要内容	创新点	应用价值
9	保险监管创新	航运保险产品注册制改革	航运保险产品注册制是经中国保监会同意授权,由上海航运保险协会在会员管理范围内进行航运保险产品注册,已注册产品无需再经中国保监会审批备案,会员即可直接使用。上海航运保险协会建立了 7*24 小时电子化注册平台,平台自动注册管理,实现即时注册,即时审核,即时通过,即时投入市场。即时赋予注册码,注册材料由电子备案管理的 7 份纸质材料及电子文件,缩减为 2 份电子文件。	一是产品管理权限由金融监管部门向行业协会转移,突破了现有的保险产品审批备案制,允许航运保险纪公司进行中国保险产品注册,无须到中国保监会报备;二是强化企业创新主体责任,保险公司等市场主体自行决定成为注册产品人,自主决定开发注册保险产品,并承担相应的法律主体责任;三是注册简便,注册效率大幅提高,注册时间由备案制的 20 个工作日,缩减为即时处理;四是对接国际化的产品注册标准,遵循国际惯例,由注册人自行审定费率,自主使用注册语言;五是信息公开,建立了公开透明的注册信息披露机制,以及分层级清晰、管控有效的注册自律机制,最大程度实现订约自由。	航运保险产品注册制是中国保监会在上海率先实行的保险产品监管制度改革,体现了政府简政放权的监管思路,有利于增强保险公司创新活力,提高航运保险公司创新效率;有利于增强保险公司的主体责任,对创新的产品创新标准化、法制化,提升上海在国际航运保险市场的影响力和国际话语权,加快上海航运中心、国际保险中心建设进程。
10	外汇监管创新	外汇资金集中运营管理业务	集中运营管理境内外成员单位外汇资金,实现境内与境外成员单位外汇资金的双向互通。例如:工商银行上海市分行为锦江集团等企业提供跨境外汇资金集中运营管理服务。	允许区内跨国公司通过国际外汇资金主账户实现境外资金用于区内企业自身使用,不受额度限制;允许试点企业开展经常项目集中收付汇和轧差净额清算;国际外汇资金主账户内资金存放不受外债指标控制;资本项下在规定额度内,实现资金流入。	符合条件的企业可以根据自身的需要自主调配境内外资金,满足跨国公司对外汇资金集中管理集约化、便利化的需求,促进上海总部经济和新型贸易发展。

续表

序号	类别	案例名称	主要内容	创新点	应用价值
11	外汇监管创新	股权投资企业跨境股权投资审批改备案	弘毅投资公司于2013年12月中旬在区内设立了境外投资基金，并于2014年春节前取得备案证书，春节后在外汇局上海市分局办理了购汇核准，2月25日在招商银行办理购汇并用于收购注册在英属维京群岛的某项目股权。本次投资资金用于收购注册在英属维京群岛的某项目股权。	以往股权投资企业开展跨境股权投资，需费时3个月至半年时间获得主管部门的批文。本案例的突破点在于简化跨境直接投资审批环节，以备案替代审批，提高投资效率。	自贸试验区简化跨境投资审批环节，在5个工作日内就可以完成境外投资项目备案，极大地节约了时间成本。
12	外汇监管创新	外汇局上海市分局出台"金改40条"发布后首个实施细则	2015年12月16日，外汇局上海市分局印发《关于进一步推进中国（上海）自由贸易试验区外汇管理改革试点实施细则的通知》。实施细则所涉创新举措为：一是允许区内企业（不含金融机构）外债资金意愿结汇，区内货物贸易外汇收支等级为A类的待核查账户，区内收入无需开立待核查账户业务；二是简化经常项目资金集中收付汇，合法收付汇，轧差净额结算；三是支持银行发展人民币与外汇衍生产品服务，允许区内银行为境外机构管理，允许符合条件的电子单证办理办理经常项目真实交易，允许区内银行为境外机构按照相关规定办理人民币与外汇衍生产品交易；四是便利融资租赁外汇管理，允许收取外币租金。	一是外汇管理服务实体经济打开新局面，赋予自贸试验区内企业的自有外汇资本金和外债资金结汇的自主权；二是继续推进简政放权，进一步减少外汇行政审批，简化办理流程，切实提升贸易投资便利化程度；三是为跨国公司资金运营创造良好政策环境，有利于提升跨国公司资金运作效率，有利于拓展总部经济集聚；四是进一步提升贸易投资便利化程度，率先允许区内银行办理人民币与外汇衍生产品生产风险。	一是采用负面清单管理理念，坚持简政放权，推进外汇管理动态分类监管、促进市场主体监管；二是提升外汇管理由事前监管转变为现场监管，完善非现场监测和现场检查、防范金融风险、完善跨部门联合监管体制、强化监测分析联动和事后监管。

附录3
金融监管改革方案调查问卷

1. 1993年国务院出台《关于金融体制改革的决定》以来，我国加大了金融监管与协调体制改革力度，您对此的基本评价是：

  A. 改革取得实质性突破，金融管理体制现代化程度明显提高

  B. 改革有较大的进展，部分领域管理体制仍旧不顺

  C. 改革有一定的进展，但整个金融管理框架与市场发展不相适应

  D. 改革只在部分领域取得进展，许多领域金融管理体制改革严重滞后

  E. 其他不同看法＿＿＿＿＿＿＿

2. 您认为我国目前的金融监管与协调体制是否属于分业监管型的金融管理体制：

  A. 是

  B. 不是

  C. 说不清楚

  D. 其他不同看法＿＿＿＿＿＿＿

3. 如果您在上题中认为答案是A的话，请您继续判断。您认为从分业监管型金融体制向综合监管型金融体制的改革：

  A. 时机已经成熟，条件业已具备

  B. 时机基本成熟，条件基本具备

  C. 时机尚未成熟，条件还不具备

  D. 其他不同看法

4. (多选题，最多选三项)您认为驱动当前我国金融监管与协调体制改革的最重要因素是什么？

  A. 宏观经济面临转型压力，导致银行出现周期性行业不良贷款危机

  B. 联网金融发展方向出现偏差，非法集资风险事件频发

  C. 存在监管空白、监管真空现象，监管部门无力实施穿透式监管，股市、楼市配资难以有效处置

D. 存在监管重叠、监管冲突现象,监管部门越界实施宏观调控现象

E. 中国成为金融大国过程中,需要建立与国际接轨、更加现代化的金融管理体系

F. 金融市场发展到一定阶段的内在要求

G. 其他原因＿＿＿＿＿

5. 您如何看待,功能监管理论对于我国金融改革的指导价值?

A. 非常具有指导价值

B. 具有一定指导价值

C. 意义不大

D. 其他不同看法＿＿＿＿＿

6. (多选题,最多选三项)您如何看待我国金融监管与协调改革的最核心内容?

A. 加强金融监管立法,出台类似美国金融服务现代化法案的文件

B. 推进监管框架调整,合并部分部门,探索金融大部制改革

C. 明确现有监管主管部门的职责分工,实现全面覆盖

D. 加强宏观审慎管理政策、货币政策和金融监管政策协同

E. 通过基础设施建设和立法等举措,推动金融信息共享

F. 加强监管部门行动协同,实行联合监管与综合监管

G. 推动金融消保体系建设

H. 其他不同看法＿＿＿＿＿

7. (多选题,最多选三项)您认为哪个国家的金融综合监管改革方案对于中国最具借鉴价值?

A. 英国

B. 美国

C. 德国

D. 日本

E. 韩国

F. 法国

G. 澳大利亚

H. 加拿大

I. 其他国家或地区

J. 应当结合中国实际,博采众长,设计最适合中国的综合性方案

8. 现有各种备选改革方案中,您最认可的方案是哪一种?

    A. 超级央行方案

    B. 高级央行方案

    C. 平级央行方案

    D. 其他不同看法_____

9. 在我国保持中央银行的相对独立性,您认为是否必要,是否可行:

    A. 非常必要,且借鉴国际经验,是可行性的

    B. 非常必要,但在现有格局下,不可行

    C. 意义不大,且在现有格局下,不可行

    D. 其他不同看法

10. 您认为,加快我国综合监管改革对金融体制改革的作用是:

    A. 有实质性的促进作用,能根本解决金融领域的制度问题

    B. 有促进作用,但作用不明显,不能解决金融领域的制度问题

    C. 没有什么促进作用

    D. 其他不同看法_____

11. 您如何看待地方金融办存在的必要性与履职中面临的最大困难?

    A. 有必要,但很难明确职责并获得相适应的人员、工具保障

    B. 有必要,但易受地方利益集团负面影响,加剧监管套利现象

    C. 意义不大,应考虑以某种方式并入中央金融监管体系

    D. 其他不同看法

12. (多选题)您认为,近年来我国金融领域案件频发的主要根源是

    A. 从业人员的道德风险

    B. 治理结构不完善,内部人控制问题严重

    C. 监管体系存在制度性缺陷

    D. 机构监管理念的内在不稳定性,无法实现全面覆盖和自主动态覆盖

    E. 其他不同看法_____

13. 您认为我国金融宏观调控体系的成效(以今年房地产调控为例):

    A. 取得显著成果,金融宏观调控体系基本完善

    B. 取得一定效果,但金融宏观调控体系仍然需要进一步完善

    C. 成效很差,金融调控体系需要加快建立

    D. 其他不同看法

14. 您对于金融监管与协调机制改革的个人建议_____

后 记

　　书稿即将付梓之际,不由得浮想联翩、难以自抑。首先想到了默顿(R. Merton)和博迪(Z. Bodie)1993 年的经典论文,先哲们 23 年前的睿智判断和战略规划正在我们手上逐步化为现实。还想到了 2016 年 1 月中央财经领导小组办公室主任刘鹤为《21 世纪金融监管》中文版所作的序言,文中提出了许多新观点:每一次金融危机都意味着政府与市场关系的严重失调;每一次危机都意味着金融监管的失败和随之而来的重大变革;最少的监管未必就是最好的监管,要关注监管机构竞相降低监管要求以追求本国金融机构相对竞争优势的"监管竞次"(race to the bottom)现象。还想到卜永祥、孙天琦、陈道富、姚余栋、杜要忠、马强、吴弘等一众著名学者,他们触及灵魂的深度思考让我们收益良多。正是站在学界巨擘的肩膀上,方有本书的出版,在此向他们致以最诚挚的敬意。

　　金融服务业的发展壮大当是"中国梦"不可或缺的亮色之一。我们自知,目前中国还不是真正意义上的金融强国,金融理论研究与国际先进水平尚存一定差距。功能监管理论彼时开创于美英等国,此时在中国得到一次难得的实践机遇。各界对于即将召开的全国金融工作会议充满期待,不同的改革版本正在坊间流传、热议。虽然不宜过分简单夸大金融监管体系改革的历史绩效,但我们依旧期盼,中国能够把握危机带来的改革机遇,借力而上,真正推动一场带有战略性的金融革命,为金融强国梦奠定一个长久之基。我们愿意埋头做好研究,提出富有建设性的观点与政策建议,为中国金融理论研究添砖加瓦,贡献绵薄之力。

　　上海自贸试验区是一块难得的金融改革试验田。尽管对于金融的区域性试点存在一定争议,尽管 2015 年 6 月以来我国股市、汇市出现了较大波动,但是中央对于推进上海自贸试验区金融改革的决心没有动摇。在许多方面,上海自贸试验区金融改革在"金改 51 条"和"金改 40 条"政策的引领下,在不改变现行金融监管架构的前提上取得了一批丰硕的探索成果。以自由贸易账户为样板的金融综合监测分析平台与监管体制取得重大进展,自由贸易账户跨境资金流动监管体系经受住了考验,银行业创新监管互动平台深受欢迎,保险产品注册制赢得国际声誉,以此为代表的许多探索举措都在全国产生了重要示范意义。此外,上海自贸试验区正在探索金融综合监管联席会议、金融服务业对外开放负面清单等领域的试点方案,我们采集了最新的政策思考与建议,都是最鲜活的案例资料,为本书增色不少。

很高兴的是,在数年的持续追踪下,上海金融机构从业者与理论界已经自发地形成了一个相对稳定的研究圈,定期交流研究成果。书中很多观点正是来源于圈内好友在多次讨论中碰撞出的思想火花,参与本书写作和讨论的人员除我之外还包括:崔远见、何海峰、谢善鸿、林春山、肖本华、于卫国、殷林森、李茂菊、薛佳、王燕萍、顾晓杰、顾琳、冯旭光、俞燕等,人民银行上海总部、上海银监局、上海证监局、上海保监局、外汇局上海市分局、浦东新区金融服务局为全书构思和素材提供做出了重要贡献,市金融办对本书各章节稿件进行了修订。同时,还有不少在实际金融监管和风险管理一线工作的领导和专家学者都为我们提供了大量的宝贵资料和建议,恕不一一列明,在此也一并表示感谢。

最后,尽管我们在本书的写作过程中投入了大量的精力,但是由于专业水平有限,并且这个领域的研究整体也比较初步,错误和不足在所难免,恳请各位专家指正,以期在今后的追踪研究中不断改进和深入。希望本书能够让金融理论界和实务界更多人关注综合监管改革的进展和实践,吸引更多专业人士参与到相关研究中来。

图书在版编目(CIP)数据

全球功能监管实践与中国金融综合监管探索/郑杨
等著.—上海:上海人民出版社,2016
ISBN 978 - 7 - 208 - 14128 - 5

Ⅰ.①全…　Ⅱ.①郑…　Ⅲ.①金融监管-经验-世界
②金融监管-金融改革-研究-中国　Ⅳ.①F831.1
②F832.1

中国版本图书馆 CIP 数据核字(2016)第 246884 号

责任编辑　龙　敏蔡　吉
封面设计　零创意文化

全球功能监管实践与中国金融综合监管探索

郑　杨　等著

世纪出版集团

上海人 & 出 版 社出版

(200001　上海福建中路 193 号　www.ewen.co)

世纪出版集团发行中心发行　上海商务联西印刷有限公司印刷
开本 720×1000　1/16　印张 18.5　插页 4　字数 312,000
2016 年 12 月第 1 版　2017 年 2 月第 2 次印刷
ISBN 978 - 7 - 208 - 14128 - 5/F · 2413

定价 48.00 元